Das Verfahren vor Streitbeilegungsstellen

Schriften zum internationalen Privat- und Verfahrensrecht

Herausgegeben von Rainer Hausmann, Astrid Stadler und Michael Stürner

Band 23

PETER LANG

Markus Augenschein

Das Verfahren vor Streitbeilegungsstellen

Eine Untersuchung im Lichte der ADR-Richtlinie

PETER LANG

Bibliografische Information der Deutschen Nationalbibliothek
Die Deutsche Nationalbibliothek verzeichnet diese Publikation in der Deutschen Nationalbibliografie; detaillierte bibliografische Daten sind im Internet über http://dnb.d-nb.de abrufbar.

Zugl.: Konstanz, Univ., Diss., 2018

Tag der mündlichen Prüfung: 17. Dezember 2018
Referent: Prof. Dr. Michael Stürner
Referent: Prof. Dr. Rüdiger Wilhelmi

Umschlaggestaltung: © Olaf Gloeckler, Atelier Platen, Friedberg

D 352
ISSN 1862-099X
ISBN 978-3-631-79605-4 (Print)
E-ISBN 978-3-631-79610-8 (E-PDF)
E-ISBN 978-3-631-79611-5 (EPUB)
E-ISBN 978-3-631-79612-2 (MOBI)
DOI 10.3726/b15895

Peter Lang – Berlin · Bern · Bruxelles · New York · Oxford · Warszawa · Wien

Diese Publikation wurde begutachtet.

www.peterlang.com

Vorwort

Diese Arbeit wurde im Wintersemester 2018/2019 vom Fachbereich Rechtswissenschaft der Universität Konstanz als Dissertation angenommen. Das Manuskript wurde im Juni 2018 abgeschlossen. Wichtige Veröffentlichungen und Gerichtsentscheidungen wurden bis Ende 2018 berücksichtigt.

Für die wertvolle Betreuung der Arbeit durch Herrn Prof. Dr. Michael Stürner möchte ich mich ganz herzlich bedanken. Danken möchte ich ferner Herrn Prof. Dr. Rüdiger Wilhelmi für die Erstellung des Zweitgutachtens.

Besonderer Dank gilt darüber hinaus meiner Frau Ruth-Anne für ihre stets rücksichtsvolle Unterstützung sowie meinen Eltern, die mich während meiner gesamten Ausbildung verständnisvoll und ermutigend begleitet haben.

Meinem Vater

Inhaltsverzeichnis

§ 1 Einleitung

A. Hintergrund der Arbeit

Der außergerichtlichen Streitschlichtung kommt in der Praxis eine immer größere Bedeutung zu, auch wenn in Baden-Württemberg das obligatorische Güteverfahren zum 01.05.2013 abgeschafft wurde.[1] So ist einerseits der Justiz aufgrund permanenter Arbeitsüberlastung nachvollziehbarerweise generell an einer Stärkung außergerichtlicher Streitbeilegung gelegen, was z.B. die offensive Werbung des Justizministeriums Baden-Württemberg für entsprechende Schlichtungsverfahren verdeutlicht.[2] Des Weiteren veranschaulicht die Einführung des Verbraucherstreitbeilegungsgesetzes (im Folgenden: VSBG), welches auf der EU-Richtlinie 2013/11/EU (im Folgenden ADR-Richtlinie) basiert und zum 01.04.2016 in Kraft trat,[3] dass eine Ausweitung dieser Verfahren politisch gewollt ist.[4]

Im Zuge der Schaffung des VSBG wurde auch die Verjährungshemmungsvorschrift des § 204 Abs. 1 Nr. 4 BGB neu gefasst und deren Anwendungsbereich – u.a. hinsichtlich bei den neuen Verbraucherschlichtungsstellen gestellter Güteanträge – erweitert, insbesondere um Art. 12 Abs. 1 der ADR-Richtlinie umzusetzen, wonach verhindert werden soll, dass bei einer Verbraucherschlichtungsstelle geltend gemachte Ansprüche zwischenzeitlich verjähren.

§ 204 Abs. 1 Nr. 4 BGB war in jüngster Zeit Gegenstand etlicher Kontroversen in Literatur und Rechtsprechung, nachdem Verbraucheranwälte die Stellung eines Güteantrags bei einer von der Landesjustizverwaltung anerkannten Gütestelle vor allem in Kapitalanlagefällen als einfache Verjährungshemmungsmöglichkeit für sich entdeckt hatten. Im Mittelpunkt der Diskussion stand dabei die Frage, welche Individualisierungsanforderungen an einen Güteantrag zu stellen sind, damit dieser verjährungshemmende Wirkung haben kann.[5] Eine Antwort hierauf lieferte der Bundesgerichtshof erstmals in einigen Urteilen aus dem Jahr

---

1 Gesetz zur Aufhebung des Schlichtungsgesetzes vom 16.04.2013, Drs. 15/3357.

2 http://www.justizportal-bw.de/pb/,Lde/Startseite/THEMEN+UND+AKTUELLES/Schlichten+statt+Richten, letzter Abruf: 06.01.2019.

3 BGBl. 2016 Teil I Nr. 9 S. 254, 274; §§ 40 Abs. 2 – 5, § 42 VSBG gelten bereits seit dem 26.02.2016.

4 Vgl. auch Gesetzentwurf vom 09.06.2015, BT-Drs. 18/5089, S. 42.

5 Vgl. etwa OLG Stuttgart, Urt. v. 04.02.2015 – 3 U 126/13, juris, Rn. 27 f.; OLG Bamberg, Urt. v. 27.10.2014 – 4 U 191/13, BeckRS 2015, 17176; *May/Moeser*, NJW 2015, 1637, 1638 f.

2015, in denen er klarstellte, dass die vielfach von Verbraucheranwälten genutzten standardisierten Musteranträge eine Verjährungshemmung nicht bewirken können.[6]

Ein weiteres aktuelles Problemfeld des § 204 Abs. 1 Nr. 4 BGB ergibt sich ebenfalls aus der Attraktivität von Güteanträgen, mit denen eine Verjährungshemmung praktisch risikofrei und kostengünstig erreicht werden kann: Nach Auffassung des Bundesgerichtshofes und weiter Teile der Literatur soll der Antragsteller sich wegen Rechtsmissbrauchs nach § 242 BGB nicht auf die verjährungshemmende Wirkung seines Güteantrags berufen dürfen, wenn er vor dessen Stellung positiv wusste, dass der Antragsgegner sich in keinem Fall dem Streitbeilegungsverfahren anschließen werde.[7] Die h.M. in der instanzgerichtlichen Rechtsprechung sieht einen weiteren Fall des Rechtsmissbrauchs in Fällen, in denen tausende gleichgelagerte Güteanträge von den Bevollmächtigten der Antragsteller bei ein und derselben Gütestelle angebracht werden und diese wegen Überlastung zur ordnungsgemäßen Verfahrensdurchführung nicht imstande ist,[8] während der Bundesgerichtshof 904 gleichzeitig eingereichte Güteanträge als unschädlich betrachtet.[9]

B. Ziel der Arbeit

Diese Arbeit hat sich zum Ziel gesetzt, das Verfahren vor von der Landesjustizverwaltung anerkannten Gütestellen sowie Verbraucherschlichtungsstellen umfassend zu durchleuchten und insbesondere die genannten Rechtsfragen an

---

6 BGH, Urt. v. 18.06.2015 – III ZR 189/14, BeckRS 2015, 11749 Rn. 24 ff.; – III ZR 191/14, BeckRS 2015, 11750 Rn. 25 ff.; – III ZR 198/14, NJW 2015, 2407, 2409 f.; – III ZR 227/14, BeckRS 2015, 11752 Rn. 25 ff.

7 BGH, Beschl. v. 17.02.2016 – IV ZR 374/14, NJOZ 2016, 1648, 1649; Urt. v. 28.10.2015 – IV ZR 526/14, BKR 2016, 112, 114; Schulze/*Dörner*, § 204 Rn. 4; Palandt/*Ellenberger*, § 204 Rn. 19; BeckOK BGB/*Henrich*, Stand: 01.11.2018, § 204 Rn. 30; Erman/*Schmidt-Räntsch*, § 204 Rn. 16; Borowski/Röthemeyer/Steike/*Borowski/Steike*, Teil III, Art. 6, § 204 BGB Rn. 12; *Nobbe*, WM 2016, 337, 343.

8 Vgl. etwa OLG Hamm, Urt. v. 11.02.2016 – I-34 U 122/15, BeckRS 2016, 18270 Rn. 8 f.; OLG Koblenz, Beschl. v. 12.01.2016 – 8 U 196/15, BeckRS 2016, 18463 Rn. 13 f.; OLG Frankfurt a. M. Beschl. v. 18.11.2015 – 25 U 57/15, BeckRS 2016, 14653 Rn. 25; OLG Celle, Urt. v. 24.09.2015 – 11 U 88/14, BeckRS 2016, 16684 Rn. 53; OLG Naumburg, Urt. v. 15.10.2014 – 5 U 114/14, WM 2015, 613, 615; OLG Brandenburg, Urt. v. 03.03.2010 – 4 U 40/09, juris, Rn. 108.

9 BGH, Beschl. v. 17.02.2016 – IV ZR 374/14, juris, Rn. 12; Urt. v. 28.10.2015 – IV ZR 405/14, NJW 2016, 236 f.; Urt. v. 28.10.2015 – IV ZR 526/14, BKR 2016, 112, 113 f.

der Schnittstelle zwischen materiellem Recht und Prozessrecht einer ausführlichen Prüfung zu unterziehen.

Eine vertiefte Untersuchung erscheint insbesondere vor dem Hintergrund erforderlich, dass den Regelungen der ADR-Richtlinie in der Literatur im Zusammenhang mit den Entscheidungen des Bundesgerichtshofes allenfalls oberflächlich Beachtung geschenkt wird, während für den Bundesgerichtshof die Vereinbarkeit seiner Rechtsprechung mit der ADR-Richtlinie *„derart offenkundig“* ist, *„dass für vernünftige Zweifel kein Raum mehr bleibt“*.[10]

Ebenso oberflächlich nimmt der Bundesgerichtshof einen Rechtsmissbrauch bei Kenntnis des Antragstellers über die ablehnende Haltung des Antragsgegners an, ohne sich in diesem Zusammenhang mit den in Literatur und Rechtsprechung anerkannten Grundsätzen und Voraussetzungen des Rechtsmissbrauchstatbestandes auseinanderzusetzen.[11] Auch ist die in der Literatur hinsichtlich dieses Problems geführte Diskussion geprägt von Billigkeitserwägungen, die für die Annahme eines Rechtsmissbrauchs nicht ausreichen.[12] Eine fundierte rechtliche Prüfung ist insofern auch hier notwendig. Gleiches gilt im Hinblick auf die massenhafte Einreichung gleichgelagerter Güteanträge bei ein und derselben Streitbeilegungsstelle.

C. Aufbau der Arbeit

Zu Beginn der Arbeit erfolgt eine einführende Darstellung der historischen und gesetzlichen Grundlagen des § 204 Abs. 1 Nr. 4 BGB (§ 2 A.) sowie eine Abgrenzung der verschiedenen Möglichkeiten außergerichtlicher Streitbeilegung voneinander (§ 2 B.). Anschließend wird der Anwendungsbereich der Vorschrift untersucht (§ 3 A.), wobei geprüft wird, ob ein Mediator als *„andere Streitbeilegungsstelle“* i.S.d. § 204 Abs. 1 Nr. 4 Hs. 1 b) BGB begriffen werden kann, was zur Folge haben würde, dass eine Verjährungshemmung im Rahmen einer Mediation nicht nur durch Verhandlungen nach § 203 BGB in Betracht käme (§ 3 A. III.). Daraufhin wird der Verfahrensablauf bei von der Landesjustizverwaltung anerkannten Gütestellen und Verbraucherschlichtungsstellen erläutert (§ 3 B.). In diesem Zusammenhang wird auch der Frage nachgegangen,

---

10 BGH, Beschl. v. 28.01.2016 – III ZB 88/15, juris Rn. 18; Beschl. v. 25.2.2016 – III ZB 79/15, BeckRS 2016, 5145 Rn. 18; Beschl. v. 24.03.2016 – III ZB 75/15, BeckRS 2016, 06845 Rn. 18.

11 Vgl. BGH, Beschl. v. 17.02.2016 – IV ZR 374/14, NJOZ 2016, 1648, 1649; Urt. v. 28.10.2015 – IV ZR 526/14, BKR 2016, 112, 114.

12 Vgl. BeckOGK BGB/*Kähler*, Stand: 01.10.2018, § 242 Rn. 983.

ob ein vor einer Verbraucherschlichtungsstelle geschlossener Vergleich in analoger Anwendung des § 794 Abs. 1 Nr. 1 ZPO einen Vollstreckungstitel darstellen kann (§ 3 B. II. 3. a) bb)).

Im Anschluss widmet sich die Arbeit der Verjährungshemmung nach § 204 Abs. 1 Nr. 4 BGB (§ 4). Hierbei wird zunächst der gesetzliche Zweck der Verjährungshemmung im Allgemeinen sowie der Verjährungshemmung durch Stellung eines Güteantrags im Speziellen analysiert (§ 4 A.) und geprüft, welche Folgen es für die Hemmungswirkung hat, wenn der Güteantrag vom Schuldner (§ 4 B.) bzw. bei einer unzuständigen Streitbeilegungsstelle (§ 4 C.) gestellt wird. Sodann wird der Zeitpunkt des Hemmungseintritts untersucht (§ 4 D.). Diesbezüglich ist auffallend, dass § 204 Abs. 1 Nr. 4 BGB seit seiner Neufassung eine Rückwirkung auf den Zeitpunkt des Antragseingangs bei der Streitbeilegungsstelle dann zulässt, wenn der Güteantrag *„demnächst"* von der Streitbeilegungsstelle bekanntgegeben wird, während seine Vorgängerfassung auf die *„demnächst"* erfolgende Veranlassung der Bekanntgabe abstellte (§ 4 D. II. 1.). Ferner wird sowohl die Reichweite der Verjährungshemmung (§ 4 E.) als auch deren Ende (§ 4 F.) erörtert. Im Hinblick auf den Beginn der Nachlauffrist nach § 204 Abs. 2 S. 1 BGB wird das Erfordernis der Kenntniserlangung des Antragstellers vom Verfahrensende geprüft und herausgearbeitet, ob eine Inkenntnissetzung hiervon auch seitens des Antragsgegners erfolgen kann (§ 4 F. III.).

Nach einem Vergleich mit Klagschrift (§ 4 G. I. 1.) und Mahnbescheidsantrag (§ 4 G. I. 2.) erfolgt schwerpunktmäßig eine Analyse der Form- (§ 4 G. II.) und Bestimmtheitserfordernisse (§ 4 G. III.) von Güteanträgen, damit diesen verjährungshemmende Wirkung zukommen kann. Im Hinblick auf die notwendige Bestimmtheit von Güteanträgen wird anschließend der in der Literatur und Rechtsprechung bis zu den o.g. Urteilen des Bundesgerichtshof geführte Meinungsstreit (§ 4 G. III. 2.) sowie die vom Bundesgerichtshof in diesen Urteilen aufgestellten Grundsätze (§ 4 G. III. 3.) dargelegt.

Vor allem wird die Rechtsprechung des Bundesgerichtshofes aber im Lichte der ADR-Richtlinie bewertet, deren Regelungsinhalt vom Bundesgerichtshof nur sehr oberflächlich gewürdigt wurde (§ 4 G. III. 7.). In diesem Zusammenhang wird zunächst untersucht, ob die Vorschriften der ADR-Richtlinie auch im Hinblick auf bei von der Landesjustizverwaltung anerkannten Gütestellen zu beachten sind, nachdem der Gesetzgeber mit § 204 Abs. 1 Nr. 4 BGB n.F. eine einheitliche Verjährungsnorm geschaffen hat (§ 4 G. III. 7. a)). Dem folgt eine Untersuchung der Rechtsprechung des Bundesgerichtshofes anhand Art. 8 b) der ADR-Richtlinie, wonach Verbraucher ein Verfahren vor einer Verbraucherschlichtungsstelle auch ohne rechtsanwaltliche Begleitung durchführen können sollen (§ 4 G. III. 7. b)). Schließlich sind die vom Bundesgerichtshof aufgestellten

Individualisierungsvoraussetzungen von rechtsunkundigen Verbrauchern kaum zu erfüllen. Darüber hinaus wird die Rechtsprechung des Bundesgerichtshofes an Art. 12 Abs. 1 der ADR-Richtlinie gemessen, der den Mitgliedstaaten aufgibt, zu gewährleisten, dass die Einleitung eines Streitbeilegungsverfahrens nicht zur Verjährung des streitgegenständlichen Anspruchs führt (§ 4 G. III. 7. c)). Diese Gewährleistung ist jedoch an keine Voraussetzungen, insbesondere keine Individualisierungsvoraussetzungen hinsichtlich eines Güteantrags geknüpft, so dass fraglich ist, ob sich die Rechtsprechung des Bundesgerichtshofes mit dieser Vorschrift in Einklang bringen lässt.

Ein weiterer Schwerpunkt der Arbeit stellt die Analyse der beiden o.g. Missbrauchsfallgruppen dar, die im Rahmen der in Literatur und Rechtsprechung zum Rechtsmissbrauch anerkannten Grundsätze einer Prüfung unterzogen werden (§ 4 G. IV.). Dies ist umso mehr erforderlich, als dass die diesbezügliche Diskussion – wie eingangs erwähnt – weitgehend auf Billigkeitserwägungen aufbaut und der Bundesgerichtshof es bei einer oberflächlichen, nicht überzeugenden Argumentation bewenden lässt. Die in Literatur und Rechtsprechung diskutierten Missbrauchsfälle sind außerdem kritisch zu betrachten unter Berücksichtigung der ADR-Richtlinie, die einen unbedingten Verjährungsschutz vorsieht (§ 4 G. IV. 5.).

Den Schluss der Arbeit bildet eine Zusammenfassung der gewonnenen Ergebnisse (§ 5).

§ 2 Einführung

A. Historische und gesetzliche Grundlagen

I. Einführung und einstweilige Abschaffung des obligatorischen Güteverfahrens; Unterbrechung der Verjährung

Mit der sogenannten „*Emminger-Novelle*"[13] wurde außergerichtlichen Gütestellen erstmals in ZPO und BGB eine Rolle zuteil: Vor Klageerhebung beim Amtsgericht musste ab dem 01.06.1924 zwingend ein obligatorisches Güteverfahren durchgeführt werden, sofern nicht einer der Ausschlussgründe des § 495a Abs. 1 S. 2 ZPO a.F. verwirklicht war. Zwar gab es vorher schon die Möglichkeit eines gerichtlichen Einigungsversuchs gemäß § 510c ZPO a.F.; ein Zwang, sich hierauf einzulassen, bestand jedoch nicht.

Die Motive des Gesetzgebers lagen im verlorenen, ruinösen Ersten Weltkrieg und der folgenden Inflation begründet. So sollten die Gerichte in der herrschenden staatlichen Finanznot mit der Schaffung des obligatorischen Güteverfahrens entlastet sowie dem verarmten Volk ein schneller und günstiger Weg zur Beilegung rechtlicher Streitigkeiten eröffnet werden. Letzteres sollte insbesondere jenen Arbeitnehmern zugutekommen, für die kein spezieller Gerichtsweg (wie etwa die Gewerbe- und Kaufmannsgerichte) eröffnet war, bspw. Landarbeitern und Hausangestellten. Auch hatte man bereits gute Erfahrungen mit von Gemeinden und gemeinnützigen Verbänden unterhaltenen Einigungsstellen gesammelt.[14]

Das obligatorische Güteverfahren sah man in den Händen der Richter des Amtsgerichts am besten aufgehoben, da diese den Rechtsstreit sowohl auf tatsächlicher als auch auf rechtlicher Ebene vollständig überblicken konnten. Des Weiteren wollte man einem böswilligen, das Verfahren verschleppenden Schuldner entgegenwirken, indem bei dessen Säumnis im Gütetermin ohne Zeitverlust sofort in das streitige Verfahren übergegangen werden konnte. Im Falle eines gescheiterten Güteversuchs sollte die hierfür aufgewendete Zeit zudem als Vorbereitung der anschließenden streitigen Verhandlung dienen. Im Übrigen war man der Auffassung, dass der Amtsrichter durch das obligatorische Güteverfahren eher in der Lage sei, zwischen den Parteien als friedensstiftender Vermittler aufzutreten und nicht wie bisher lediglich als Träger staatlicher Zwangsgewalt.

---

13 Verordnung über das Verfahren in bürgerlichen Rechtsstreitigkeiten vom 13.02.1924, RGBl. 1924 Teil I Nr. 15, S. 135.

14 *Volkmar*, JW 1924, 345, 351.

Neben der materiellen Rechtslage sollte der Richter die „*wirtschaftlichen und seelischen Zusammenhänge*“ in den Blick nehmen, um möglichst eine endgültige Beilegung der Streitigkeit zu erreichen.[15]

Die neu geschaffene Regelung des § 495a ZPO in der Fassung vom 01.06.1924 lautete:

> *„Der Erhebung der Klage muß ein Güteverfahren vorangehen. Dies gilt nicht,*
>
> 1. *wenn wegen des Anspruchs innerhalb des letzten Jahres vor einer durch die Landesjustizverwaltung eingerichteten oder anerkannten Gütestelle ein Ausgleich unter den Parteien erfolglos versucht worden ist;*
> 2. *wenn wegen des Anspruchs bereits ein Güteantrag wegen Aussichtslosigkeit des Anspruchs zurückgewiesen ist;*
> 3. *in Urkunden- und Wechselprozessen;*
> 4. *für Widerklagen;*
> 5. *wenn die Zustellung an den Gegner im Ausland oder durch öffentliche Bekanntmachung erfolgen muß;*
> 6. *wenn nach dem Ermessen des Gerichts die alsbaldige Klageerhebung durch einen sonstigen wichtigen Grund gerechtfertigt wird, insbesondere wenn mit Rücksicht auf die Art des Anspruchs, die Verhältnisse der Beteiligten oder besondere Umstände der Versuch einer gütlichen Beilegung aussichtslos erscheint.*
>
> *Ist nach der erfolglosen Beendigung eines Güteverfahrens ein Jahr verstrichen, so bedarf es zur Erhebung der Klage eines erneuten Güteverfahrens.“*

War mithin bereits eine durch die Landesjustizverwaltung eingerichtete oder anerkannte Gütestelle vor Klageerhebung zur außergerichtlichen Streitbeilegung erfolglos angerufen worden, bedurfte es nach § 495 Abs. 1 S. 2 Nr. 1 ZPO a.F. keines nochmaligen Güteverfahrens.

Ein demgemäß gestellter Güteantrag unterbrach die Verjährung mit der Folge, dass diese neu zu laufen begann, § 217 BGB a.F. In § 209 BGB in der Fassung vom 01.06.1924 heißt es:

> „(1) *Die Verjährung wird unterbrochen, wenn der Berechtigte auf Befriedigung oder auf Feststellung des Anspruchs, auf Ertheilung der Vollstreckungsklausel oder auf Erlassung des Vollstreckungsurtheils Klage erhebt.*
>
> (2) *Der Erhebung der Klage stehen gleich:*
>
> 1a. *die Geltendmachung eines Anspruchs durch Anbringung eines Güteantrags bei dem Amtsgericht oder einer Gütestelle der im § 495a Abs. 1 Nr. 1 der Zivilprozeßordnung bezeichneten Art;“*

---

15 *Volkmar*, a.a.O.

Mit der „*Verordnung über außerordentliche Maßnahmen auf dem Gebiet des bürgerlichen Rechts, der bürgerlichen Rechtspflege und des Kostenrechts aus Anlaß des totalen Kriegs (Zweite Kriegsmaßnahmenverordnung)*" vom 27.09.1944 wurde das obligatorische Güteverfahren mit Wirkung zum 15.10.1944 ausgesetzt.[16]

Die – fürs Erste – endgültige Abschaffung des obligatorischen Güteverfahrens erfolgte durch das „*Gesetz zur Wiederherstellung der Rechtseinheit auf dem Gebiete der Gerichtsverfassung, der bürgerlichen Rechtspflege, des Strafverfahrens und des Kostenrechts*" vom 12.09.1950, durch das sämtliche diesbezügliche Vorschriften in der ZPO mit Wirkung zum 01.10.1950 aufgehoben wurden.[17] Zur Begründung führte der Berichterstatter des Rechtsausschusses Fritz Neumayer (FDP) in der Sitzung des Bundestages vom 26.07.1950 hierzu aus:

> „*Der Ausschuß ist hier der einhelligen Auffassung gewesen, daß das obligatorische Güteverfahren, das durch die Verordnung vom 13. Februar 1924 in das amtsgerichtliche Verfahren eingefügt worden war, sich nicht bewährt, sich vielmehr als ein Hemmschuh, als ein Verzögerungsmoment in der Prozeßdurchführung erwiesen hat. Die Bedenken, die gegen das Güteverfahren geltend gemacht werden, beruhen vor allem auf der Tatsache, daß eine scharfe Zäsur zwischen Güteverfahren und Streitverfahren eintritt, so daß selbst bei einem Anerkenntnis des Beklagten ein Anerkenntnisurteil nicht ergehen konnte. Diese scharfe Zäsur hat zweifellos dazu beigetragen, den Rechtsstreit zu verzögern, indem bei Eintritt in das Streitverfahren der ganze Prozeßstoff nochmals vorgetragen werden muß. Der Ausschuß trat daher dem Regierungsvorschlag bei und entschied sich für die Abschaffung des Güteverfahrens, das in der britischen und französischen Zone noch gilt, während es in der amerikanischen Zone bereits aufgehoben ist.*
> *Um aber dem Gütegedanken besonderen Ausdruck zu verleihen, wurde in § 495 eine Vorschrift eingebaut, die den Richter verpflichtet, in jeder Lage des Verfahrens auf eine gütliche Beilegung des Rechtsstreits hinzuwirken.*"[18]

Die Unterbrechung der Verjährung eines Anspruchs durch Betreiben eines (freiwilligen) Güteverfahrens war jedoch weiterhin möglich. § 209 Abs. 2 Nr. 1a BGB lautete ab dem 01.10.1950:

> „1a. *die Geltendmachung eines Anspruchs durch Anbringung eines Güteantrags bei einer Gütestelle der im § 794 Abs. 1 Nr. 1 der Zivilprozeßordnung bezeichneten Art;*"

§ 794 Abs. 1 Nr. 1 ZPO wurde im Zuge dessen mit folgendem Wortlaut neu gefasst:

---

16 RGBl. 1944 Teil I Nr. 49, S. 229, 230.

17 BGBl. 1950 Teil I Nr. 40, S. 455.

18 Protokoll zur 79. Sitzung des Bundestages vom 26.07.1950, S. 2873, http://dip21.bundestag.de/dip21/btp/01/01079.pdf, letzter Abruf: 06.01.2019.

„Die Zwangsvollstreckung findet ferner statt:

1. *aus Vergleichen, die zwischen den Parteien oder einer Partei und einem Dritten zur Beilegung des Rechtsstreits seinem ganzen Umfang nach oder in betreff eines Teiles des Streitgegenstandes vor einem deutschen Gericht oder vor einer durch die Landesjustizverwaltung eingerichteten oder anerkannten Gütestelle abgeschlossen sind, sowie aus Vergleichen, die gemäß § 118a Abs. 3* [ab 01.01.1981: *Abs. 1 Satz 3*][19] [ab 01.04.1991: *oder § 492 Abs. 3*][20] *zu richterlichem Protokoll genommen sind;*"[21]

Nach Abschaffung des obligatorischen Güteverfahrens kam dieser Vorschrift in Bezug auf Vergleiche, die im Rahmen eines freiwilligen Güteverfahrens zustande kamen, kaum mehr Bedeutung zu, da die Bundesländer von der Möglichkeit der Einrichtung von Gütestellen vor Wiedereinführung der obligatorischen Streitbeilegung wenig Gebrauch machten.[22]

II. Wiedereinführung des obligatorischen Güteverfahrens

Die Wiedereinführung eines (für die Bundesländer fakultativen) obligatorischen Güteverfahrens erfolgte schließlich durch das „*Gesetz zur Förderung der außergerichtlichen Streitbeilegung*" vom 15.12.1999, welches am 01.01.2000 in Kraft trat und § 15a in das EGZPO einfügte.[23] § 15a Abs. 1 EGZPO eröffnet seitdem den Landesgesetzgebern die Möglichkeit, in Fällen eines Streitwertes bis 1.500,00 DM (bzw. seit 01.01.2002 750,00 EUR;[24] § 15a Abs. 1 Nr. 1 EGZPO), bei Nachbarrechtsstreitigkeiten (§ 15a Abs. 1 Nr. 2 EGZPO), in Streitigkeiten über Ansprüche wegen Verletzungen der persönlichen Ehre, die nicht in Presse oder Rundfunk begangen worden sind (§ 15a Abs. 1 Nr. 3 EGZPO), sowie seit dem 18.08.2006 in Streitigkeiten über Ansprüche nach Abschnitt 3 des Allgemeinen

---

19 Gesetz über die Prozeßkostenhilfe vom 13.06.1980, BGBl. 1980 Teil I Nr. 29, S. 677.

20 Rechtspflege-Vereinfachunsgesetz vom 17.12.1990, BGBl. 1990 Teil I Nr. 71, S. 2847.

21 Gesetz zur Wiederherstellung der Rechtseinheit auf dem Gebiete der Gerichtsverfassung, der bürgerlichen Rechtspflege, des Strafverfahrens und des Kostenrechts vom 12.09.1950, BGBl. 1950 Teil I Nr. 40, S. 455, 478.

22 Zöller/*Heßler*, § 15a EGZPO Rn. 19.

23 BGBl. 1999 Teil I Nr. 55, S. 2400.

24 Änderung des § 15a Abs. 1 Nr. 1 EGZPO durch Gesetz zur Einführung des Euro in Rechtspflegegesetzen und in Gesetzen des Straf- und Ordnungswidrigkeitenrechts, zur Änderung der Mahnvordruckverordnungen sowie zur Änderung weiterer Gesetze vom 13.12.2001, BGBl. 2001 Teil I Nr. 68, S. 3574.

Gleichbehandlungsgesetzes (§ 15a Abs. 1 Nr. 4 EGZPO)[25] eine obligatorische Streitschlichtung vor einer staatlich eingerichteten oder anerkannten Gütestelle vorzusehen. Von dieser Möglichkeit machten die meisten Bundesländer Gebrauch.[26]

Der Bundesgesetzgeber trug sich bei der Schaffung des § 15a EGZPO mit der Hoffnung, insbesondere die erstinstanzlichen Gerichte zu entlasten. Außerdem war er der Ansicht, dass Streitigkeiten durch eine außergerichtliche Schlichtung schneller, kostengünstiger und – im Vergleich zu gerichtlichen Verfahren – eher auf Dauer beigelegt werden könnten.[27]

III. Einführung in Baden-Württemberg

In Baden-Württemberg wurde die obligatorische Streitschlichtung entsprechend § 15a EGZPO mit Wirkung zum 01.07.2000 durch die Schaffung des „*Schlichtungsgesetzes*“ (SchlG BW) eingeführt,[28] das nach der Intention des Landesgesetzgebers den von § 15a EGZPO vorgegebenen Spielraum weitestgehend ausnutzen sollte.[29] Gleichzeitig wurden in das Ausführungsgesetz die §§ 22 und 23 aufgenommen, in denen die Voraussetzungen für die Anerkennung als Gütestelle im Sinne von § 794 Abs. 1 Nr. 1 ZPO (§ 22 AGGVG BW) sowie die Rücknahme der Anerkennung einer Gütestelle (§ 23 AGGVG BW) geregelt wurden.[30] Entsprechende gesetzliche Anerkennungsvoraussetzungen waren in Baden-Württemberg vorher nicht vorhanden. Der Landesgesetzgeber gelangte jedoch zur Auffassung, dass der Betrieb einer Gütestelle dem Schutzbereich des Art. 12 Abs. 1 GG unterfiele und eine ablehnende Entscheidung der Landesjustizverwaltung über einen Anerkennungsantrag in die Berufsfreiheit des Antragstellers

---

25 § 15a Abs. 1 Nr. 4 EGZPO eingefügt durch Gesetz zur Umsetzung europäischer Richtlinien zur Verwirklichung des Grundsatzes der Gleichbehandlung vom 14.08.2006, BGBl. 2006 Teil I Nr. 39, S. 1897.

26 Baden-Württemberg (SchlG BW), Bayern (BaySchlG), Brandenburg (BbgSchlG), Hessen (HSchlichtG), Mecklenburg-Vorpommern (SchStG M-V), Niedersachsen (NSchlG)), Nordrhein-Westfalen (JustG NRW), Rheinland-Pfalz (LSchlG RP), Saarland (LSchlG SL), Sachsen-Anhalt (SchStG SA), Schleswig-Holstein (LSchliG SH).

27 Gesetzentwurf vom 04.05.1999, BT-Drs. 14/980, S. 5.

28 Gesetz zur obligatorischen außergerichtlichen Streitschlichtung und zur Änderung anderer Gesetze vom 28.06.2000, Landtag BW-Drs. 12/5288.

29 Gesetzentwurf vom 04.04.2000, Landtag BW-Drs. 12/5033, S. 17.

30 Gesetz zur obligatorischen außergerichtlichen Streitschlichtung und zur Änderung anderer Gesetze vom 28.06.2000, Landtag BW-Drs. 12/5288; siehe hierzu unter § 3 A. I. 1. b).

eingreife, weshalb nach Art. 12 Abs. 1 S. 2 GG eine gesetzliche Grundlage notwendig sei.[31]

IV. Schuldrechtsreform

§ 209 Abs. 2 Nr. 1a BGB wurde beibehalten bis zur Schuldrechtsreform[32] im Jahre 2002 und im Zuge dieser ersetzt durch § 204 Abs. 1 Nr. 4 BGB a.F., der wie folgt lautete:

> *„Die Verjährung wird gehemmt durch*
> *[...]*
>
> 4. *die Veranlassung der Bekanntgabe des Güteantrags, der bei einer durch die Landesjustizverwaltung eingerichteten oder anerkannten Gütestelle oder, wenn die Parteien den Einigungsversuch einvernehmlich unternehmen, bei einer sonstigen Gütestelle, die Streitbeilegungen betreibt, eingereicht ist; wird die Bekanntgabe demnächst nach der Einreichung des Antrags veranlasst, so tritt die Hemmung der Verjährung bereits mit der Einreichung ein,"*

Ein Güteantrag führt seitdem zur Verjährungshemmung des geltend gemachten Anspruchs, nicht mehr zur Unterbrechung der Verjährung, so dass die Verjährungsfrist nach Ende der Hemmung nicht mehr von neuem zu laufen beginnt (vgl. § 217 BGB a.F.), sondern gemäß § 209 BGB n.F. unter Anrechnung der bis zum Eintritt der Hemmung bereits abgelaufenen Frist weiterläuft.

Der Anwendungsbereich der neuen Vorschrift nach § 204 Abs. 1 Nr. 4 BGB wurde im Zuge der Schuldrechtsreform zudem auf *„sonstige Gütestellen, die Streitbeilegung betreiben"* erweitert, jedoch nur unter der Voraussetzung, dass die Parteien den Einigungsversuch einvernehmlich unternehmen.[33] Der Gesetzgeber wollte auf diese Weise die bisherige *„verjährungsrechtliche Benachteiligung"* der Verfahren vor solchen Gütestellen beseitigen.[34]

---

31 Gesetzentwurf vom 04.04.2000, Landtag BW-Drs. 12/5033, S. 36; dieser Auffassung hat der BGH im Beschl. v. 29.05.2013 – IV AR (VZ) 3/12, ZKM 2013, 131 zugestimmt.

32 Gesetz zur Modernisierung des Schuldrechts vom 26.11.2001, BGBl. 2001 Teil I Nr. 61, S. 3138, in Kraft getreten zum 01.01.2002.

33 Nach § 15a Abs. 3 S. 2 EGZPO wird das Einvernehmen unwiderleglich vermutet, wenn der Verbraucher eine branchengebundene Gütestelle, eine Gütestelle der Industrie- und Handelskammer, der Handwerkskammer oder der Innung anruft.

34 Gesetzentwurf vom 14.05.2001, BT-Drs. 14/6040, S. 114.

V. Erneute Abschaffung des obligatorischen Güteverfahrens durch sämtliche Bundesländer

Nachdem die obligatorischen Schlichtungsverfahren in der Praxis nur eine geringe Erfolgsquote zu verzeichnen hatten (in Baden-Württemberg etwa ging die Zahl der obligatorischen Streitschlichtungen von 2.896 im Jahre 2001 (davon 627 durch Einigung erledigt, Erfolgsquote mithin ca. 22 %) auf 1.990 im Jahre 2011 (davon 368 durch Einigung erledigt, Erfolgsquote mithin ca. 18 %) zurück),[35] haben sämtliche Bundesländer, die entsprechende Schlichtungsgesetze nach Maßgabe des § 15a Abs. 1 Nr. 1 EGZPO erlassen hatten, die Schlichtungspflicht jedenfalls für Streitigkeiten mit geringem Streitwert mittlerweile wieder abgeschafft.[36] Im Gesetzentwurf des Landtages von Baden-Württemberg vom 05.02.2013 heißt es zur Begründung:

> *„Das Gesetz hat sich nicht in dem erhofften Maße bewährt. Die Zahl der Schlichtungsverfahren ist seit Inkrafttreten des Gesetzes im Jahr 2000 ebenso kontinuierlich zurückgegangen wie diejenige der Verfahren, die zu einer außergerichtlichen Streitbeilegung geführt haben […]. Da das Schlichtungsgesetz nur in einer geringen Anzahl von Verfahren zu einer (außergerichtlichen) Streitbeilegung führt, sind auch die mit dem Schlichtungsgesetz erstrebten Ziele (Förderung und Aufwertung der außergerichtlichen Konfliktbeilegung sowie damit einhergehende Entlastung der Justiz) nicht in dem erhofften Maße eingetreten. Die Amtsgerichte haben vielmehr durch die Wahrnehmung der Aufgaben der Gütestelle (vgl. § 2ff. SchlG) Zusatzarbeiten zu erbringen. Es hat sich ferner gezeigt, dass von den vom Schlichtungsgesetz umfassten Streitgegenständen nur ein Bruchteil eine besondere Schlichtungseignung aufweist. Vielfach sind Forderungen gegen zahlungsunwillige oder*

---

35 Gesetzentwurf zur Aufhebung des Schlichtungsgesetzes vom 05.02.2013, Drs. 15/3024, S. 5 f.

36 Baden-Württemberg mit Wirkung zum 01.05.2013 (Gesetz vom 16.04.2013, Drs. 15/3357); Bayern bzgl. Streitwerten bis 750,00 EUR mit Wirkung zum 01.01.2006 (Gesetz vom 24.12.2005, GVBl. 2005 Nr. 26, S. 655); Brandenburg bzgl. Streitwerten bis 750,00 EUR mit Wirkung zum 21.12.2006 (Gesetz vom 18.12.2006, GVBl. 2006 Teil I Nr. 18, S. 186); Hessen bzgl. Streitwerten bis 750,00 EUR mit Wirkung zum 08.12.2005 (Gesetz vom 01.12.2005, GVBl. 2005 Teil I Nr. 28, S. 782); Mecklenburg-Vorpommern bzgl. Streitwerten bis 750,00 EUR mit Wirkung zum 01.10.2010 (Gesetz vom 01.07.2010, GVOBl. Nr. 11, S. 329); Nordrhein-Westfalen bzgl. Streitwerten bis 600,00 EUR mit Wirkung zum 01.01.2008 (Gesetz vom 20.11.2007, GV. 2007 Nr. 29, S. 583), Saarland bzgl. Streitwerten bis 600,00 EUR mit Wirkung zum 01.07.2007 (Gesetz vom 16.05.2007, Amtsbl. S. 1226), Sachsen-Anhalt bzgl. Streitwerten bis 750,00 EUR mit Wirkung zum 10.12.2008 (Gesetz vom 02.12.2008, GVBl. 2008 Nr. 26, S. 400), Schleswig-Holstein bzgl. Streitwerten bis 750,00 EUR mit Wirkung zum 31.12.2008 (Gesetz vom 16.12.2008, GVOBl. Nr. 22, S. 831).

-unfähige Schuldner Streitgegenstand. Es wird daher häufig kritisiert, die Regelungen über die obligatorische außergerichtliche Streitschlichtung stellten eine Zugangshürde auf dem Weg zur Erlangung von Rechtsschutz dar. Neben einer Zeitverzögerung von zum Teil mehreren Monaten führt das Schlichtungsverfahren zudem häufig zu einer nicht unerheblichen Verteuerung des Verfahrens, was die geringe Akzeptanz des Verfahrens weiter erklärt.
[…]
Eine Aufhebung des Schlichtungsgesetzes ist nicht als generelle Absage an Möglichkeiten der alternativen außergerichtlichen Streitbeilegung zu verstehen. Diese Möglichkeiten bleiben vielmehr, z. B. mit der (fakultativen) Durchführung eines Güteverfahrens vor einer durch die Landesjustizverwaltung anerkannten oder einer sonstigen Gütestelle, erhalten. Es hat sich lediglich die konkrete Form einer obligatorischen außergerichtlichen Schlichtung in bestimmten gesetzlich festgelegten Fällen nicht bewährt und soll daher aufgehoben werden.“[37]

Die Abschaffung des obligatorischen Güteverfahrens wurde auch von Anwaltsseite mehrheitlich begrüßt. Laut Anwaltsverband Baden-Württemberg e.V. hätte das obligatorische Güteverfahren in der Praxis nicht den gewünschten Erfolg erzielt. Zu oft habe es an einer grundsätzlichen Verhandlungsbereitschaft der Gegenseite gemangelt, so dass nur ein unnötiger zeitlicher und finanzieller Zusatzaufwand entstanden sei. Der Anwaltsverband Baden-Württemberg e.V. sprach sich jedoch für ein freiwilliges Güteverfahren aus.[38]

VI. Keine Auswirkung auf fakultatives Güteverfahren

Die Abschaffung des obligatorischen Güteverfahrens hatte keine Folgen für die Geltung der gesetzlichen Regelungen zu freiwillig betriebenen Güteverfahren: Nach wie vor hemmt ein gemäß § 204 Abs. 1 Nr. 4 BGB gestellter Güteantrag die Verjährung des in diesem bezeichneten Anspruchs. Auch stellt ein vor einer durch die Landesjustizverwaltung eingerichteten oder anerkannten Gütestelle abgeschlossener Vergleich nach § 794 Abs. 1 Nr. 1 ZPO weiterhin einen Vollstreckungstitel dar.

---

37 Gesetzentwurf vom 05.02.2013, Drs. 15/3024, S. 5, 7.

38 Vgl. die Stellungnahmen des Anwaltsverbands Baden-Württemberg e.V. vom 04.12.2013 und vom 12.01.2013, http://www.av-bw.de/index.php?id=115, letzter Abruf: 06.01.2019; vgl. auch Gesetzentwurf vom 05.02.2013, Drs. 15/3024, S. 8.

VII. Gesetz über die alternative Streitbeilegung in Verbrauchersachen (VSBG)

1. EU-Richtlinie 2013/11/EU über alternative Streitbeilegung in Verbraucherangelegenheiten (ADR-Richtlinie)[39]

Mit der sogenannten „*ADR-Richtlinie*" vom 21.05.2013 sollte nach dem Willen des europäischen Richtliniengebers der Zugang für Verbraucher zu einfachen, effizienten, schnellen und kostengünstigen Möglichkeiten der alternativen (außergerichtlichen) Beilegung von inländischen und grenzübergreifenden Streitigkeiten aus Kauf- oder Dienstverträgen in den einzelnen EU-Mitgliedstaaten gewährleistet werden. Wesentliches Ziel der Richtlinie war es, sowohl das Verbraucherschutzniveau anzuheben als auch das Vertrauen der Bürger in den Binnenmarkt zu stärken.[40] Zu diesem Zweck wurden die Mitgliedstaaten nach Art. 5 Abs. 1 ADR-Richtlinie zur Einrichtung spezieller Verbraucherschlichtungsstellen verpflichtet, die den in der Richtlinie genannten Anforderungen an Fachwissen, Unabhängigkeit und Unparteilichkeit (Art. 6 ADR-Richtlinie), Transparenz (Art. 7 ADR-Richtlinie), Effektivität (Art. 8 ADR-Richtlinie) und Fairness (Art. 9 ADR-Richtlinie) genügen. Art. 13 ADR-Richtlinie schreibt den Mitgliedstaaten ferner vor, den in ihrem jeweiligen Hoheitsgebiet ansässigen Unternehmen Informationspflichten gegenüber Verbrauchern im Hinblick auf die einzurichtenden Verbraucherschlichtungsstellen aufzuerlegen.

Nach Art. 26 der ADR-Richtlinie sollte diese bis zum 09.07.2015 in den jeweiligen Mitgliedstaaten in nationales Recht umgesetzt werden.

2. EU-Verordnung Nr. 524/2013 über die Online-Beilegung verbraucherrechtlicher Streitigkeiten (ODR-Verordnung)[41]

Eng mit der ADR-Richtlinie verknüpft ist die sogenannte „*ODR-Verordnung*", die sich die Schaffung einer zuverlässigen, einfachen, effizienten, schnellen und

---

39 Richtlinie 2013/11/EU des Europäischen Parlaments und des Rates vom 21. Mai 2013 über die alternative Beilegung verbraucherrechtlicher Streitigkeiten und zur Änderung der Verordnung (EG) Nr. 2006/2004 und der Richtlinie 2009/22/EG (Richtlinie über alternative Streitbeilegung in Verbraucherangelegenheiten), ABl. L 165 vom 18.06.2013, S. 63.

40 Erwägungsgründe der ADR-Richtlinie, ABl. L 165 vom 18.06.2013, S. 63 f; vgl. auch Art. 1 ADR-Richtlinie.

41 Verordnung (EU) Nr. 524/2013 des Europäischen Parlaments und des Rates vom 21. Mai 2013 über die Online-Beilegung verbraucherrechtlicher Streitigkeiten und zur Änderung der Verordnung (EG) Nr. 2006/2004 und der Richtlinie 2009/22/EG

kostengünstigen Möglichkeit für Verbraucher, eine außergerichtliche Beilegung von Streitigkeiten aus Online-Rechtsgeschäften zu betreiben, zum Ziel gesetzt hat, um das Vertrauen der Bürger in den digitalen Binnenmarkt sowie das Verbraucherschutzniveau zu steigern.[42] Hierfür soll die Europäische Kommission gemäß Art. 5 Abs. 1 und 2 ODR-Verordnung eine interaktive Online-Plattform einrichten, auf die in allen Amtssprachen der Organe der Europäischen Union zugegriffen werden kann und die als zentrale Anlaufstelle für Online-Streitbeilegungen dient.[43] Auf dieser Online-Plattform können Verbraucher mittels eines elektronischen Formulars eine Beschwerde einreichen, die anschließend sowohl an den Beschwerdegegner als auch an die jeweils zuständige nationale Verbraucherschlichtungsstelle weitergeleitet wird (Art. 8 Abs. 1, Art. 9 Abs. 3, 6 ODR-Verordnung). Außerdem werden in der Europäischen Union niedergelassene Unternehmer, die Online-Kauf- oder Dienstleistungsverträge anbieten, nach Art. 14 Abs. 1 und 2 ORD-Verordnung dazu verpflichtet, Verbraucher auf die Möglichkeit einer Online-Streitbeilegung hinzuweisen und auf ihren Websites einen Link zur Online-Streitbeilegungsplattform einzustellen.

Die Regelungen der ODR-Verordnung gelten nach Art. 22 Abs. 2 ODR-Verordnung ab dem 09.01.2016. Die Funktionen der Online-Streitbeilegungs-Plattform[44] waren allerdings erst ab dem 15.02.2016 verfügbar.[45]

3. Umsetzungsgesetz

Der deutsche Gesetzgeber setzte die ADR-Richtlinie mit „*Gesetz zur Umsetzung der Richtlinie über alternative Streitbeilegung in Verbraucherangelegenheiten und*

(Verordnung über Online-Streitbeilegung in Verbraucherangelegenheiten), ABl. L 165 vom 18.06.2013, S. 1.

42 Erwägungsgründe der ODR-Verordnung, ABl. L 165 vom 18.06.2013, S. 1 f.; vgl. auch Art. 1 ODR-Verordnung.

43 Geregelt in der „*Durchführungsverordnung (EU) 2015/1051 der Kommission vom 1. Juli 2015 über die Modalitäten für die Ausübung der Funktionen der Plattform zur Online-Streitbeilegung, über die Modalitäten des elektronischen Beschwerdeformulars und die Modalitäten der Zusammenarbeit der Kontaktstellen gemäß der Verordnung (EU) Nr. 524/2013 des Europäischen Parlaments und des Rates über die Online-Beilegung verbraucherrechtlicher Streitigkeiten*".

44 http://ec.europa.eu/consumers/odr, letzter Abruf: 06.01.2019.

45 Bericht der Kommission an das Europäische Parlament und den Rat über die Funktionsweise der nach der Verordnung (EU) Nr. 524/2013 über die Online-Beilegung verbraucherrechtlicher Streitigkeiten eingerichteten Europäischen Plattform zur Online-Beilegung von Streitigkeiten vom 13.12.2017, COM(2017) 744 final.

zur Durchführung der Verordnung über Online-Streitbeilegung in Verbraucherangelegenheiten" vom 19.02.2016 um.[46] Zur Schaffung der von der ADR-Richtlinie vorgesehenen Verbraucherschlichtungsstellen erließ der Gesetzgeber mit dem Umsetzungsgesetz das „*Gesetz über die alternative Streitbeilegung in Verbrauchersachen (Verbraucherstreitbeilegungsgesetz – VSBG)*" mit Wirkung vom 01.04.2016,[47] was auch eine Änderung des § 204 Abs. 1 Nr. 4 BGB erforderte. Die Vorschrift lautet nunmehr wie folgt:

> „*Die Verjährung wird gehemmt durch*
> *[…]*
>
> 4. *die Veranlassung der Bekanntgabe eines Antrags, mit dem der Anspruch geltend gemacht wird, bei einer*
>   a) *staatlichen oder staatlich anerkannten Streitbeilegungsstelle oder*
>   b) *anderen Streitbeilegungsstelle, wenn das Verfahren im Einvernehmen mit dem Antragsgegner betrieben wird;*
>
> *die Verjährung wird schon durch den Eingang des Antrags bei der Streitbeilegungsstelle gehemmt, wenn der Antrag demnächst bekannt gegeben wird,*"

Der Anwendungsbereich des § 204 Abs. 1 Nr. 4 BGB erfuhr demnach eine Erweiterung dergestalt, dass nunmehr nicht nur bei von der Landesjustizverwaltung eingerichteten oder anerkannten Gütestellen angebrachte Güteanträge verjährungshemmend wirken, sondern auch bei allen anderen staatlichen oder staatlich anerkannten „*Streitbeilegungsstellen*" eingereichte Güteanträge. Nach dem Gesetzentwurf vom 09.06.2015 soll eine staatliche Streitbeilegungsstelle jede Stelle sein, „*die von einer öffentlich-rechtlichen Körperschaft, Anstalt oder Stiftung eingerichtet wurde*", wozu „*alle Stellen des Bundes, der Länder, der Gemeinden und Kammern, die außergerichtliche Streitbeilegung betreiben*", gehören.[48] Staatlich anerkannte Streitbeilegungsstellen seien – neben den neuen anerkannten Verbraucherschlichtungsstellen – vor allem private Schlichtungsstellen, „*die vom Bund und den Ländern genehmigt oder sonst anerkannt sind*".[49] Von der Justizverwaltung eingerichtete Gütestellen nach § 15a Abs. 1 S. 1 Var. 1 EGZPO sind demnach staatliche Streitbeilegungsstellen, von der Justizverwaltung anerkannte Gütestellen gemäß § 15a Abs. 1 S. 1 Var. 2 EGZPO staatlich

46 BGBl. 2016 Teil I Nr. 9, S. 254.
47 BGBl. 2016 Teil I Nr. 9 S. 254, 274; §§ 40 Abs. 2 – 5, § 42 VSBG gelten bereits seit dem 26.02.2016.
48 Gesetzentwurf vom 09.06.2015, BT-Drs. 18/5089, S. 80.
49 A.a.O.

anerkannte Streitbeilegungsstellen.[50] In Bezug auf kraft Gesetzes anerkannte Gütestellen im Sinne des § 15a Abs. 6 S. 1 EGZPO kommt es auf die jeweilige landesgesetzliche Regelung und die jeweils von diesen erfassten Gütestellen an. Je nach Bundesland können solche Gütestellen Notare oder Rechtsanwälte sein (dann staatlich anerkannte Streitbeilegungsstelle) oder in den Gemeinden eingerichtet werden (dann staatliche Streitbeilegungsstelle).[51]

Ferner wurde der Wortlaut des § 15a Abs. 3 S. 2 EGZPO entsprechend angepasst, wonach das Einvernehmen der Parteien hinsichtlich eines von einem Verbraucher gestellten Güteantrags nach § 15a Abs. 3 S. 1 EGZPO unwiderleglich vermutet wird, wenn dieser *„eine Verbraucherschlichtungsstelle, eine branchengebundene andere Gütestelle oder eine andere Gütestelle der Industrie- und Handelskammer, der Handwerkskammer oder der Innung angerufen hat“*. § 204 Abs. 1 Nr. 4 BGB ist zum 26.02.2016, § 15a Abs. 3 S. 1 EGZPO zum 01.04.2016 in Kraft getreten.[52]

Eine Änderung des § 794 Abs. 1 Nr. 1 ZPO erfolgte demgegenüber nicht. Vor Verbraucherschlichtungsstellen geschlossene Vergleiche stellen demnach keinen Vollstreckungstitel dar.[53]

B. Abgrenzung

I. Obligatorisches und fakultatives Güteverfahren

Beim obligatorischen Güteverfahren nach § 15a EGZPO handelt es sich in Ausnahmefällen[54] um eine Zulässigkeitsvoraussetzung einer zivilrechtlichen Klage. Vor einer klagweisen Geltendmachung eines Anspruchs muss über diesen bei einer von der Justizverwaltung eingerichteten oder anerkannten Gütestelle zwischen Schuldner und Gläubiger verhandelt werden. Erst nachdem eine gütliche Einigung gescheitert ist, ist dem Gläubiger der Weg zu den ordentlichen Gerichten eröffnet. § 15a Abs. 1 EGZPO stellt es dabei den Bundesländern frei, in den in § 15a Abs. 1 Nr. 1 bis 4 EGZPO genannten Ausnahmefällen obligatorische Güteverfahren vorzusehen. In folgenden Bundesländern bestehen diesbezüglich Regelungen:

---

50 Gesetzentwurf vom 09.06.2015, BT-Drs. 18/5089, S. 80; BeckOGK BGB/*Meller-Hannich*, Stand: 01.12.2018, § 204 BGB Rn. 173, 175 f.

51 Vgl. Gesetzentwurf vom 09.06.2015, BT-Drs. 18/5089, S. 80.

52 BGBl. 2016 Teil I Nr. 9, S. 254, 274.

53 Zur Möglichkeit einer analogen Anwendung siehe unter § 3 B. II. 3. a) bb).

54 Siehe oben unter § 2 A. I.

- Bayern (in Nachbarrechtsstreitigkeiten, bei Ehrverletzung und bei Ansprüchen aus dem Allgemeinen Gleichbehandlungsgesetz, Art. 1 BaySchlG)
- Brandenburg (in Nachbarrechtsstreitigkeiten und bei Ehrverletzung, § 1 BbgSchlG)
- Hessen (in Nachbarrechtsstreitigkeiten und bei Ehrverletzung, § 1 HschlichtG; das HschlichtG tritt jedoch nach § 16 S. 2 HschlichtG zum 31.12.2018 außer Kraft)
- Mecklenburg-Vorpommern (in Nachbarrechtsstreitigkeiten und bei Ehrverletzung, § 34a SchStG M-V)
- Niedersachsen (in Nachbarrechtsstreitigkeiten, bei Ehrverletzung und bei Ansprüchen aus dem Allgemeinen Gleichbehandlungsgesetz, § 1 NSchlG)
- Nordrhein-Westfalen (in Nachbarrechtsstreitigkeiten, bei Ehrverletzung und bei Ansprüchen aus dem Allgemeinen Gleichbehandlungsgesetz, § 53 JustG NRW)
- Rheinland-Pfalz (in Nachbarrechtsstreitigkeiten und bei Ehrverletzung, § 1 LSchlG)
- Saarland (in Nachbarrechtsstreitigkeiten und bei Ehrverletzung, § 37a LSchlG)
- Sachsen-Anhalt (in Nachbarrechtsstreitigkeiten und bei Ehrverletzung, § 34a SchStG)
- Schleswig-Holstein (in Nachbarrechtsstreitigkeiten, bei Ehrverletzung und bei Ansprüchen aus dem Allgemeinen Gleichbehandlungsgesetz, § 1 LSchliG)

Demgegenüber sind freiwillige Güteverfahren keinen sachlichen Beschränkungen unterworfen sondern stehen vollständig im privatautonomen Ermessen der Parteien.[55]

Für die verjährungshemmende Wirkung eines Güteantrags nach § 204 Abs. 1 Nr. 4 BGB ist es nach der Rechtsprechung des Bundesgerichtshofes sowie der h.M. der Instanzgerichte und in der Literatur aufgrund des keine Einschränkung aufstellenden Wortlauts der Vorschrift unerheblich, ob dieser zur Einleitung eines obligatorischen oder eines fakultativen Güteverfahrens gestellt wurde.[56]

---

55 *May/Moeser*, NJW 2015, 1637, 1638.

56 BGH, Urt. v. 26.11.2013 – X ZR 3/13, GRUR 2014, 357, 359; OLG Hamm, Urt. v. 04.12.2014 – I-34 U 30/14, juris, Rn. 76; Urt. v. 26.04.2007 – 22 U 129/06, juris, Rn. 124; OLG Nürnberg, Urt. v. 12.08.2014 – 4 U 1766/13, juris, Rn. 27, 29; LG Wiesbaden, Urt. v. 23.04.2015 – 2 O 138/13, juris, Rn. 34; LG Paderborn, Urt. v. 09.02.2015 – 4 O 212/13, BeckRS 2015, 114199 Rn. 78; LG Hamburg, Urt. v. 18.02.2014 – 302 O 102/13, juris, Rn. 30; Palandt/*Ellenberger*, § 204 Rn. 19; MüKo BGB/*Grothe*, § 204 Rn. 35; *May/Moeser*, NJW 2015, 1637, 1638; *Staudinger*, RRa 2014, 225, 229.

Vor Änderung des § 204 Abs. 1 Nr. 4 BGB im Jahre 2016[57] wurde in der Literatur demgegenüber teilweise vertreten, dass eine historische und teleologische Auslegung der Norm im Zusammenspiel mit § 15a EGZPO eine Anwendbarkeit nur auf das obligatorische Güteverfahren zur Folge haben müsse.[58] Nachdem in § 204 Abs. 1 Nr. 4 Hs. 1 BGB n.F. nunmehr von staatlichen bzw. staatlich anerkannten sowie „*anderen*" Streitbeilegungsstellen die Rede ist und insofern nicht mehr auf den Wortlaut des § 15a EGZPO Bezug genommen wird, ist letztgenannte Mindermeinung mittlerweile überholt.[59] Aufgrund der Tatsache, dass das obligatorische Güteverfahren in der Praxis nur noch vereinzelt in Ausnahmefällen existiert, wäre der Anwendungsbereich des § 204 Abs. 1 Nr. 4 BGB auch äußerst limitiert, würde man ihn nur für obligatorische Güteverfahren öffnen.

II. Verbraucherschlichtungsstellen

Seit Einführung des VSBG im Jahre 2016[60] besteht für Verbraucher nach § 4 Abs. 1 Hs. 1 VSBG die Möglichkeit, bei Streitigkeiten mit Unternehmern aus einem Verbrauchervertrag im Sinne des § 310 Abs. 3 BGB oder über das Bestehen eines Verbrauchervertrages Verbraucherschlichtungsstellen zur außergerichtlichen Streitschlichtung anzurufen. Den Unternehmer trifft dabei nach § 37 Abs. 1 VSBG die Pflicht, den Verbraucher über die jeweils zuständige Verbraucherschlichtungsstelle zu informieren. Ein bei einer Verbraucherschlichtungsstelle von einem Unternehmer gestellter Antrag ist nur dann zulässig, wenn die Verbraucherschlichtungsstelle ihren Tätigkeitsbereich diesbezüglich erweitert hat, § 4 Abs. 3 Hs. 1 VSBG.

Von einer Streitschlichtung vor Verbraucherschlichtungsstellen ausgenommen sind lediglich arbeitsvertragliche Streitigkeiten (§ 4 Abs. 1 Hs. 2, Abs. 3 Hs. 2 VSBG). Streitigkeiten aus Verträgen über nichtwirtschaftliche Dienstleistungen von allgemeinem Interesse (§ 4 Abs. 2 S. 1 Nr. 1 a) VSBG), Gesundheitsdienstleistungen (§ 4 Abs. 2 S. 1 Nr. 1 b) VSBG) und Weiter- und Hochschulbildung durch staatliche Einrichtungen (§ 4 Abs. 2 S. 1 Nr. 1 c) VSBG) sind zwar grundsätzlich vom Anwendungsbereich der ADR-Richtlinie (dort Art. 2 Abs. 2 c), h) und i)), auf der das VSBG fußt, nicht erfasst. Dies bedeutet allerdings kein Verbot für Verbraucherschlichtungsstellen, Streitschlichtung hinsichtlich solcher

57 Siehe oben unter § 2 A. VII. 3.

58 *Eidenmüller*, SchiedsVZ 2003, 163, 168; *Klose*, NZBau 2012, 80, 83; *Wagner*, BKR 2013, 108, 110; JurisPK-BGB/*Lakkis*, Stand: 19.01.2018, § 204 Rn. 77; *Löhner*, S. 114 ff.

59 A.A. offenbar JurisPK-BGB/*Lakkis*, Stand: 19.01.2018, § 204 Rn. 77.

60 Siehe oben unter § 2 A. VII. 3.

Verträge zu betreiben, sondern hat lediglich zur Folge, dass Verbraucherschlichtungsstellen keiner Pflicht unterliegen, eine diesbezügliche Streitschlichtung anzubieten.[61]

Unzuständig sind Verbraucherschlichtungsstellen gemäß § 4 Abs. 2 S. 1 Nr. 2 dagegen für Streitigkeiten nach § 191f BRAO, § 14 UklaG, § 111b Energiewirtschaftsgesetz, § 214 VVG, § 10 Postdienstleistungsverordnung, § 47a Telekommunikationsgesetz, § 6 EU-Fahrgastrechte-Kraftomnibus-Gesetz, § 6 EU-Fahrgastrechte-Schifffahrt-Gesetz, § 37 Eisenbahn-Verkehrsordnung, §§ 57 ff. Luftverkehrsgesetz, für welche jeweils spezialisierte Schlichtungsstellen zur Verfügung stehen.[62]

Ein bei einer Verbraucherschlichtungsstelle eingereichter Schlichtungsantrag hemmt die Verjährung des geltend gemachten Anspruchs nach § 204 Abs. 1 Nr. 4 BGB. Dies gilt auch dann, wenn es sich bei der angerufenen Schlichtungsstelle nicht um eine staatliche oder staatlich anerkannte Schlichtungsstelle i.S.d. § 204 Abs. 1 Nr. 4 a) BGB, sondern um eine „*andere Schlichtungsstelle*“ nach § 204 Abs. 1 Nr. 4 b) BGB handelt. Demgegenüber kann aus einem vor einer Verbraucherschlichtungsstelle geschlossenen Vergleich nicht nach § 794 Abs. 1 Nr. 1 ZPO vollstreckt werden.[63]

III. Private Schlichtungsstellen

In der Praxis existiert ferner eine Fülle an institutionellen, branchenspezifischen Schlichtungsstellen, die zur außergerichtlichen Konfliktbewältigung angerufen werden können.[64] Die Möglichkeit hierzu wird zumeist in den der jeweiligen Vertragsbeziehung zugrunde liegenden Satzungen, Allgemeinen Geschäftsbedingungen[65] oder in individualvertraglich vereinbarten Schlichtungsklauseln

---

61 Vgl. Gesetzentwurf vom 09.06.2015, BT-Drs. 18/5089, S. 52.

62 Vgl. Gesetzentwurf vom 09.06.2015, BT-Drs. 18/5089, S. 53.

63 Siehe hierzu unter § 3. B. II. 3. a) bb).

64 Bspw. Schlichtungsstellen der Ärztekammern, Architektenkammern, Bausparkassen etc.; ein ausführlicher Überblick ist zu finden in: *Greger/v. Münchhausen*, S. 130 Rn. 411 ff., S. 245 ff.; eine Ausweitung branchenspezifischer Schlichtungsstellen ist politisch gewollt, vgl. Pressemitteilung des Bundesministeriums für Ernährung und Landwirtschaft Nr. 3376 v. 09.11.2012, http://presseservice.pressrelations.de/pressemitteilung/alternative-streitbeilegung-reden-statt-klagen-513498.html, letzter Abruf: 06.01.2019.

65 Eine in AGB geregelte Schlichtungsklausel soll jedoch nur dann wirksam sein, wenn die Neutralität des Schlichters sowie das rechtliche Gehör der Schlichtungsparteien gewährleistet sind, vgl. *Greger/Stubbe*, S. 51 Rn. 134, S. 66 Rn. 186; *Greger/v. Münchhausen*, S. 125 Rn. 392.

geregelt.[66] In diesen können die Parteien (jedoch nur wenn es sich bei diesen um Unternehmer handelt, vgl. § 309 Nr. 14 BGB)[67] sogar einen (nach ständiger Rechtsprechung des Bundesgerichtshofes wirksamen) dilatorischen Klageverzicht aufnehmen, nach dem eine Klage erst nach erfolglosem Schlichtungsverfahren zulässig sein soll.[68] Wie eine von der Justizverwaltung eingerichtete oder anerkannte Gütestelle fällt eine Schlichtungsstelle keine für die Parteien bindende Entscheidung, sondern unterbreitet diesen lediglich einen Vorschlag zur Konfliktbeilegung.[69]

Ein vor einer solchen Schlichtungsstelle geschlossener Vergleich ist im Gegensatz zu einem vor einer von der Landesjustizverwaltung eingerichteten oder anerkannten Gütestelle nicht nach § 794 Abs. 1 Nr. 1 ZPO vollstreckbar. In Bezug auf eine Verjährungshemmung ist jedoch eine Anwendung des § 204 Abs. 1 Nr. 4 BGB möglich, da es sich bei von den Parteien im Vorfeld bestimmten Schlichtungsstellen um *„andere Streitbeilegungsstellen"* i.S.d. § 204 Abs. 1 Nr. 4 b) BGB handelt.[70] Ein dort eingereichter Schlichtungsantrag hat demnach dann verjährungshemmende Wirkung gemäß § 204 Abs. 1 Nr. 4 BGB, wenn der Einigungsversuch von den Parteien gemeinsam unternommen wird, wobei nach § 15a Abs. 3 S. 2 EGZPO das Einvernehmen unwiderleglich vermutet wird, wenn ein Verbraucher eine Verbraucherschlichtungsstelle, eine branchengebundene Gütestelle, eine Gütestelle der Industrie- und Handelskammer, der Handwerkskammer oder der Innung anruft.[71] Reicht nur eine der Parteien einen Schlichtungsantrag ein, kommt eine Verjährungshemmung nur durch Verhandlungen

---

66 Vgl. *Unberath*, NJW 2011, 1320 f.; *Greger/v. Münchhausen*, S. 126 Rn. 395 ff.

67 § 309 Nr. 14 BGB wurde eingefügt durch Gesetz zur Umsetzung der Richtlinie über alternative Streitbeilegung in Verbraucherangelegenheiten und zur Durchführung der Verordnung über Online-Streitbeilegung in Verbraucherangelegenheiten vom 19.02.2016 mit Wirkung vom 26.02.2016, BGBl. 2016 Teil I Nr. 9, S. 254. Die Vorschrift ist im Geschäftsverkehr zwischen Unternehmern nicht anwendbar, vgl. BeckOGK BGB/*Weiler*, Stand: 15.09.2018, § 309 Nr. 14 BGB Rn. 38; JurisPK BGB/*Lapp/Salamon*, Stand: 05.12.2017, § 309 Rn. 252; *Greger*, SchiedsVZ 2016, 306 f.; Borowski/Röthemeyer/Steike/*Röthemeyer*, Teil III, Art. 6, § 309 BGB Rn. 11; zurückhaltend: *Gössl*, NJW 2016, 838, 839.

68 Vgl. BGH, Urt. v. 29.10.2008 – XII ZR 165/06, NJW-RR 2009, 637, 638; Urt. v. 18.11.1998 – VIII ZR 344-97, NJW 1999, 647; Urt. v. 23.11.1983 – VIII ZR 197/82, NJW 1984, 669; Urt. v. 04.07.1977 – II ZR 55/76, NJW 1977, 2263.

69 *Unberath*, NJW 2011, 1320 f.

70 BeckOGK BGB/*Meller-Hannich*, Stand: 01.12.2018, § 204 BGB Rn. 178.

71 Zu den *„anderen Streitbeilegungsstellen"* nach § 204 Abs. 1 Nr. 4 b) BGB siehe unter § 3. A. II.

gemäß § 203 S. 1 BGB in Betracht, mithin dann, wenn die andere Partei Bereitschaft signalisiert, den bestehenden Konflikt vor einer Schiedsstelle zu lösen. Aus diesem Grunde ist es empfehlenswert, im Falle einer bevorstehenden Anspruchsverjährung eine staatliche oder staatlich anerkannte Streitbeilegungsstelle nach § 204 Abs. 1 Nr. 4 a) BGB anzurufen, wenn unklar ist, ob die Gegenseite ebenfalls zur außergerichtlichen Streitbeilegung gewillt ist.

IV. Gesetzliche Schlichtungsstellen

Im Folgenden sollen einige spezialgesetzliche Schlichtungsverfahren beispielhaft vorgestellt werden:

1. Schlichtungsverfahren nach § 14 UKlaG

Für Streitigkeiten betreffend Fernabsatzverträge über Finanzdienstleistungen, Verbraucherdarlehensverträge und Zahlungsdienstverträge bietet § 14 UKlaG seit der im Jahre 2002 erfolgten Schuldrechtsmodernisierung[72] die Möglichkeit, eine bei der Deutschen Bundesbank[73] eingerichtete Schlichtungsstelle zur Konfliktlösung anzurufen. Hintergrund des § 14 UKlaG ist laut Gesetzgeber die Komplexität der von diesem erfassten Verträge, welche viele Verbraucher vor der Beschreitung des ordentlichen Rechtsweges abschrecke.[74] Im Hinblick auf das Schlichtungsverfahren nach § 14 UKlaG gilt die vom Bundesministerium der Justiz und für Verbraucherschutz aufgrund § 14 Abs. 2 UKlaG a.F. (§ 14 Abs. 5 UKlaG n.F.) erlassene Schlichtungsstellenverfahrensverordnung (SchlichtVerfV).

Der regelmäßig vom Verbraucher erhobene Schlichtungsantrag (in § 4 SchlichtVerfV „*Kundenbeschwerde*“ genannt) hat einen von der Schlichtungsstelle ausgearbeiteten Schlichtungsvorschlag (§ 5 Abs. 2 SchlichtVerfV) zur Folge, an den die Parteien nicht gebunden sind (§ 5 Abs. 3 S. 1, 2 SchlichtVerfV).

---

72 Vorher geregelt in § 29 AGBG.

73 Abweichend von der Grundregel des § 14 Abs. 1 UklaG werden nach § 7 Abs. 1 SchlichtVerfV (Erlassen vom Bundesministerium der Justiz nach § 14 Abs. 3 UklaG) die Schlichtungsaufgaben des § 14 UklaG für Unternehmen, die dem Bundesverband deutscher Banken e.V., dem Bundesverband Öffentlicher Banken Deutschlands e.V., einem Sparkassen- und Giroverband oder dem Bundesverband der Deutschen Volksbanken und Raiffeisenbanken angehören und an Schlichtungsverfahren teilnehmen von den in diesen Verbänden jeweils eingerichteten Schlichtungsstellen wahrgenommen.

74 Gesetzentwurf vom 22.04.2004, BT-Drs. 15/2946, S. 17.

Im Übrigen gilt das unter § 2 B. III. Gesagte entsprechend. Insbesondere gilt für Schlichtungsanträge nach § 14 UklaG die Vorschrift des § 15a Abs. 3 S. 2 EGZPO, wonach der vom Verbraucher angestrengte Schlichtungsversuch als einvernehmlich gilt, so dass eine Verjährungshemmung nach § 204 Abs. 1 Nr. 4 BGB stattfindet. Ein von den Parteien geschlossener Vergleich ist ebenfalls nicht nach § 794 Abs. 1 Nr. 1 ZPO vollstreckbar.

Mit Einführung des VSBG wurde die Vorschrift des § 14 UKlaG erweitert: Nach § 14 Abs. 1 S. 1 UKlaG können Verbraucher nun eine vom Bundesamt für Justiz für diese Streitigkeiten anerkannte private Verbraucherschlichtungsstelle, die bei der Deutschen Bundesbank oder die bei der Bundesanstalt für Finanzdienstleistungsaufsicht eingerichtete Verbraucherschlichtungsstelle anrufen. Die Schlichtungsstelle bei der Deutschen Bundesbank ist dabei gemäß § 14 Abs. 1 S. 2 UKlaG für Streitigkeiten nach S. 1 Nr. 1 bis 5, die bei der Bundesanstalt für Finanzdienstleistungsaufsicht eingerichtete Schlichtungsstelle für Streitigkeiten nach S. 1 Nr. 6 und 7 zuständig. Existiert für die in § 14 Abs. 1 S. 1 Nr. 1 bis 7 UKlaG genannten Streitigkeiten eine vom Bundesamt für Justiz anerkannte Verbraucherschlichtungsstelle, ist jedoch ausschließlich diese für die jeweilige Streitigkeit zuständig, § 14 Abs. 1 S. 3 UKlaG. Für die genannten Schlichtungsstellen gelten weiterhin die besonderen Regelungen des SchlichtVerfV.[75]

2. *Einigungsstellen nach § 15 UWG*

Auch auf dem Gebiet des Wettbewerbsrechts gibt es besondere Einigungsstellen, die bei den Industrie- und Handelskammern eingerichtet sind und wie von der Justizverwaltung anerkannte oder eingerichtete Gütestellen eine außergerichtliche Einigung der Parteien ermöglichen sollen. Im Rahmen dieser Tätigkeit steht ihnen ebenfalls keine eigene Sachentscheidungsbefugnis zu, vielmehr können UWG-Einigungsstellen den Parteien nur einen Vorschlag zur Streitbeilegung unterbreiten, § 15 Abs. 6 S. 2 UWG. Im Gegensatz zu sonstigen privaten oder gesetzlichen Schlichtungsstellen verfügen UWG-Einigungsstellen jedoch über hoheitliche Befugnisse gegenüber den Parteien, gegen die sie nach § 15 Abs. 5 S. 1, 2 UWG das persönliche Erscheinen zu einem Verhandlungstermin anordnen und bei unentschuldigtem Ausbleiben sogar ein Ordnungsgeld festsetzen können.

75 Vgl. Gesetzentwurf vom 09.06.2015, BT-Drs. 18/5089, S. 81.

Im Hinblick auf eine mögliche Verjährungshemmung des streitgegenständlichen Anspruchs verweist § 15 Abs. 9 S. 1 UWG auf § 204 Abs. 1 Nr. 1 BGB (Klageerhebung). Wie aus vor von der Justizverwaltung eingerichteten oder anerkannten Gütestellen geschlossenen Vergleichen (§ 794 Abs. 1 Nr. 1 ZPO) kann auch aus einem vor einer UWG-Einigungsstelle geschlossenen Vergleich gemäß § 15 Abs. 7 S. 2 UWG vollstreckt werden.

3. *Schiedsstellen nach §§ 92 ff. VGG*

Für Schlichtungen im Bereich des Urheberrechts sehen die §§ 92 ff. VGG ein eigenes Schlichtungsverfahren vor, das bei jedem Konflikt über die Nutzung urheberrechtlich geschützter Werke und Leistungen von jedem Beteiligten begangen werden kann. Gemäß § 124 Abs. 1 S. 1 VGG ist die Schlichtungsstelle beim Patent- und Markenamt (das Aufsichtsbehörde nach § 75 Abs. 1 VGG ist) gebildet. Die Schiedsstelle hat keine eigene Entscheidungsbefugnis über den an sie herangetragenen Streit, sondern unterbreitet den Parteien gemäß § 105 Abs. 1 S. 1 VGG lediglich einen Einigungsvorschlag.

Schließen die Parteien vor der Schiedsstelle einen Vergleich, kann aus diesem – wie aus einem vor einer von der Landesjustizverwaltung eingerichteten oder anerkannten Gütestelle geschlossenen Vergleich – die Zwangsvollstreckung betrieben werden, §§ 102 Abs. 2 S. 2, 105 Abs. 5 S. 1 VGG. Eine weitere Gemeinsamkeit besteht in der verjährungshemmenden Wirkung des Schlichtungsantrags (§ 204 Abs. 1 Nr. 4 a) BGB).

4. *Schiedsstellen nach §§ 28 ff. ArbNErfG*

Zur Bewältigung von Konflikten zwischen Arbeitgebern und Arbeitnehmern in Bezug auf von Arbeitnehmern während ihrer Arbeit gemachten Erfindungen kann nach § 28 ArbNErfG eine Schiedsstelle angerufen werden, die ebenfalls beim Patentamt eingerichtet ist (§ 29 Abs. 1 ArbNErfG). Auch diese Schiedsstelle schlägt den Parteien lediglich eine Streitbeilegungsmöglichkeit vor und verfügt über keine eigene Entscheidungskompetenz, § 34 Abs. 2 S. 1 ArbNErfG. Im Gegensatz zum Güteverfahren vor von der Landesjustizverwaltung eingerichteten oder anerkannten Gütestellen ist nach § 37 Abs. 1 ArbNErfG das Schlichtungsverfahren des ArbNErfG nach wie vor obligatorisch, eine Klage mithin erst nach dessen erfolglosem Durchlaufen zulässig.

Eine Gemeinsamkeit besteht allerdings erneut in der verjährungshemmenden Wirkung eines Schlichtungsantrages gemäß § 31 Abs. 1 S. 1 ArbNErfG: Laut der Rechtsprechung des Bundesgerichtshofes ist § 204 Abs. 1 Nr. 4 BGB a.F. auf Schlichtungsstellen nach dem ArbNErfG zwar nicht unmittelbar, jedoch aufgrund deren rechtlicher Stellung und Funktion entsprechend anwendbar.[76] Nach der Erweiterung des Anwendungsbereichs des § 204 Abs. 1 Nr. 4 BGB n.F. dürfte dieser nunmehr direkt Anwendung finden. Demgegenüber kann aus einem vor einer Schlichtungsstelle nach dem ArbNErfG geschlossenen Vergleich nicht nach § 794 Abs. 1 Nr. 1 ZPO vollstreckt werden.

5. Schlichtungsstellen nach § 214 VVG

Auf dem Gebiet des Versicherungsvertragsrechts besteht für Versicherungsnehmer nach § 214 VVG die Möglichkeit, Ansprüche gegen den Versicherer (allerdings nur, wenn der Versicherungsnehmer Verbraucher ist, § 214 Abs. 1 S. 1 Nr. 1 VVG) oder gegen Versicherungsvermittler oder Versicherungsberater (§ 214 Abs. 1 S. 1 Nr. 2 VVG) außergerichtlich durchzusetzen. Im Rahmen der Einführung des VSBG wurde mit Wirkung zum 01.04.2016 auch die Vorschrift des § 214 VVG entsprechend angepasst: Als Schlichtungsstellen können nun gemäß § 214 Abs. 1, 2 VVG privatrechtlich organisierte Einrichtungen vom Bundesministerium der Justiz[77] anerkannt werden, wenn sie die Voraussetzungen für die Anerkennung als Verbraucherschlichtungsstelle gemäß § 24 VSBG erfüllen, § 214 Abs. 2 S. 1 VVG. In diesem Fall sind sie gleichzeitig Verbraucherschlichtungsstellen i.S.d. VSBG. Von dieser Möglichkeit haben bislang der Versicherungsombudsmann e. V. und der Ombudsmann Private Kranken- und Pflegeversicherung Gebrauch gemacht.[78]

Im Gegensatz zu anderen Schlichtungsstellen verfügt der Versicherungsombudsmann e. V. nicht nur über das Recht, den Parteien einen Vorschlag zur Streitbeilegung zu unterbreiten, sondern darüber hinaus über die vom Versicherungsnehmer erhobene Beschwerde selbst zu entscheiden, wenn ein Schlichtungsversuch erfolglos geblieben ist oder sich die Beschwerde nicht für einen Schlichtungsversuch eignet, § 10 Abs. 3 S. 1 Verfahrensordnung des Versicherungsombudsmanns (VomVO)[79]. An diese Entscheidung ist der Versicherer bei einem Beschwerdewert von bis zu 10.000,00 EUR gemäß §§ 10 Abs. 3 S. 2 Alt.

---

76 BGH, Urt. v. 26.11.2013 – X ZR 3/13, GRUR 2014, 357, 359.

77 Des Einvernehmens des Bundesministeriums der Finanzen, des Bundesministeriums für Wirtschaft und Technologie und des Bundesministeriums für Ernährung, Landwirtschaft und Verbraucherschutz nach § 214 Abs. 1 S. 1 VVG a.F. bedarf es seit der Neuregelung nicht mehr.

78 Prölss/Martin/*Klimke*, § 214 Rn. 2.

79 https://www.versicherungsombudsmann.de/wp-content/uploads/2017/05/verfahrens ordnung.pdf, letzter Abruf: 06.01.2019.

1, 11 Abs. 1 S. 1 VomVO gebunden, während dem Versicherungsnehmer nach § 11 Abs. 2 S. 1 VomVO der Weg zu den ordentlichen Gerichten weiterhin offensteht. Die für den Versicherer geltende Bindungswirkung widerspricht zwar dem Grundsatz des § 214 Abs. 1 S. 2 Hs. 2 VVG, wonach beiden Parteien das Recht zusteht, die Gerichte anzurufen. Jedoch tritt die Bindung an die Entscheidung des Ombudsmannes nur gegenüber den Mitgliedern des Versicherungsombudsmann e. V. ein, die sich in § 5 Abs. 2 der Satzung des Versicherungsombudsmann e. V.[80] den Entscheidungen des Ombudsmanns unterworfen haben, so dass sich der Versicherungsnehmer nach h.M. auf diese Unterwerfung berufen kann.[81] Bei einem Beschwerdewert zwischen 10.000,00 EUR und 100.000,00 EUR gibt der Ombudsmann eine unverbindliche Empfehlung ab, §§ 10 Abs. 3 S. 2 Alt. 2, 11 Abs. 1 S. 2 VomVO.

Der Ombudsmann Private Kranken- und Pflegeversicherung teilt nach § 10 Abs. 3 seines Statuts[82] den Parteien einen Schlichtungsvorschlag mit, soweit der Beschwerdegegner der Beschwerde nicht oder nur teilweise abhilft und der Ombudsmann die Beschwerde jedenfalls für teilweise begründet erachtet. Zur Annahme des Vergleichsvorschlags sind die Parteien nicht verpflichtet.

Im Übrigen bewirkt auch ein vor den genannten Ombudsmännern eingelegter Schlichtungsantrag nach dem erweiterten Anwendungsbereich des § 204 Abs. 1 Nr. 4 BGB n.F. eine Verjährungshemmung des geltend gemachten Anspruchs.[83] Nach alter Rechtslage ergab sich die Verjährungshemmung aus § 12 Abs. 1 S. 1 VomVO bzw. § 7 des Status des Ombudsmanns Private Kranken- und

80 https://www.versicherungsombudsmann.de/wp-content/uploads/2017/05/SATZUNG.pdf, letzter Abruf: 06.01.2019.

81 MüKo VVG/*Looschelders*, § 214 Rn. 20, 24; Prölss/Martin/*Klimke*, § 214 Rn. 10; die dogmatische Begründung hierfür ist derweil im Einzelnen umstritten: Diskutiert werden ein durch die Verpflichtungserklärung nach § 5 Abs. 2 der Satzung zu sehender Vertrag zugunsten Dritter (Bankrechts-Hdb./*Höche*, § 3 Rn. 98 f.), ein vereinbartes Schiedsverfahren nach §§ 1025 ff. ZPO, deren Formnichtigkeit durch das rügelose Einlassen des Versicherers geheilt werde (*Hoeren*, NJW 1992, 2727, 2731) sowie eine (jedenfalls konkludente) Einbeziehung der einschlägigen Vorschriften in den Versicherungsvertrag bzw. ein venire contra factum proprium des Versicherers, wenn er sich an die ihm selbst auferlegte Verpflichtung nach § 5 Abs. 2 der Satzung nicht halten möchte (Friedrich, DAR 2002, 157, 159; MüKo VVG/*Looschelders*, § 214 Rn. 20, 24; Prölss/Martin/*Armbrüster*, Einleitung Rn. 231).

82 https://www.pkv-ombudsmann.de/statut, letzter Abruf: 06.01.2019.

83 MüKo VVG/*Looschelders*, § 214 Rn. 20; Prölss/Martin/*Klimke*, § 214 Rn. 9.

Pflegeversicherung. Im Hinblick auf die Bindungswirkung dieser Vorschriften galten die oben beschriebenen Grundsätze entsprechend.[84]

Demgegenüber können die Parteien weder aus einem Schiedsspruch des Ombudsmannes noch aus einem vor diesem geschlossenen Vergleich nach § 794 Abs. 1 Nr. 1 ZPO unmittelbar die Zwangsvollstreckung betreiben.

6. *Weitere gesetzliche Schlichtungsstellen*

Darüber hinaus existiert eine Vielzahl an weiteren spezialgesetzlichen Schlichtungsstellen, etwa nach

- § 191f BRAO
- § 111b Energiewirtschaftsgesetz,
- § 342 Kapitalanlagegesetzbuch,
- § 47a Telekommunikationsgesetz,
- § 6 EU-Fahrgastrechte-Kraftomnibus-Gesetz,
- § 6 EU-Fahrgastrechte-Schifffahrt-Gesetz,
- §§ 57 ff. Luftverkehrsgesetz,
- §§ 92 ff. Verwertungsgesellschaftengesetz,
- § 37 Eisenbahn-Verkehrsordnung,
- § 10 Postdienstleistungsverordnung.

7. *Mediation nach dem MediationsG*

Das Mediationsverfahren nach dem MediationsG ist gerichtet auf eine freiwillige und eigenverantwortliche Konfliktbewältigung der Parteien (§ 1 Abs. 1 MediationsG), bei dem es weniger auf die Rechtslage als vielmehr auf die gegensätzlichen wirtschaftlichen und sozialen Parteiinteressen ankommen soll.[85] Nach dem Willen des Gesetzgebers sollen die Parteien während des gesamten Verfahrens autonom über sämtliche Maßnahmen, Absprachen und vor allem über den Inhalt einer unter Umständen erzielten Vereinbarung entscheiden.[86] Im Umkehrschluss ist der von den Parteien berufene Mediator (§ 2 Abs. 1 MediationsG) gemäß § 1 Abs. 2 MediationsG ausschließlich für die Verfahrensführung zuständig. Die Aufgabe des Mediators besteht nach der Begründung zum Gesetzentwurf somit

---

84 Vgl. MüKo VVG/*Looschelders*, § 214 Rn. 20.

85 Vgl. Homepage des Justizministeriums Baden-Württemberg, http://www.jum.baden-wuerttemberg.de/pb/Justizministerium,Lde/Startseite/Schlichten+statt+Richten#Mediation, letzter Abruf: 06.01.2019.

86 Gesetzentwurf vom 01.04.2011, BT-Drs. 17/5335, S. 14.

allein darin, die Einhaltung der von den Parteien selbst aufgestellten Verfahrensregeln zu überwachen und für eine gedeihliche Verhandlungsatmosphäre Sorge zu tragen.[87] Im Gegensatz zum Schlichter ist die Tätigkeit des Mediators damit nicht auf das Ergebnis der Mediation gerichtet, sondern auf den Prozess, der zur Einigung der Parteien führt. Über eine eigene Entscheidungsbefugnis verfügt der Mediator demnach grundsätzlich nicht.[88] Gleiches gilt für die Befugnis, den Parteien einen Konfliktlösungsvorschlag zu unterbreiten, wobei in der Literatur teilweise von der Zulässigkeit eines solchen Vorschlages ausgegangen wird, wenn die Mediationsparteien den Mediator hierzu ermächtigen.[89] Der Gesetzgeber ist bei Schaffung des MediationsG davon ausgegangen, dass eine von den Streitparteien selbst verhandelte und ausgearbeitete Konfliktlösung zu einer nachhaltigeren Befriedung der Streitigkeit führt, als dies bei der Beendigung des Streits durch einen Dritten (sei es durch Vorschlag einer Konfliktlösung durch einen Schlichter oder durch (Schiedsgerichts-) Urteil) der Fall wäre.[90]

Als Mediator nach dem MediationsG kann prinzipiell jede natürliche Person tätig sein, eine bestimmte Ausbildung oder Zulassung wird vom MediationsG nicht gefordert. § 5 Abs. 1 S. 1 MediationsG schreibt lediglich vor, dass ein Mediator

> *„durch eine geeignete Ausbildung und eine regelmäßige Fortbildung sicherstellen soll, dass er über theoretische Kenntnisse sowie praktische Erfahrungen verfügt, um die Parteien in sachkundiger Weise durch die Mediation führen zu können."*

Dies hat nach der Vorschrift des § 5 Abs. 1 MediationsG jedoch ausschließlich in eigener Verantwortung zu erfolgen, eine behördliche Kontrolle oder Ähnliches findet nicht statt. § 5 Abs. 2 MediationsG räumt Mediatoren die weitergehende Möglichkeit ein, als sogenannter *„zertifizierter Mediator"* am Markt tätig zu sein und sich auf diese Weise von *„einfachen"* Mediatoren abzuheben. Hierfür ist gemäß § 5 Abs. 2 MediationsG eine Ausbildung mit anschließenden regelmäßigen Fortbildungen zu absolvieren, die sich gemäß § 6 MediationsG nach den Anforderungen der ab dem 01.09.2017 geltenden (vgl. § 8 der Verordnung) *„Verordnung über die Aus- und Fortbildung von zertifizierten*

87 A.a.O.

88 Vgl. zum Ganzen ausführlich *Risse*, SchiedsVZ 2012, 244, 246 ff.; Borowski/Röthemeyer/Steike/*Röthemeyer*, Teil II § 18 Rn. 2 ff.

89 *Breidenbach/Peres*, SchiedsVZ 2010, 125, 127; Haft/Schlieffen/*Kracht*, § 13 Rn. 107; a.A.: *Becker/Horn*, SchiedsVZ 2006, 270; Fritz/Pielsticker/*Pielsticker*, § 2 Rn. 29; wohl auch Trenczek/Berning/Lenz/Will/*Trenczek*, 2.12 Rn. 3 f.

90 Gesetzentwurf vom 01.04.2011, BT-Drs. 17/5335, S. 12.

Mediatoren (Zertifizierte-Mediatoren-Ausbildungsverordnung – ZMediatAusbV)" vom 21.08.2016[91] richtet.[92]

Die Schaffung des „*zertifizierten Mediators*" ist in der Literatur vereinzelt auf Kritik gestoßen. So komme etwa die Schiedsgerichtsbarkeit seit jeher ohne eine Regulierung aus, was auf die Qualität von Schiedsverfahren keinen negativen Einfluss habe, obwohl die Machtbefugnisse beim Schiedsrichter deutlich größer als beim Mediator seien, der keine eigene Entscheidungsbefugnis hat. Der Gesetzgeber habe sich wohl dem Druck einiger Lobbygruppen gebeugt, die an der Etablierung von Mediationsausbildungen ein Interesse haben.[93]

Es gibt am Markt daneben auch etliche Angebote, eine (private) Zertifizierung im Sinne einer Qualitätsbescheinigung zu erwerben.[94]

Nach h.M. schließen die Parteien mit dem Mediator einen Mediatorvertrag, wobei im Einzelnen strittig ist, ob dieser als Dienstvertrag nach § 611 BGB[95] oder als Geschäftsbesorgungsvertrag nach § 675 BGB[96] zu qualifizieren ist. Handelt es sich beim Mediator um einen Rechtsanwalt, soll dieser nach § 34 Abs. 1 S. 1 RVG auf eine Gebührenvereinbarung hinwirken. Ohne entsprechende vertragliche Regelung richtet sich die Vergütung des Mediators nach §§ 611, 612 BGB.[97]

91 BGBl. 2016 Teil I Nr. 42, S. 1994.

92 Die Ausbildung setzt sich nach § 2 Abs. 2 ZMediatAusbV zusammen aus einem Ausbildungslehrgang und einer Einzelsupervision im Anschluss an eine durchgeführte Mediation. Der Umfang des Ausbildungslehrgangs beträgt mindestens 120 Präsenzzeitstunden, § 2 Abs. 4 S. 1 ZMediatAusbV. Siehe zu den Regelungen der ZMediatAusbV im Einzelnen *Rennebarth*, DStR 2017, 1843.

93 *Rüstow*, NJ 2008, 385, 387; *Risse*, SchiedsVZ 2012, 244, 251.

94 Etwa durch Absolvierung einer Ausbildung beim Bundesverband Mediation in Wirtschaft und Arbeitswelt e.V., wonach die Berufsbezeichnung „*Mediator BMWA*" bzw. „*Wirtschaftsmediator BMWA*" geführt werden darf, vgl. http://www.bmwa-deutschland.de/index.php/de/ausbildung%2C+zertifizierung.html, letzter Abruf: 06.01.2019; ähnlich das „*Lizenzierungsverfahren*" beim Bundesverband Mediation e.V., vgl. https://www.bmev.de/aus-fortbildung/wie-werde-ich-mediatorin/standards.html, letzter Abruf: 06.01.2019.

95 Greger/Unberath/Steffek/*Greger*, § 2 MediationsG Rn. 36; Hannemann/Wiegner/*Gößl*, § 40 Rn. 33; wohl auch *Risse*, SchiedsVZ 2012, 244, 247.

96 BeckOGK BGB/*Teichmann*, Stand: 01.08.2018, § 675 BGB Rn. 92; Staudinger/*Martinek/Omlor*, § 675, Rn. B 158; Erman/*Berger*, § 675 Rn. 114; Fritz/Pielsticker/*Fritz*, § 1 Rn. 28; differenzierend: Haft/Schlieffen/*Trossen*, § 26 Rn. 6 f.; *Ade/Alexander*, Rn. 423.

97 OLG Stuttgart, Urt. v. 28.12.2006 – 2 U 134/06, juris, Rn. 22; AG Lübeck, Urt. v. 29.09.2006 – 24 C 1853/06, NJW 2007, 3789; BeckOK RVG/*v. Seltmann*,

Eine Gütestelle nach § 204 Abs. 1 Nr. 4 BGB hat in Gemeinsamkeit mit einem Mediator ebenfalls keine Entscheidungsbefugnis über die Streitigkeit der Parteien, während es der Gütestelle im Gegensatz zum Mediator allerdings unbenommen bleibt, den Parteien einen eigenen Vorschlag zur Streitbeendigung zu unterbreiten. Die größten Unterschiede zwischen dem Verfahren vor Gütestellen und dem Mediationsverfahren bestehen jedoch in der fehlenden Vollstreckbarkeit einer die Mediation abschließenden Vereinbarung nach § 794 Abs. 1 Nr. 1 ZPO.[98] Auch kommt der Einleitung einer Mediation durch die Parteien keine verjährungshemmende Wirkung zu, wie es beim Güteantrag nach § 204 Abs. 1 Nr. 4 BGB der Fall ist. Der Gesetzgeber sah keine Notwendigkeit in einer entsprechenden Erweiterung des § 204 BGB, da eine Mediation das Verhandeln über den streitigen Anspruch nach § 203 S. 1 BGB darstelle. Nach h.M. seien Verhandlungen bereits dann anzunehmen, wenn eine Partei eine Mediation vorschlägt und die Gegenpartei sich bereit erklärt, sich mit diesem Vorschlag auseinanderzusetzen.[99] Dies stellt freilich keinen gleichwertigen Ersatz zur Möglichkeit einer Verjährungshemmung nach § 204 Abs. 1 Nr. 4 BGB dar, da ein Güteantrag nach dieser Vorschrift bereits durch die Veranlassung seiner Bekanntgabe durch die angerufene Gütestelle eine Verjährungshemmung nach sich zieht. Auf etwaige Einlassungen der Gegenseite kommt es demgemäß gerade nicht an. Dies spricht in Fällen drohender Anspruchsverjährung entscheidend dafür, sich bei entsprechendem Einigungswillen (oder auch ohne einen solchen, vgl. unten § 4 G. IV. 1. a)) an eine Gütestelle nach § 204 Abs. 1 Nr. 4 BGB zu wenden und eben nicht an einen Mediator. Im Falle des schlichten Vorschlags einer Mediation besteht stets das offenkundige Risiko, dass der Anspruchsgegner eben keine Bereitschaft signalisiert, sich mit dem Einigungsvorschlag zu beschäftigen, sondern

---

Stand: 01.12.2018, § 34 Rn. 6; Mayer/Kroiß/*Winkler*, § 34 Rn. 65; *Risse*, SchiedsVZ 2012, 244, 247; *Mayer*, NZA 2006, 753, 754; *Kilian*, BB 2006, 1509, 1510.

98 Eine im Gesetzgebungsverfahren zunächst vorgesehene Vollstreckbarkeit von im Zuge einer Mediation geschlossener Vergleiche wurde gestrichen. Der Rechtsausschuss des Bundestages verwies diesbezüglich auf die Vollstreckbarkeitsmöglichkeiten nach § 794 Abs. 1 Nr. 5 und § 796a ZPO, Beschlussempfehlung und Bericht des Rechtsausschusses (6. Ausschuss) zu dem Gesetzentwurf der Bundesregierung – Drs. 17/5335, 17/5496 – vom 01.12.2011, BT-Drs. 17/8058, S. 21. Kritisch hierzu Gläßer/Kirchhoff/Wendenburg/*Goltermann*/*Klowait*, 285, 305 f., die eine Vollstreckbarkeit von Mediationsvergleichen wenigstens unter Kaufleuten als wünschenswert erachtet hätten.

99 Gesetzentwurf vom 01.04.2011, BT-Drs. 17/5335, S. 11.

den geltend gemachten Anspruch sofort, vollständig und eindeutig zurückweist, wodurch eine Verjährungshemmung nach § 203 S. 1 BGB ausscheidet.[100]

Zur Frage, ob ein Mediator i.S.d. Mediationsgesetzes eine „*andere Streitbeilegungsstelle*“ gemäß § 204 Abs. 1 Nr. 4 b) BGB darstellt, siehe unter § 3 A. III.

V. Schiedsgerichte

Das schiedsrichterliche Verfahren nach §§ 1025 ff. ZPO ist in der Praxis eine der bedeutsamsten Formen der außergerichtlichen Streitbewältigung, welches von den Parteien privatautonom vereinbart werden kann. Zu unterscheiden ist hierbei zwischen der institutionellen Schiedsgerichtsbarkeit, bei der die Parteien auf eine Schiedsorganisation (z.B. Industrie- und Handelskammer) und deren Regelwerke zurückgreifen können, und einer ad hoc Schiedsgerichtsbarkeit, die von den Parteien außerhalb einer Schiedsorganisation vereinbart wird.[101] Die von den Parteien nach § 1035 ZPO selbst berufenen (privaten) Schiedsrichter entscheiden den Streit – im Gegensatz zu Gütestellen i.S.d. § 204 Abs. 1 Nr. 4 BGB – durch für die Parteien verbindlichen Schiedsspruch, dem unter den Parteien gemäß § 1055 ZPO die Wirkungen eines rechtskräftigen gerichtlichen Urteils zukommt und der nach § 1060 ZPO für vollstreckbar erklärt werden kann. Der Schiedsspruch erfolgt dabei auf der Grundlage geltenden Rechts, wobei es den Parteien nach § 1042 Abs. 3 und § 1051 Abs. 1 S. 1 ZPO freisteht, die für das schiedsrichterliche Verfahren geltenden Verfahrensgrundsätze sowie die maßgebliche Rechtsordnung zu bestimmen. Die Parteien werden von § 1051 Abs. 1 S. 1 ZPO sogar dazu ermächtigt, eigene Rechtsvorschriften vorzugeben oder bestimmte Rechtsvorschriften von der Anwendung auszuschließen.[102] Nach § 1051 Abs. 3 S. 1 ZPO besteht zudem die Möglichkeit, das Schiedsgericht lediglich nach Billigkeit entscheiden zu lassen. Das Schiedsgericht hat jedoch in jedem Fall in Übereinstimmung mit den Bestimmungen des von den Parteien geschlossenen Vertrages zu entscheiden und außerdem die bestehenden Handelsbräuche zu berücksichtigen, § 1051 Abs. 4 ZPO.[103]

---

100 Vgl. BGH, Urt. v. 03.02.2011 – IX ZR 105/10, NJW 2011, 1594, 2595; Beschl. v. 28.10.2010 – VII ZR 82/09, NJW-RR 2011, 98, 99; BeckOGK BGB/*Meller-Hannich*, Stand: 01.12.2018, § 203 Rn. 17; *Riehm*, NJW 2017, 113, 118.

101 Vgl. ausführlich *Schütze*, S. 19 ff.

102 Musielak/Voit/*Voit*, § 1051 Rn. 1; MüKo ZPO/*Münch*, § 1051 Rn. 14.

103 Allerdings soll nach h.M. § 1051 Abs. 4 ZPO nur bei einer Billigkeitsentscheidung gemäß § 1051 Abs. 3 ZPO vollständig anwendbar sein. Im Übrigen soll den vertraglichen Bestimmungen nur dann Vorrang zukommen, wenn diese nach der vom Schiedsgericht anzuwendenden Rechtsordnung auch wirksam sind, vgl. Gesetzentwurf vom

Der große Vorteil des schiedsrichterlichen Verfahrens besteht demnach in der weitgehenden Gestaltungsfreiheit der Parteien. Ferner weist es in der Regel eine kürzere Verfahrensdauer als ordentliche Gerichtsverfahren auf, da es keinen weiteren Instanzenzug gibt. So kann ein ergangener Schiedsspruch lediglich mit einem Antrag auf gerichtliche Aufhebung unter den Voraussetzungen des § 1059 ZPO angefochten werden. Ein weiterer Vorteil liegt außerdem in der Möglichkeit, die Öffentlichkeit von den Verhandlungen auszuschließen. Der Beginn des schiedsrichterlichen Verfahrens hat überdies die Hemmung der Verjährung des streitgegenständlichen Anspruchs zur Folge, § 204 Abs. 1 Nr. 11 BGB.[104]

VI. Schiedsgutachten

Mit der Beauftragung eines Schiedsgutachters durch die Parteien legen diese die Lösung des Konflikts in die Hände eines fachkundigen Dritten, der den Streit in technischer, wirtschaftlicher und/oder juristischer Hinsicht einer Prüfung unterzieht.[105] Die Parteien können auch jeweils einen eigenen Sachverständigen mit der Anfertigung eines Gutachtens beauftragen, verbunden mit der Abrede, die Mitte der beiden Ergebnisse als verbindlich anzusehen. Diese Vorgehensweise (das sogenannte Sachverständigenverfahren, § 84 VVG) ist vor allem im Bereich des Sachversicherungsrechts vorherrschend, wobei die beiden von den Parteien ausgewählten Gutachter ihrerseits einen Obergutachter bestimmen (der sogenannte Obmann), der ein eigenes, drittes Gutachten erstellt, welches sich innerhalb der von den beiden Erstgutachtern gesteckten Grenzen halten muss und für die Parteien verbindlich ist.[106]

12.07.1996, BT-Drs. 13/5274, S. 53; Musielak/Voit/*Voit*, § 1051 Rn. 8; MüKo ZPO/*Münch*, § 1051 Rn. 41; Zöller/*Geimer*, § 1051 Rn. 10; BeckOK ZPO/*Wilske/ Markert*, Stand: 01.12.2018, § 1051 Rn. 13 f.

104 Schiedsverfahren in Deutschland beginnen nach § 1044 S. 1 ZPO – sofern keine abweichende Vereinbarung getroffen wurde – mit dem Tag, an dem der Gegner den Antrag, die Streitigkeit einem Schiedsgericht vorzulegen, empfangen hat.

105 Vgl. Greger/Unberath/Steffek/*Greger*, D. Rn. 32.

106 Vgl. ausführlich zum Sachverständigenverfahren Prölss/Martin/*Voit*, § 84 Rn. 4 ff.; Weicht das Obergutachten von der wirklichen Sachlage offenbar erheblich ab, scheidet eine Verbindlichkeit aus, § 84 Abs. 1 S. 1 VVG. Gemäß § 84 Abs. 1 S. 2 VVG obliegt die Entscheidung über die Höhe des vom Versicherer zu leistenden Versicherungsbetrages dann der ordentlichen Gerichtsbarkeit. Als Richtschnur ist in Literatur und Rechtsprechung wohl allgemein anerkannt, dass jedenfalls Abweichungen von mehr als 20 % als erheblich einzustufen sind; vgl. OLG Schleswig, Urteil vom 16.06.1987 – 3 U 55/85, juris; LG Köln, Urteil vom 23.04.1980 – 74 O 209/78, VersR 1980, 1066, 1067; LG Baden-Baden, Urteil vom 31.01.1992 – 1 S 70/91, juris; LG Frankenthal,

Im Gegensatz zum Schiedsgerichtsverfahren ist ein Schiedsgutachten regelmäßig nicht darauf gerichtet, über einen zwischen den bestehenden Streit abschließend zu entscheiden, sondern lediglich darauf, einzelne Tatbestandsmerkmale festzustellen oder Vorfragen zu beantworten.[107] Dies hat zur Folge, dass ein Schiedsgutachten – anders als ein Schiedsspruch – trotz dessen zwischen den Parteien vereinbarter Verbindlichkeit vor den ordentlichen Gerichten angegriffen und von diesen inhaltlich überprüft werden kann.[108] Somit ist die Möglichkeit einer gerichtlichen Kontrolle das entscheidende Abgrenzungskriterium zwischen Schiedsgerichtsverfahren und Schiedsgutachten.[109] An eine von den Parteien vereinbarte Verbindlichkeit des Schiedsgutachtens sind diese dann nicht mehr gebunden, wenn das Gutachten wegen Irrtums oder arglistiger Täuschung nach § 318 Abs. 2 BGB angefochten wird, eine offenbare Unbilligkeit bzw. Unrichtigkeit gemäß § 319 Abs. 1 S. 1 BGB von einer Partei nachgewiesen werden kann oder der Schiedsgutachter sich zu Fragen äußert, die sich außerhalb des von den Parteien vereinbarten Begutachtungsrahmens befinden.[110]

Urteil vom 10.01.2008 – 2 HK O 64/03, 2 HK O 64/03, VersR 2009, 778, 780; Prölss/Martin/*Voit*, § 84 Rn. 26.

107 BGH, Urt. v. 25.06.1952 – II ZR 104/51, NJW 1952, 1296 f; Urt. v. 17.05.1967 – VIII ZR 58/66, NJW 1967, 1804; Greger/Unberath/Steffek/*Greger*, D. Rn. 31; *Kasolowsky/Schnabl*, SchiedsVZ 2012, 84, 85; *Ade/Alexander*, Rn. 299; kritisch: Stein/Jonas/*Schlosser*, vor § 1025, Rn. 54, wonach dieses Kriterium in der Praxis zu häufig für die Annahme eines Schiedsgutachtens herangezogen werde.

108 BGH, Urt. v. 25.06.1952 – II ZR 104/51, NJW 1952, 1296 f; Urt. v. 17.05.1967 – VIII ZR 58/66, NJW 1967, 1804; Beschl. v. 08.11.2007 – III ZB 95/06, NJW-RR 2008, 659, 660.

109 Vgl. BGH, Urt. v. 25.06.1952 – II ZR 104/51, NJW 1952, 1296 f; Urt. v. 17.05.1967 – VIII ZR 58/66, NJW 1967, 1804; Urt. v. 04.06.1981 – III ZR 4/80, BeckRS 1981, 00491, Rn. 29 f.; *Kasolowsky/Schnabl*, SchiedsVZ 2012, 84, 85; BeckOGK BGB/*Netzer*, Stand: 01.08.2018, § 317 Rn. 35. Laut BGH soll im Zweifel ein weniger weitgehender Schiedsgutachtenvertrag anzunehmen sein, vgl. Urt. v. 04.06.1981 – III ZR 4/80, BeckRS 1981, 00491, Rn. 36; vgl. zu den Abgrenzungskriterien ausführlich *Greger/Stubbe*, S. 3 Rn. 11 ff.

110 OLG Frankfurt, Urt. v. 03.12.1998 – 3 U 257–97, NJW-RR 1999, 379; MüKo BGB/*Würdinger*, § 317 Rn. 37; Den Parteien bleibt es jedoch unbenommen, einen abweichenden Entscheidungsmaßstab des Schiedsgutachters und damit auch einen abweichenden Kontrollmaßstab der ordentlichen Gerichtsbarkeit zu vereinbaren, vgl. ausführlich Erman/*Hager*, § 319 Rn. 2.

Mit Beginn des Gutachtenverfahrens setzt eine Verjährungshemmung des streitgegenständlichen Anspruchs gemäß § 204 abs. 1 Nr. 8 BGB ein.[111] § 1050 ZPO, wonach ein Schiedsspruch für vollstreckbar erklärt werden kann, ist jedoch nicht auf Schiedsgutachten anwendbar, weshalb aus einem Schiedsgutachten nicht vollstreckt werden kann.[112]

VII. Fazit

Neben den von der Landesjustizverwaltung eingerichteten oder anerkannten Gütestellen existieren etliche weitere Möglichkeiten der außergerichtlichen Streitbeilegung, die verschiedene Ähnlichkeiten mit dem Verfahren vor Gütestellen aufweisen. Die Vorteile eines Güteverfahrens gegenüber den hier vorgestellten alternativen Streitbeilegungsmöglichkeiten liegen jedoch auf der Hand: So bewirkt ein bei einer von der Justizverwaltung eingerichteten oder anerkannten Gütestelle eingereichter Güteantrag eine Verjährungshemmung des geltend gemachten Anspruchs nach § 204 Abs. 1 Nr. 4 BGB unabhängig davon, ob sich die Gegenpartei auf diesen einlässt oder nicht (wobei Gütestellenverfahren diesen Vorteil nicht exklusiv haben, vgl. etwa § 14 UklaG i.V.m. § 15a Abs. 3 S. 2 EGZPO; § 15 Abs. 9 S. 1 UWG; §§ 102 Abs. 2 S. 2, 105 Abs. 5 S. 1 VGG; (analoge) Anwendung des § 204 Abs. 1 Nr. 4 auf Anträge nach § 31 Abs. 1 S. 1 ArbNErfG durch den BGH; dies gilt erst recht nach der im Jahre 2016 erfolgten Erweiterung des § 204 Abs. 1 Nr. 4 BGB auf sämtliche staatlichen oder staatlich anerkannten Streitbeilegungsstellen). Der entscheidende Vorteil eines (erfolgreich abgeschlossenen) Gütestellenverfahrens liegt aber in der Vollstreckbarkeit eines vor einer Gütestelle abgeschlossenen Vergleichs nach § 794 Abs. 1 Nr. 1 ZPO. Zwar kann auch ein Schiedsspruch eines Schiedsgerichts nach § 1060 ZPO für vollstreckbar erklärt werden. Allerdings bestehen zwischen dem Gütestellenverfahren und dem Schiedsgerichtsverfahren mit die größten Unterschiede, so dass eine direkte Konkurrenz der beiden Verfahren wohl von vornherein ausscheidet (was auch dadurch bedingt ist, dass das Schiedsgerichtsverfahren nur einem begrenzten Kreis von (meist juristischen) Personen zur Verfügung steht). Ansonsten kann aus keinem vor einer anderen, allen am Rechtsverkehr

---

111 Siehe zum Zeitpunkt des Beginns MüKo BGB/*Grothe*, § 204 Rn. 49; NK BGB AT/*Mansel*, § 204 Rn. 108.

112 *Kasolowsky/Schnabl*, SchiedsVZ 2012, 84, 86; BeckOGK BGB/*Netzer*, Stand: 01.08.2018, § 317 BGB Rn. 36.

teilnehmenden Personen zur Verfügung stehenden und bei sämtlichen Rechtsstreitigkeiten zuständigen Schlichtungsstelle geschlossenen Vergleich unmittelbar vollstreckt werden.[113] Dies gilt insbesondere auch für die neu eingeführten Verbraucherschlichtungsstellen, die zwar in § 204 Abs. 1 Nr. 4 BGB aufgenommen wurden, nicht jedoch in § 794 Abs. 1 Nr. 1 ZPO.[114]

113 Aus einem vor einer UWG-Schlichtungsstelle geschlossenen Vergleich kann nach § 15 Abs. 7 S. 2 UWG, aus einem vor einer Schiedsstelle nach §§ 92 ff. VGG geschlossenen Vergleich kann nach §§ 102 Abs. 2 S. 2, 105 Abs. 5 S. 1 VGG vollstreckt werden; diese Schlichtungsstellen können aber nur in den Spezialfällen von Streitigkeiten auf dem Gebiet des Wettbewerbs- bzw. des Urheberrechts angerufen werden.

114 Zur Frage einer analogen Anwendung siehe unter § 3 B. II. 3. a) bb).

§ 3 Verfahren der Streitbeilegungsstellen nach § 204 Abs. 1 Nr. 4 BGB

A. Arten von Streitbeilegungsstellen

Nach der am 01.04.2016 in Kraft getretenen Änderung des § 204 Abs. 1 Nr. 4 BGB[115] wird in dieser Vorschrift nun zwischen staatlichen und staatlich anerkannten Streitbeilegungsstellen (§ 204 Abs. 1 Nr. 4 a) BGB) sowie anderen Streitbeilegungsstellen (§ 204 Abs. 1 Nr. 4 b) BGB) differenziert.

I. Staatliche oder staatlich anerkannte Streitbeilegungsstellen (§ 204 Abs. 1 Nr. 4 a) BGB)

Laut Gesetzentwurf vom 09.06.2015 ist staatliche Streitbeilegungsstelle *„jede Stelle, die von einer öffentlich-rechtlichen Körperschaft, Anstalt oder Stiftung eingerichtet wurde"*, mithin *„alle Stellen des Bundes, der Länder, der Gemeinden und Kammern, die außergerichtliche Streitbeilegung betreiben"*. Staatlich anerkannte Streitbeilegungsstellen sollen demgegenüber private Schlichtungsstellen sein, die vom Bund oder den jeweiligen Ländern genehmigt oder anerkannt sind.[116]

1. Gütestellen

Von der Regelung des § 204 Abs. 1 Nr. 4 a) BGB werden – wie bereits von der Vorgängerregelung – sowohl von der Landesjustizverwaltung eingerichtete oder anerkannte Gütestellen i.S.d. § 15a Abs. 1 S. 1 EGZPO als auch solche, die in einigen Bundesländern gemäß § 15a Abs. 6 S. 1 EGZPO kraft Gesetzes anerkannt sind, erfasst. Von der Landesjustizverwaltung eingerichtete Gütestellen sind dabei staatliche Streitbeilegungsstellen i.S.d. § 204 Abs. 1 Nr. 4 a) Alt. 1 BGB, während von der Justizverwaltung anerkannte Gütestellen staatlich anerkannte Streitbeilegungsstellen nach i.S.d. § 204 Abs. 1 Nr. 4 a) Alt. 2 BGB darstellen. Bei kraft Gesetzes anerkannten Gütestellen kommt es derweil darauf an, ob es sich bei diesen nach den jeweiligen landesrechtlichen Regelungen um private (dann staatlich anerkannte Streitbeilegungsstelle) oder um staatliche Gütestellen (dann staatliche Streitbeilegungsstelle) handelt.[117]

---

115 Siehe oben unter § 2 A. VII. 3.

116 Gesetzentwurf vom 09.06.2015, BT-Drs. 18/5089, S. 80.

117 Siehe oben unter § 2 A. VII. 3.

a) *Von der Landesjustizverwaltung eingerichtete Gütestellen (§ 15a Abs. 1 S. 1 Alt. 1 EGZPO)*

Nachdem das obligatorische Güteverfahren in Baden-Württemberg mit Gesetz vom 16.04.2013[118] vollständig abgeschafft wurde, existieren die vormals an den Amtsgerichten eingerichteten Gütestellen (vgl. § 2 Abs. 1 SchlG BW a.F.) nicht mehr.[119] Soweit ersichtlich gibt es auch in den übrigen Bundesländern damit keine von einer Landesjustizverwaltung eingerichteten Gütestellen mehr.[120]

Als eine solche käme allenfalls noch die Öffentliche Rechtsauskunft- und Vergleichsstelle (ÖRA) in Hamburg[121] in Betracht, da diese vom Bundesgerichtshof im Urteil vom 06.07.1993 – VI ZR 306/92 – als „eingerichtete Gütestelle" bezeichnet wurde.[122] Die Entscheidung des Bundesgerichtshofes erging jedoch vor der Geltung des ÖRA-Gesetzes, das seit dem 23.11.2013 in Kraft ist und in dem es in § 1 Abs. 1 Nr. 2 b) heißt, dass die ÖRA außergerichtliche Streitbeilegung als anerkannte Gütestelle in zivilrechtlichen Angelegenheiten gemäß § 794 Abs. 1 Nr. 1 ZPO erbringe, weshalb fraglich ist, ob die Entscheidung des Bundesgerichtshofes zur rechtlichen Qualifizierung der ÖRA noch von Bedeutung sein kann. Nachdem jedoch von der Justizverwaltung eingerichtete Gütestellen und von der Justizverwaltung bzw. kraft Gesetzes anerkannte Gütestellen in § 204 Abs. 1 Nr. 4 a) BGB vollständig gleich behandelt werden, birgt die Frage der Rechtsnatur der ÖRA keinerlei praktische Relevanz, so dass es einer Vertiefung nicht bedarf.[123]

---

118 Gesetz zur Aufhebung des Schlichtungsgesetzes vom 16.04.2013, Drs. 15/3357.

119 Vgl. BeckOGK BGB/*Meller-Hannich*, Stand: 01.12.2018, § 204 BGB Rn. 177.1.

120 Vgl. die Übersicht bei BeckOGK BGB/*Meller-Hannich*, Stand: 01.12.2018, § 204 BGB Rn. 177.1 – 177.16.

121 Diese kann nach § 6 Abs. 1 ÖRA-Gesetz für sämtliche Rechtsstreitigkeiten angerufen werden, wenn die Angelegenheit Bezug zum deutschen Rechtsraum hat, und ist demnach nicht nur für Streitigkeiten in Hamburg örtlich zuständig; vgl. auch BGH, Urt. v. 06.07.1993 – VI ZR 306/92, NJW-RR 1993, 1495, wonach ein Güteantrag bei der ÖRA auch dann die Verjährung des geltend gemachten Anspruchs unterbreche, wenn der Anspruchsgegner keinen Gerichtsstand nach der ZPO in Hamburg hat.

122 BGH, Urt. v. 06.07.1993 – VI ZR 306/92, NJW-RR 1993, 1495.

123 Für eine Qualifizierung als anerkannte Gütestelle: *Greger*, NJW 2011, 1478, 1479 f.; Staudinger/*Peters/Jacoby*, § 204, Rn. 59; BeckOGK BGB/*Meller-Hannich*, Stand: 01.12.2018, § 204 BGB Rn. 176, wobei für die ältere Ansicht des BGH spreche, dass die ÖRA ursprünglich durch Verordnung des Landes Hamburg vom 04.02.1946 (Verordnung über die Öffentliche Rechtsauskunft- und Vergleichsstelle vom 04.02.1946, HmbGVBl. 1946, 13) errichtet worden sei, vgl. BeckOGK BGB/*Meller-Hannich*, Stand: 01.12.2018, § 204 BGB Rn. 177.6.

b) *Von der Landesjustizverwaltung anerkannte Gütestellen (§ 15a Abs. 1 S. 1 Alt. 2 EGZPO)*

Die Anerkennung einer Gütestelle im Sinne des § 15a Abs. 1 S. 1 Alt. 2 EGZPO richtet sich in Baden-Württemberg nach § 22 AGGVG BW. So können nach § 22 Abs. 1 Nr. 1 – 3 AGGVG BW Personen oder Vereinigungen auf Antrag als Gütestelle anerkannt werden, wenn sie die Gewähr für eine von den Parteien unabhängige, objektive und qualifizierte Schlichtung bieten (§ 22 Abs. 1 Nr. 1 AGGVG BW), Schlichtung als dauerhafte Aufgabe betreiben (§ 22 Abs. 1 Nr. 2 AGGVG BW) und nach einer Verfahrensordnung vorgehen, die in ihren wesentlichen Teilen dem Verfahrensgang nach dem Schlichtungsgesetz[124] entspricht (§ 22 Abs. 1 Nr. 3 AGGVG BW). Über Anerkennungsanträge entscheidet der jeweilige Präsident des Landgerichts, in dessen Bezirk die Gütestelle ihren Sitz hat, § 22 Abs. 2 AGGVG BW.

Gemäß § 23 Abs. 1 AGGVG BW ist die Anerkennung als Gütestelle wieder zurückzunehmen, wenn nachträglich Tatsachen bekannt werden, bei deren Kenntnis die Anerkennung hätte versagt werden müssen, oder wenn die o.g. Voraussetzungen des § 22 Abs. 1 AGGVG BW nicht mehr vorliegen. Für die Rücknahme der Anerkennung ist nach § 23 Abs. 1 AGGVG BW ebenfalls der jeweilige Präsident des örtlich zuständigen Landgerichts zuständig.

---

124 Außer Kraft seit 01.05.2013 (Gesetz vom 16.04.2013, Drs. 15/3357), was nach dem Willen des Landesgesetzgebers auf die Geltung des § 22 Abs. 1 Nr. 3 AGGVG BW wohl keine Auswirkungen haben sollte, der im Gesetzentwurf zur Aufhebung des Schlichtungsgesetzes vom 05.02.2013 ausdrücklich festhält, dass dieser „*die existierenden Möglichkeiten freiwilliger außergerichtlicher Schlichtungen (z.B. vor anerkannten Gütestellen i.S. der §§ 22, 23 des Gesetzes zur Ausführung des Gerichtsverfassungsgesetzes und von Verfahrensgesetzen der ordentlichen Gerichtsbarkeit [AGGVG] Baden-Württemberg i.V.m. § 794 Abs. 1 Nr. 1 der Zivilprozessordnung [ZPO]) unberührt lässt*“, Drs. 15/3024, S. 8.

In Baden-Württemberg[125] gibt es derzeit 65 von der Justizverwaltung anerkannte Gütestellen.[126]

c) *Durch Landesrecht anerkannte Gütestellen (§ 15a Abs. 6 S. 1 EGZPO)*

In einigen Bundesländern werden Gütestellen gemäß § 15a Abs. 6 S. 1 EGZPO unmittelbar kraft Gesetzes anerkannt. Bei diesen handelt es sich je nach Landesrecht in der Regel entweder um in den Gemeinden eingerichtete Schiedsämter (mithin staatliche Streitbeilegungsstellen i.S.d. § 204 Abs. 1 Nr. 4 a) Alt. 1 BGB) oder um Anwälte und Notare (mithin staatlich anerkannte Streitbeilegungsstellen i.S.d. § 204 Abs. 1 Nr. 4 a) Alt. 2 BGB). So sind etwa in Bayern alle Notare als Träger eines öffentlichen Amtes sowie jeder Rechtsanwalt, der sich gegenüber der Rechtsanwaltskammer dazu verpflichtet hat, Schlichtung als dauerhafte Aufgabe zu betreiben, nach Art. 5 Abs. 3, 1 u. 2 BaySchlG kraft Landesrecht anerkannte Gütestellen im Sinne des § 15a Abs. 6 S. 1 EGZPO.[127]

---

125 Weitere Bundesländer, in denen von der Justizverwaltung anerkannte Gütestellen existieren: Brandenburg, § 2 BbgGüteStG (zuständig für die Anerkennung ist das Justizministerium bzw. für Notare der Präsident der Notarkammer Brandenburg, § 8 Abs. 1 BbgGüteStG); Hessen, §§ 6, 8 HschlichtG (zuständig ist das OLG Frankfurt a. M., § 13 Abs. 1 HschlichtG); Niedersachsen, § 97 NJG (zuständig ist das OLG Braunschweig, § 106 S. 1 NJG); Nordrhein-Westfalen, § 45 JustG NRW (zuständig ist der Präsident des Oberlandesgerichts, in dessen Bezirk die Gütestelle ihren Sitz hat, § 51 Abs. 1 JustG NRW); Rheinland-Pfalz, § 3 Abs. 1 S. 1 LSchlG RP (zuständig ist das Justizministerium, § 3 Abs. 1 S. 1 LSchlG RP); Saarland, § 37d AGJusG (zuständig ist das Justizministerium, § 37d AGJusG); Sachsen, § 55 SächsSchiedsGütStG (zuständig ist der Präsident des OLG Dresden, § 61 Abs. 1 SächsSchiedsGütStG); Sachsen-Anhalt, § 40 SchStG SA (zuständig ist der Präsident des LG Magdeburg, § 44 Abs. 1 SchStG SA, AV des MJ vom 17.02.2010 – 3180-202.3385/09, JMBl. LSA. 2010, 63).

126 Diese verteilen sich auf die einzelnen Landgerichtsbezirke wie folgt: Baden-Baden: 1; Ellwangen: 1; Freiburg: 10; Hechingen: 0; Heidelberg: 2; Heilbronn: 4; Karlsruhe: 9; Konstanz: 5; Mannheim: 0; Mosbach: 2; Offenburg: 1; Ravensburg: 1; Rottweil: 0; Stuttgart: 24; Tübingen: 3; Ulm: 2; Waldshut-Tiengen: 0; Stand: 17.06.2018, http://www.justiz.baden-wuerttemberg.de/pb/j1155174,Lde/Startseite/Themen/Schlichten+statt+Richten, letzter Abruf: 06.01.2019.

127 Weitere Bundesländer: Brandenburg, § 1 BbgGüteStG (in den Gemeinden eingerichteten Schiedsstellen i.S.d. § 1 SchG Bdg); Hessen, § 6 Abs. 2 HschlichtG (in den Gemeinden eingerichtete Schiedsämter i.S.d. § 1 HSchAG); Mecklenburg-Vorpommern, § 1 SchStG M-V (in den Gemeinden eingerichteten Schiedsstellen, die nach § 1 Abs. 4 SchStG M-V auch Gütestellen nach § 15a Abs. 1 EGZPO sind); Nordrhein-Westfalen, § 44 Abs. 1 JustG NRW (in den Gemeinden eingerichtete Schiedsämter i.S.d. § 1 SchAG NRW); Rheinland-Pfalz, § 3 Abs. 1 LSchlG RP (Schiedsamtspersonen

Durch Landesrecht anerkannte Gütestellen werden von der h.M. in Literatur und Rechtsprechung seit jeher wie von der Justizverwaltung eingerichtete oder anerkannte Gütestellen im Sinne des § 15a Abs. 1 S. 1 EGZPO behandelt, auch und gerade im Hinblick auf die verjährungshemmende Wirkung eines dort eingereichten Güteantrags nach § 204 Abs. 1 Nr. 4 BGB.[128] Zwar wurden in § 204 Abs. 1 Nr. 4 BGB a.F. durch Landesrecht anerkannte Gütestellen im Sinne des § 15a Abs. 6 S. 1 EGZPO nicht genannt. Nach dem Willen des Gesetzgebers seien kraft Gesetzes anerkannte Gütestellen allerdings den in § 15a Abs. 1 S. 1 EGZPO genannten Gütestellen vollständig gleichgestellt, da die Formulierung „*im Sinne dieser Bestimmung*" in § 15a Abs. 6 S. 1 EGZPO Bezug auf § 15a Abs. 1 S. 1 EGZPO nehme und nicht auf § 15a Abs. 3 EGZPO (sonstige Gütestellen). Hierfür spreche auch die historische Auslegung des § 15a Abs. 6 S. 1 und 2 EGZPO: Nach § 209 Abs. 2 Nr. 1a BGB a.F. – als Vorgängerregelung des § 204 Abs. 1 Nr. 4 BGB, zu dessen Geltungszeit § 15a Abs. 6 EGZPO bereits in Kraft war – sei „*die Anbringung eines Güteantrags bei einer Gütestelle der im § 794 Abs. 1 Nr. 1 der Zivilprozeßordnung bezeichneten Art*" nötig gewesen. Durch diese Formulierung seien auch bei kraft Gesetzes anerkannten Gütestellen gestellte Güteanträge der Regelung des § 209 Abs. 2 Nr. 1a BGB a.F. unterworfen gewesen. Die Schaffung des § 204 Abs. 1 Nr. 4 BGB a.F. im Zuge der Schuldrechtsreform im Jahre 2002 habe lediglich eine sprachliche, nicht eine inhaltliche Änderung nach sich gezogen.[129]

Eine Mindermeinung in der Literatur bezweifelt diese Gleichstellung. Hiergegen spreche die Existenz des § 15a Abs. 6 S. 2 EGZPO, der explizit nur auf die

---

nach § 3, 1 SchO RP); Saarland, § 37b Abs. 1 AGJusG (für jede Gemeinde nach § 1 SSchO bestellte Schiedspersonen); Sachsen-Anhalt, § 34b Abs. 3, 1 SchStG SA (in den Gemeinden nach § 1 SchStG SA eingerichtete Schiedsstellen, Notare sowie Rechtsanwälte, die in der von der Rechtsanwaltskammer Sachsen-Anhalt erstellten Liste nach § 34c Abs. 2 SchStG SA eingetragen sind); Schleswig-Holstein, § 3 LSchliG SH (Rechtsanwälte, die nicht Parteivertreter sind, sowie sonstige Gütestellen, die Streitbeilegungen betreiben, in den Gemeinden nach § 1 SchO SH bestellte Schiedspersonen, von der Rechtsanwaltskammer Schleswig-Holstein zugelassene anwaltliche Gütestellen nach § 6 LSchliG SH, Rechtsbeistände, die Mitglied einer Rechtsanwaltskammer sind).

128 Eine Gleichstellung hinsichtlich der Vollstreckbarkeit eins vor einer kraft Gesetzes anerkannten Gütestelle geschlossenen Vergleichs ist in § 15a Abs. 6 S. 2 EGZPO ausdrücklich geregelt.

129 OLG Düsseldorf, Urt. v. 06.11.2014 – I-16 U 19/14, 16 U 19/14, juris, Rn. 68; im Ergebnis, aber ohne Begründung ebenso: BGH, Beschl. v. 29.05.2013 – IV AR (VZ) 3/12, juris, Rn. 11; KG, Beschl. v. 17.04.2012 – 1 VA 2/12, BeckRS 2013, 09745; MüKo BGB/*Grothe*, § 204 Rn. 35; MüKo ZPO/*Gruber*, § 15a EGZPO Rn. 53.

Vollstreckbarkeit geschlossener Vergleiche nach § 794 Abs. 1 Nr. 1 ZPO Bezug nimmt und dem bei einer umfassenden Gleichstellung keine eigene Bedeutung mehr zukäme. Ferner macht die Mindermeinung zwischen einer kraft Gesetzes generell und einer auf Grund von der Justizverwaltung vorgenommenen Einzelprüfung ausgesprochenen Gütestellenanerkennung wesentliche Unterschiede aus, die eine Ungleichbehandlung rechtfertigten.[130] Nachdem die am 01.04.2016 in Kraft getretene Neuregelung des § 204 Abs. 1 Nr. 4 BGB jedoch nunmehr sämtliche staatlich anerkannten Streitbeilegungsstellen erfasst, dürften die Zweifel dieser Mindermeinung ausgeräumt sein.[131]

d) *Bundesländer ohne eingerichtete oder anerkannte Gütestellen*

In Berlin, Bremen und Thüringen existieren keine eingerichteten oder anerkannten Gütestellen.[132] Im Beschluss vom 29.05.2013 – IV AR (VZ) 3/12 – hat der Bundesgerichtshof diesbezüglich entschieden, dass die Anerkennung als Gütestelle eine gesetzliche Grundlage erfordere. In Bundesländern, in denen kein entsprechendes Gesetz bestehe – der jeweilige Landesgesetzgeber von der durch § 15a Abs. 6 S. 1 EGZPO eröffneten Möglichkeit, Gütestellen i.S.d. § 15a Abs. 1 S. 1 EGZPO durch Landesrecht anzuerkennen, also keinen Gebrauch gemacht hat – komme eine Anerkennung deshalb nicht in Betracht. Ein Anspruch auf Anerkennung als Gütestelle ergebe sich auch nicht aus dem Grundrecht der Berufsfreiheit (Art. 12 Abs. 1 S. 1 GG). Zum einen sei die Berufsfreiheit grundsätzlich nur ein Freiheits- und Abwehrrecht, das auf die Abwehr staatlicher Eingriffe ziele. In der unterlassenen Anerkennung aufgrund einer fehlenden gesetzlichen Grundlage liege kein solcher Eingriff. Zum anderen müssten die vorliegenden Auswirkungen des Föderalismus hingenommen werden, da der Bundesgesetzgeber es den Bundesländern ausdrücklich freigestellt habe, entsprechende landesrechtliche Regelungen zur Anerkennung von Gütestellen zu schaffen.[133]

Auch dieses Problem hat durch das VSBG wohl an Bedeutung verloren, das die Anerkennung von privaten Verbraucherschlichtungsstellen (§ 24 VSBG) im gesamten Bundesgebiet ermöglicht. Somit kann in denjenigen Bundesländern, in denen eine staatliche Anerkennung als Gütestelle aufgrund fehlender gesetzlicher

---

130 *Greger*, NJW 2011, 1478, 1481; Greger/Unberath/Steffek/*Greger*, D. Rn. 115.

131 Vgl. BeckOGK BGB/*Meller-Hannich*, Stand: 01.12.2018, § 204 BGB Rn. 176.1; Borowski/Röthemeyer/Steike/*Borowski/Steike*, Teil III, Art. 6, § 204 BGB Rn. 4; *Fries*, JZ 2016, 723, 724.

132 Vgl. BeckOGK BGB/*Meller-Hannich*, Stand: 01.12.2018, § 204 BGB Rn. 177.3, 177.5, 177.16.

133 BGH, Beschl. v. 29.05.2013 – IV AR (VZ) 3/12, juris, Rn. 7 ff.

Regelung nicht in Betracht kommt, jedenfalls alternativ eine Anerkennung als private Verbraucherschlichtungsstelle angestrebt werden.[134]

2. *Verbraucherschlichtungsstellen*

Das VSBG kennt private (§§ 3 ff. VSBG) und behördliche (§ 28 VSBG) Verbraucherschlichtungsstellen. Erstere sind staatlich anerkannte Streitbeilegungsstellen i.S.d. § 204 Abs. 1 Nr. 4 a) Alt. 2 BGB, letztere staatliche Streitbeilegungsstellen i.S.d. § 204 Abs. 1 Nr. 4 a) Alt. 1 BGB.[135] Die darüber hinaus von den Ländern einzurichtenden Universalschlichtungsstellen nach §§ 29 ff. VSBG sind ebenfalls staatliche Stellen.[136]

a) *Private Verbraucherschlichtungsstellen (§§ 3 ff. VSBG)*

Der Gesetzgeber hat sich dafür entschieden, dass der Träger einer Verbraucherschlichtungsstelle gemäß § 3 S. 1 VSBG ein eingetragener Verein zu sein hat, und ist demnach der Beschlussempfehlung des Ausschusses für Recht und Verbraucherschutz gefolgt, nach dem es der aktuellen Praxis der bereits bestehenden Schlichtungsstellen entspreche, dass deren Träger eingetragene Vereine sind. Diese Rechtsform gewährleiste eine „*dauerhafte und qualitätvolle*" Arbeit der Schlichtungsstelle.[137]

Private Verbraucherschlichtungsstellen können sich gemäß § 4 Abs. 2 S. 1 VSBG in ihrer Zuständigkeit auf bestimmte Wirtschaftsbereiche, Vertragstypen oder Unternehmer beschränken. Ohne eine solche selbst auferlegte Zuständigkeitsbeschränkung sind private Schlichtungsstellen nach § 4 Abs. 2 S. 2 VSBG dazu berechtigt, die Bezeichnung „*Allgemeine Verbraucherschlichtungsstelle*" zu führen, um ihrer umfassenden Zuständigkeit Ausdruck zu verleihen.[138] Eine Allgemeine Verbraucherschlichtungsstelle darf ihre örtliche Zuständigkeit auf einzelne oder mehrere Bundesländer begrenzen, muss dies dann allerdings mit einem entsprechenden Zusatz in ihrer Bezeichnung klarstellen, § 4 Abs. 2 S. 3, 4 VSBG.

---

134 Wobei hierfür gemäß § 3 Abs. 1 VSBG ein eingetragener Verein zu gründen ist, vgl. unter § 3. A. I. 2. a).

135 Gesetzentwurf vom 09.06.2015, BT-Drs. 18/5089, S. 80.

136 BeckOGK BGB/*Meller-Hannich*, Stand: 01.12.2018, § 204 BGB Rn. 173.

137 Beschlussempfehlung und Bericht des Ausschusses für Recht und Verbraucherschutz vom 02.12.2015, BT-Drs. 18/6904, S. 71; anders noch im Gesetzentwurf vom 09.06.2015, wonach als Träger einer Verbraucherschlichtungsstelle ein Verband fungieren sollte, BT-Drs. 18/5089, S. 6.

138 Vgl. Gesetzentwurf vom 09.06.2015, BT-Drs. 18/5089, S. 52.

Private Schlichtungsstellen, die für gewisse spezialgesetzliche Streitigkeiten zwischen Verbrauchern und Unternehmern eine staatliche Anerkennung erhalten haben, sind seit Einführung des VSBG gleichzeitig Verbraucherschlichtungsstellen, so etwa Schlichtungsstellen nach § 214 Abs. 2 S. 1, 2 VVG n.F. oder § 111b Abs. 3, 4, 8 Energiewirtschaftsgesetz n.F.

b) Behördliche Verbraucherschlichtungsstellen (§ 28 VSBG)

Neben den privaten Verbraucherschlichtungsstellen sieht das VSBG in § 28 auch behördliche Schlichtungsstellen vor, die dieselben Anforderungen erfüllen sollen wie private Schlichtungsstellen, um Lücken im Angebot von Verbraucherschlichtungsstellen zu schließen.[139] In der Gesetzesbegründung zum VSBG werden als bereits bestehende behördliche Verbraucherschlichtungsstellen die Schlichtungsstelle des Bundesamts für Justiz für die Ansprüche von Fluggästen gegen Luftfahrtunternehmen (§ 57a Abs. 1 LuftVG), die Schlichtungsstelle bei der Deutschen Bundesbank für Ansprüche von Verbrauchern gegen Finanzdienstleister (§ 14 Abs. 1 S. 1 Nr. 1 – 5, S. 2 Hs. 1 UKlaG) und die Schlichtungsstelle bei der Bundesanstalt für Finanzdienstleistungsaufsicht für Ansprüche von Verbrauchern nach dem KAGB (§ 342 Abs. 1 des KAGB, § 14 Abs. 1 S. 1 Nr. 6, S. 2 Hs. 2 UKlaG) genannt, wobei diese Schlichtungsstellen nur subsidiär zuständig sind, wenn private Schlichtungsstellen, die in den jeweiligen Wirtschaftsbereichen existieren, nicht angerufen werden können (vgl. (§ 57a Abs. 1 LuftVG bzw. § 14 Abs. 1 S. 3 UKlaG). Demgegenüber sind die behördlichen Schlichtungsstellen bei der Bundesnetzagentur für Ansprüche aus Telekommunikationsverträgen (§ 47a Abs. 1 TKG n.F.) und für Streitigkeiten über Rechte aus der Postdienstleistungsverordnung (§ 10 Abs. 1 PDLV) originär zuständig.[140]

Ebenfalls behördliche Verbraucherschlichtungsstellen sind die bei den Kammern der freien Berufe, der Industrie- und Handelskammern, und den Handwerkskammern eingerichteten Schlichtungsstellen, § 28 S. 2 VSBG. Im Gegensatz zu anderen behördlichen Verbraucherschlichtungsstellen müssen jedoch bei Verfahren vor diesen Stellen gemäß §§ 28 S. 2, 9 Abs. 1 VSBG Verbraucherverbände mitwirken. Der Gesetzgeber möchte mit diesem Erfordernis die Unparteilichkeit dieser Stellen gewährleistet wissen, vor denen Verfahren von Verbrauchern gegen Mitglieder der jeweiligen Kammer betrieben werden, deren Interessen die Kammern grundsätzlich zu wahren hätten.[141]

---

139 Gesetzentwurf vom 09.06.2015, BT-Drs. 18/5089, S. 67 f.
140 Gesetzentwurf vom 09.06.2015, BT-Drs. 18/5089, S. 67.
141 Gesetzentwurf vom 09.06.2015, BT-Drs. 18/5089, S. 68.

c) Universalschlichtungsstellen der Länder (§§ 29 ff. VSBG)

Nach der Regelung des § 29 Abs. 1 VSBG müssen in den Bundesländern zudem sogenannte Universalschlichtungsstellen der Länder eingerichtet werden. Diese sollen eine Ergänzung zu den privaten und behördlichen Verbraucherschlichtungsstellen darstellen und somit dazu dienen, entsprechend Art. 5 Abs. 1, 3 ADR-Richtlinie eine flächendeckende Infrastruktur von Verbraucherschlichtungsstellen im Bundesgebiet zu schaffen.[142] Nach § 29 Abs. 3 VSBG besteht für die Länder die Möglichkeit, eine behördliche Universalschlichtungsstelle selbst einzurichten (§ 29 Abs. 3 Nr. 1 VSBG), eine anerkannte private Verbraucherschlichtungsstelle mit der Aufgabe der Universalschlichtungsstelle zu beleihen – mithin mit Hoheitsrechten zu versehen – (§ 29 Abs. 3 Nr. 2 VSBG) oder lediglich zu beauftragen (§ 29 Abs. 3 Nr. 3 VSBG).

Die einzelnen Bundesländer können nach § 29 Abs. 2 S. 1 VSBG von der Einrichtung einer Universalschlichtungsstelle jedoch dann absehen, wenn ein ausreichendes Schlichtungsangebot besteht, was gemäß § 29 Abs. 2 S. 2 VSBG dann der Fall ist, wenn für jede Streitigkeit nach § 4 Abs. 2 S. 2 VSBG mit einem in diesem Land niedergelassenen Unternehmer eine Verbraucherschlichtungsstelle zur Verfügung steht, deren Verfahren dem Unternehmer zur Teilnahme offensteht. Dies ist entweder dann gewährleistet, wenn in dem betreffenden Bundesland eine Allgemeine Verbraucherschlichtungsstelle i.S.d. § 4 Abs. 2 S. 2 VSBG existiert oder es verschiedene Verbraucherschlichtungsstellen gibt, die sich zwar jeweils in ihrer sachlichen Zuständigkeit beschränkt haben (so dass sie keine Allgemeinen Verbraucherschlichtungsstellen sind), in ihrer Gesamtheit aber eine umfassende Zuständigkeit entsprechend einer Allgemeinen Verbraucherschlichtungsstelle gewährleisten können.[143] Darüber hinaus soll es nach dem Willen des Gesetzgebers für die Bundesländer auch möglich sein, gemeinsame, überregionale Schlichtungsstellen einzurichten.[144]

Als ergänzende Schlichtungsstellen sind die Universalschlichtungsstellen der Länder gemäß § 30 Abs. 1 Nr. 1 VSBG – anders als es ihre Bezeichnung vermuten lässt – subsidiär zuständig gegenüber den privaten und behördlichen Verbraucherschlichtungsstellen und gerade nicht universell für sämtliche Verbraucherstreitigkeiten.[145] Zu beachten ist ferner insb. die Streitwertgrenze des

---

142 Gesetzentwurf vom 09.06.2015, BT-Drs. 18/5089, S. 68.

143 A.a.O.; Borowski/Röthemeyer/Steike/*Röthemeyer*, Teil II § 29 Rn. 7.

144 Gesetzentwurf vom 09.06.2015, BT-Drs. 18/5089, S. 68.

145 Aufgrund der nachrangigen Zuständigkeit schlug der Bundesrat zur Vermeidung von Missverständnissen die Bezeichnung „*Auffangschlichtungsstelle*" vor, vgl. Stellungnahme vom 10.07.2015, BR-Drs. 258/15, S. 25. Nach Auffassung der Bundesregierung

§ 30 Abs. 1 Nr. 4 VSBG, wonach Universalschlichtungsstellen nur für Streitigkeit mit einem Wert von bis zu 5.000,00 EUR zuständig sind. Der Gesetzgeber war der Ansicht, dass das Verfahren vor Universalschlichtungsstellen sich hauptsächlich für die Beilegung einfacher Sachverhalte mit geringerem Streitwert eigne, nicht für umfangreiche Streitigkeiten, die regelmäßig einen höheren Streitwert aufweisen.[146]

3. *Weitere staatliche oder staatlich anerkannte Streitbeilegungsstellen*

Streitbeilegungsstellen, die weder Gütestellen noch Verbraucherschlichtungsstellen sind, können grundsätzlich dann staatliche Stellen sein, wenn sie von einer öffentlich-rechtlichen Körperschaft, Anstalt oder Stiftung eingerichtet wurden. Nach dem Willen des Gesetzgebers sollen hierzu alle Stellen des Bundes, der Länder, der Gemeinden und Kammern gehören, die außergerichtliche Streitbeilegung betreiben.[147] Dies sind bspw. die Einigungsstellen nach § 15 Abs. 1 UWG, die bei den Industrie- und Handelskammern eingerichtet sind oder die Schiedsstellen beim Patent- und Markenamt für Streitigkeiten nach §§ 92 ff. VGG und § 28 ArbNErfG.

Als weitere staatlich anerkannte Streitbeilegungsstellen kommen im Grunde nur solche privaten Schlichtungsstellen in Betracht, die außergerichtliche Streitbeilegung zwischen Unternehmern betreiben und hierfür staatlich anerkannt wurden, da seit Einführung des VSBG private Schlichtungsstellen, die eine spezialgesetzliche Anerkennung für gewisse Streitigkeiten erhalten haben, in der Regel gleichzeitig Verbraucherschlichtungsstellen sind.[148] So tritt eine private Einrichtung, die als Schlichtungsstelle nach § 214 Abs. 2 VVG anerkannt ist, nicht als Verbraucherschlichtungsstelle auf,[149] wenn es sich um eine Streitigkeit über Versicherungsvermittlungen nach § 214 Abs. 1 Nr. 2 VVG handelt und der

hätte hierdurch allerdings der Eindruck eines „*zweitrangigen Schlichtungsangebots*" entstehen können, vgl. Gegenäußerung der Bundesregierung vom 12.08.2015, BT-Drs. 18/5760, S. 29. Kritisch auch Borowski/Röthemeyer/Steike/*Röthemeyer*, Teil II § 29 Rn. 2, 4, der die Bezeichnung „*Universalschlichtungsstelle*" für irreführend hält, weshalb die Träger der Universalschlichtungsstellen zur Vermeidung eines erhöhten Ablehnungsaufwandes unzulässiger Schlichtungsanträge ihre untergeordnete Zuständigkeit in geeigneter Weise nach außen kommunizieren sollten.

146 Gesetzentwurf vom 09.06.2015, BT-Drs. 18/5089, S. 69.

147 Gesetzentwurf vom 09.06.2015, BT-Drs. 18/5089, S. 80.

148 Siehe oben unter § 3 A. I. 2. a).

149 Eine nach § 214 Abs. 2 S. 1 VVG anerkannte Schlichtungsstelle ist gemäß § 214 Abs. 2 S. 2 VVG Verbraucherschlichtungsstelle nach dem VSBG.

Versicherungsnehmer nicht Verbraucher ist,[150] da zwingende Voraussetzung für die Anwendbarkeit des VSBG die Beteiligung eines Verbrauchers ist, § 4 Abs. 1 S. 1 VSBG.

II. Andere Streitbeilegungsstellen (§ 204 Abs. 1 Nr. 4 Hs. 1 b) BGB)

Wird das Streitbeilegungsverfahren zwischen den Parteien einvernehmlich betrieben, wirkt auch ein Güteantrag vor einer *„anderen Streitbeilegungsstelle“* gemäß § 204 Abs. 1 Nr. 4 Hs. 1 b) BGB verjährungshemmend. Zu den anderen Streitbeilegungsstellen zählen Einrichtungen, die weder staatlich noch staatlich anerkannt sind, wie z.B. die Schlichtungsstellen der Innungen oder die branchengebundenen Gütestellen gemäß § 15 a Abs. 3 S. 2 EGZPO.[151] Ein einvernehmlicher Schlichtungsversuch liegt dann vor, wenn die Parteien den Schlichtungsantrag entweder gemeinsam stellen oder der Antragsgegner sich dem Antrag des Antragstellers anschließt.[152]

Auch wenn in § 15a Abs. 3 S. 1 EGZPO immer noch von *„sonstigen Gütestellen“* die Rede ist, und nicht von *„anderen Streitbeilegungsstellen“*, gilt nach § 15a Abs. 3 S. 2 EGZPO der Grundsatz, dass das Einvernehmen der Parteien unwiderleglich vermutet wird, wenn ein Verbraucher eine Verbraucherschlichtungsstelle, eine branchengebundene andere Gütestelle oder eine andere Gütestelle der Industrie- und Handelskammer, der Handwerkskammer oder der Innung angerufen hat. Einer Aufnahme von Verbraucherschlichtungsstellen in § 15a Abs. 3 S. 2 EGZPO hätte es im Hinblick auf die Verjährungshemmung zwar nicht bedurft, da deren Anrufung bereits nach § 204 Abs. 1 Nr. 4 a) BGB verjährungshemmend wirkt. Der Gesetzgeber hat § 15a Abs. 3 S. 2 EGZPO allerdings deshalb um Verbraucherschlichtungsstellen erweitert, da diese keine von einer Landesjustizverwaltung eingerichteten oder anerkannten Gütestellen i.S.d. § 15a Abs. 1 EGZPO, sondern sonstige Gütestellen sind. Ein vorgerichtliches Schlichtungsverfahren vor einer Verbraucherschlichtungsstelle soll nach dem Willen des Gesetzgebers aber die Anrufung einer durch die Landesjustizverwaltung eingerichteten oder anerkannten Gütestelle vor Klageerhebung (§ 15a Abs. 1 EGZPO) entbehrlich machen.[153] Nachdem ein obligatorisches Güteverfahren

150 § 214 Abs. 1 Nr. 2 VVG spricht von Streitigkeiten zwischen Versicherungsvermittlern oder Versicherungsberatern und Versicherungsnehmern. Letztere müssen keine Verbraucher sein, vgl. MüKo VVG/*Looschelders*, § 214 Rn. 14.

151 Borowski/Röthemeyer/Steike/*Borowski/Steike*, Teil III, Art. 6, § 204 BGB Rn. 3.

152 JurisPK-BGB/*Lakkis*, Stand: 19.01.2018, § 204 Rn. 76.

153 Gesetzentwurf vom 09.06.2015, BT-Drs. 18/5089, S. 79.

nach § 15a Abs. 1 EGZPO im gesamten Bundesgebiet allerdings nur noch in Ausnahmefällen betrieben wird,[154] ist die praktische Relevanz dieser Gesetzesänderung minimal.

III. Mediator als andere Streitbeilegungsstelle?

Vor der Änderung des § 204 Abs. 1 Nr. 4 BGB war allgemein anerkannt, dass § 204 Abs. 1 Nr. 4 BGB a.F. nicht auf das Mediationsverfahren nach dem MediationsG anwendbar war, da es sich bei einem Mediator nicht um eine Gütestelle handele, so dass eine Verjährungshemmung nur nach § 203 S. 1 BGB in Betracht kam.[155] Dies galt insbesondere auch in Bezug auf *„sonstige Gütestellen"* nach § 204 Abs. 1 Nr. 4 BGB a.F., bei deren Anrufung dann eine Verjährungshemmung eintrat, wenn die Parteien den Einigungsversuch einvernehmlich unternahmen. Unter *„sonstigen Gütestellen"* verstand die h.M. Gütestellen gemäß § 15a Abs. 3 EGZPO, mithin die in § 15a Abs. 3 S. 2 EGZPO genannten branchengebunden Gütestellen.[156] Der Begriff der *„sonstigen Gütestellen"* wurde dabei sowohl in § 204 Abs. 1 Nr. 4 BGB als auch in § 15a Abs. 3 S. 1 EGZPO verwendet. In § 204 Abs. 1 Nr. 4 b) BGB n.F. ist nunmehr allerdings von *„anderen Streitbeilegungsstellen"*, nicht mehr von *„sonstigen Gütestellen"* die Rede. Ein bei einer solchen *„anderen Streitbeilegungsstelle"* eingereichter Schlichtungsantrag hemmt gemäß § 204 Abs. 1 Nr. 4 b) BGB n.F. nach wie vor dann die Verjährung, *„wenn das Verfahren im Einvernehmen mit dem Antragsgegner betrieben wird"*. Demgegenüber wurde § 15a Abs. 3 S. 1 EGZPO im Rahmen der Umsetzung der ADR-Richtlinie im Jahre 2016[157] keiner Änderung durch den Gesetzgeber unterzogen; lediglich § 15a Abs. 3 S. 2 EGZPO wurde um die neuen Verbraucherschlichtungsstellen ergänzt. Somit nimmt der Wortlaut des § 204 Abs. 1 Nr. 4 b) BGB n.F. keinen Bezug mehr auf den des § 15a Abs. 3 S. 1 EGZPO, weshalb nicht ohne Weiteres davon ausgegangen werden kann, dass *„andere Streitbeilegungstellen"* i.S.d. § 204 Abs. 1 Nr. 4 b) BGB n.F. ausschließlich solche des § 15a

---

154 Siehe oben unter § 2 A. V.

155 Vgl. nur Gesetzentwurf vom 01.04.2011, BT-Drs. 17/5335, S. 11; *Eidenmüller/Prause*, NJW 2008, 2737, 2741.

156 Vgl. NK BGB AT/*Mansel*, § 204 Rn. 74; Friedrich, NJW 2003, 1781; vgl. auch die Begründung des Gesetzgebers im Gesetzentwurf zur Modernisierung des Schuldrechts vom 14.05.2001, BT-Drs. 14/6040, S. 114, in der ausdrücklich auf § 15a Abs. 3 EGZPO verwiesen wird.

157 Siehe oben unter § 2 A. VII. 3.

Abs. 3 EGZPO sein sollen.[158] Nachdem der Gesetzgeber davon ausgeht, dass die 2016 eingeführten Verbraucherschlichtungsstellen *„sonstige Gütestellen"* i.S.d. § 15a Abs. 3 S. 1 EGZPO sind,[159] hätte es des neuen Begriffs der *„anderen Streitbeilegungsstellen"* in § 204 Abs. 1 Nr. 4 b) BGB n.F. auch nicht bedurft, um die Vermutung des einvernehmlichen Anrufens einer *„sonstigen Gütestelle"* gemäß § 15a Abs. 3 S. 1, 2 EGZPO auch auf die neu eingeführten Verbraucherschlichtungsstellen zu erstrecken. Dies spricht dafür, dass der Anwendungsbereich des § 204 Abs. 1 Nr. 4 b) BGB n.F. sich nicht nur auf die in § 15a Abs. 3 S. 1 und 2 genannten *„sonstigen Gütestellen"* erstreckt, sondern auf sämtliche Stellen, die Streitbeilegung betreiben, wie z.B. Mediatoren.[160] Denn der Begriff der *„anderen Streitbeilegungsstellen"* i.S.d. § 204 Abs. 1 Nr. 4 b) BGB n.F. könnte offener nicht sein. Insofern kann auch nicht mit dem grundsätzlichen Unterschied zwischen Schlichtung und Mediation in der Weise argumentiert werden, dass bei der Mediation die Eigenverantwortlichkeit der Parteien im Vordergrund stehe und der Mediator – im Gegensatz zum Schlichter – nicht auf das Ergebnis der Mediation hinarbeitet, sondern lediglich deren Prozess steuert und dass wegen dieses fundamentalen Unterschieds die Mediation nicht in die Systematik des § 204 Abs. 1 Nr. 4 BGB passe, dessen Hauptanwendungsbereich freilich auf staatliche und staatlich anerkannte Schlichtungsstellen gerichtet ist.[161] Denn § 204 Abs. 1 Nr. 4 BGB spricht gerade nicht von *„anderen Schlichtungsstellen"*, sondern von *„Streitbeilegungsstellen"*. Ein Mediator ist aber unweigerlich eine Stelle, vor der die Parteien den Versuch einer Streitbeilegung unternehmen können – unabhängig davon, wie sich das Verfahren dieser Streitbeilegung gestaltet und welche Rolle der Mediator dabei einnimmt. Der Wortlaut des § 204 Abs. 1 Nr. 4 BGB n.F. spricht demnach eindeutig für die Anwendbarkeit der Norm auf das Mediationsverfahren. Diese am Wortlaut orientierte Auslegung fällt umso mehr ins Gewicht, als dass nach ständiger Rechtsprechung des Bundesgerichtshofes die Vorschriften über die Verjährung eine formale Regelung enthalten, die im

---

158 A.A. wohl BeckOGK BGB/*Meller-Hannich*, Stand: 01.12.2018, § 204 BGB Rn. 178; JurisPK-BGB/*Lakkis*, Stand: 19.01.2018, § 204 Rn. 76.

159 Vgl. Gesetzentwurf vom 09.06.2015, BT-Drs. 18/5089, S. 79.

160 So wohl Palandt/*Ellenberger*, § 204 Rn. 19; Greger/Unberath/Steffek/*Greger*, D. Rn. 121; Schulze/*Dörner*, § 204 Rn. 4; *Riehm*, NJW 2017, 113, 115, jeweils ohne dies zu begründen.

161 Vgl. zur Abgrenzung oben unter § 2 B. IV. 7.

Interesse der Rechtssicherheit grundsätzlich eng am Gesetzeswortlaut auszulegen sind.[162]

Auf der anderen Seite hat es der Gesetzgeber bei Schaffung des MediationsG im Jahre 2011 explizit nicht für nötig gehalten, eine Verjährungshemmung durch Implementierung des Mediationsverfahrens in § 204 Abs. 1 Nr. 4 BGB zu schaffen. Er hielt die Vorschrift des § 203 BGB – mithin das Führen von Verhandlungen durch die Parteien – im Hinblick auf eine Verjährungshemmung des streitgegenständlichen Anspruchs für ausreichend.[163] Dass der Gesetzgeber innerhalb von fünf Jahren im Rahmen der Änderung des § 204 Abs. 1 Nr. 4 BGB wegen des neuen VSBG seine diesbezügliche Auffassung geändert haben könnte, darf bezweifelt werden, zumal er in der Begründung zum Gesetzentwurf vom 09.06.2015[164] die Mediation im Zusammenhang mit dem erweiterten Anwendungsbereich des neuen § 204 Abs. 1 Nr. 4 BGB an keiner Stelle erwähnt.

Betreibt eine Verbraucherschlichtungsstelle auch Mediationsverfahren und wird statt einer Schlichtung nach dem VSBG eine Mediation nach dem MediationsG zwischen den Parteien durchgeführt, so ist § 204 Abs. 1 Nr. 4 BGB freilich dennoch anwendbar. Entscheidend ist nach der Vorschrift die Stelle der Streitbeilegung, nicht das Verfahren, für welches sich die Parteien entscheiden bzw. das von der jeweiligen Verfahrensordnung vorgesehen wird.

B. Verfahren

I. Von der Landesjustizverwaltung eingerichtete oder anerkannte Gütestellen

Nach § 15a Abs. 5 Hs. 1 EGZPO ist es grundsätzlich Aufgabe der Länder, das Verfahren vor Gütestellen zu regeln.

---

162 BGH, Urt. v. 22.06.1967 – VII ZR 181/65, juris, Rn. 39; Urt. v. 06.11.1969 – VII ZR 159/67, NJW 1970, 419, 420; Urt. v. 06.07.1993 – VI ZR 306/92, NJW-RR 1993, 1495, 1496.

163 Gesetzentwurf vom 01.04.2011, BT-Drs. 17/5335, S. 11; siehe oben unter § 2 B. IV. 7.

164 BT-Drs. 18/5089.

1. *Verfahrensordnung*

a) *Grundsatz*

In Baden-Württemberg sieht Art. 22 Abs. 1 Nr. 3 AGGVG BW vor, dass eine Gütestelle, die von der Landesjustizverwaltung anerkannt[165] werden möchte, nach einer Verfahrensordnung vorzugehen hat, die in ihren wesentlichen Teilen dem Verfahrensgang nach dem (mittlerweile aufgehobenen)[166] SchlG BW entspricht.[167] Als unumgänglicher Inhalt einer solchen Verfahrensordnung dürfte mithin jedenfalls die Neutralität, Unabhängigkeit und Verschwiegenheit des Schlichters (§ 6 Abs. 1 SchlG BW) angesehen werden, sowie die wesentlichen Verfahrensprämissen des SchlG BW. Hierzu dürften der Grundsatz der nur auf Antrag erfolgenden Verfahrenseinleitung (§ 5 S. 1 SchlG BW) sowie das Anberaumen eines Termins zur nicht öffentlichen persönlichen Verhandlung durch die Gütestelle (§§ 7, 8, 10 SchlG BW) zählen. Als weiterer essenzieller Verfahrensgrundsatz ist im Übrigen die Freiwilligkeit des Güteverfahrens für die Gegenpartei zu nennen. Diese ergibt sich zwar nicht unmittelbar aus dem SchlG BW, das in § 7 Abs. 2 S. 3 von der Pflicht der Gegenpartei zum persönlichen Erscheinen im von der Gütestelle bestimmten Termin spricht,[168] fußt jedoch nicht zuletzt auf dem Umstand, dass von der Justizverwaltung anerkannte Gütestellen keinerlei Befugnisse haben, die Gegenpartei zur Teilnahme zu zwingen

165 Von der Landesjustizverwaltung eingerichtete Gütestellen existieren in Baden-Württemberg nicht mehr, siehe oben unter § 2 A. V. Deren Verfahren ergab sich unmittelbar aus §§ 5 ff. SchlG BW.

166 Gesetz zur Aufhebung des Schlichtungsgesetzes vom 16.04.2013, Drs. 15/3357. Dass Art. 22 Abs. 1 Nr. 3 AGGVG BW auf Regelungen eines nicht mehr gültigen Gesetzes verweist, ist derweil unproblematisch, da der Normgeber schlicht den Text der Bezugsnorm in die Ausgangsnorm hätte aufnehmen können. Es reicht mithin aus, dass der Inhalt der Bezugsnorm durch Publikation gesichert ist und von jedem eingesehen werden kann; vgl. Hdb. d. Rechtsförmlichkeit, Rdnr. 249; *Brunn*, NVwZ-Extra 18/2012, S. 5 ff.

167 Ein wortgleicher Verweis findet sich bspw. auch in Art. 22 Nr. 3 des Bayerischen Gerichtsverfassungs-Ausführungsgesetzes, in dem auf die Regelungen des Bayerischen Schlichtungsgesetzes verwiesen wird.

168 Diese Pflicht war freilich nicht durchsetzbar, was die Regelung des § 9 Abs. 3 Schlg BW unterstreicht, wonach das Verfahren bei unentschuldigtem Fernbleiben der Gegenpartei vom anberaumten Verhandlungstermin das Scheitern der Güteverhandlung zur Folge hatte. Jedoch wurden gemäß § 17 Abs. 2 Nr. 1 SchlG BW die Kosten des Verfahrens der nicht erschienen und unentschuldigten Gegenpartei auferlegt.

oder ihr bei einer Weigerung Ordnungsgelder aufzuerlegen – im Gegensatz etwa zu Einigungsstellen nach dem UWG, vgl. § 15 Abs. 5 S. 1, 2 UWG.[169]

b) Rechtscharakter

Das Verhältnis zwischen den Parteien des Güteverfahrens und der jeweiligen von der Landesjustizverwaltung anerkannten Gütestelle ist – wie das Verhältnis zwischen Parteien und Mediator im Rahmen einer Mediation[170] – bürgerlich-rechtlicher Natur.[171] Die Parteien und die Gütestelle schließen im Hinblick auf die Verfahrensleitung der Gütestelle einen Vertrag,[172] wobei diesbezüglich – wie bei der Mediation – ein entgeltlicher Geschäftsbesorgungsvertrag mit dienstvertraglichem Charakter nach §§ 675 Abs. 1, 611 BGB[173] oder ein Dienstvertrag gemäß § 611 BGB[174] in Betracht kommen. Dementsprechend stellt die Verfahrensordnung einer Gütestelle von dieser vorgegebene, vorformulierte und für

169 Siehe oben unter § 2 B. IV. 2.

170 *Risse*, SchiedsVZ 2012, 244, 247.

171 In Bezug auf Gütestellen, die im Rahmen eines obligatorischen Güteverfahrens nach § 15a EGZPO angerufen werden, ist wohl allgemein anerkannt, dass deren Verhältnis zu den Parteien des Güteverfahrens öffentlich-rechtlicher Natur ist, vgl. BeckOGK BGB/*Dörr*, Stand: 01.12.2018, § 839 Rn. 96; jurisPK-BGB/*Zimmerling*, Stand: 05.02.2018, § 839 Rn. 188 – wobei dieser ohne Differenzierung allgemein auf Mitglieder von Gütestellen nach § 15a EGZPO verweist. Gleiches gilt z.B. für Verfahren nach § 15 UWG, da die Einigungsstellen bei den Industrie- und Handelskammern errichtet worden sind, und es sich bei diesen um öffentlich-rechtliche Körperschaften handele. Für die Qualifizierung der Einigungsstellen nach § 15 UWG als Träger öffentlicher Gewalt sprächen außerdem deren hoheitliche Befugnisse nach § 15 Abs. 5 S. 1, 2 UWG (Befugnis zur Anordnung des persönlichen Erscheinens und zur Festsetzung eines Ordnungsgeldes bei unentschuldigtem Ausbleiben) sowie, dass die Einigungsstellen gemäß § 15 Abs. 11 UWG in Verbindung mit der Landesdurchführungsverordnung der Rechtsaufsicht durch die jeweilige Landesregierung unterliegen, vgl. Götting/Nordemann/*Schwipps*, § 15 Rn. 8; Harte-Bavendamm/Henning-Bodewig/*Retzer/Tolkmitt*, § 15 Rn. 4; *Ottofülling*, WRP 2006, 410, 417; Köhler/Bornkamm/Feddersen/*Köhler/Feddersen*, § 15 Rn. 10.

172 Vgl. zu Verbraucherschlichtungsstellen: *Gössl*, NJW 2016, 838, 841; Borowski/Röthemeyer/Steike/*Steike*, Teil II § 5 Rn. 2.

173 Wohl h.M. bzgl. Mediation, vgl. *Leibner*, NJW 2002, 3521; Staudinger/*Martinek/Omlor*, § 675, Rn. B 158; Erman/*Berger*, § 675 Rn. 114; BeckOGK BGB/*Teichmann*, Stand: 01.08.2018, § 675 Rn. 92.

174 Vgl. zur Mediation: Greger/Unberath/Steffek/*Greger*, § 2 MediationsG Rn. 36.

sämtliche Güteverfahren geltende Allgemeine Geschäftsbedingungen dar.[175] Die Überprüfung der Verfahrensordnung einer Gütestelle durch die Landesjustizverwaltung im Rahmen des Anerkenntnisverfahrens ist bezüglich dieser dogmatischen Einordnung unschädlich.[176]

2. Verfahrensablauf

Entsprechend § 5 S. 1 SchlG BW wird das Schlichtungsverfahren auf Antrag einer Partei eingeleitet. Während § 5 S. 2 SchlG BW vorschreibt, dass der Antrag bei der Gütestelle schriftlich einzureichen oder mündlich zu Protokoll der Gütestelle zu geben ist, erlaubt das Baden-Württembergische Justizministerium auch Verfahrensordnungen, die einen Antrag per Telefax[177], E-Mail[178] oder gar telefonisch[179] vorsehen. Um verjährungshemmende Wirkung zu entfalten, verlangen diejenigen Gütestellen, die elektronische, mündliche oder telefonische Güteanträge gestatten, jedoch einen schriftlichen Güteantrag.[180]

---

175 Vgl. zu Verbraucherschlichtungsstellen Borowski/Röthemeyer/Steike/*Steike*, Teil II § 5 Rn. 2.

176 Vgl. BGH, Urt. v. 20.01.1983 – VII ZR 105/81, NJW 1983, 1322, 1323; Erman/*Roloff*, § 305 Rn. 4; BeckOGK BGB/*Lehmann-Richter*, Stand: 01.06.2018, § 305 Rn. 86; Ulmer/Brandner/Hensen/*Ulmer/Habersack*, § 305 BGB, Rn. 10; Borowski/Röthemeyer/Steike/*Steike*, Teil II § 5 Rn. 2.

177 Vgl. etwa die Verfahrensordnung der anerkannten Gütestelle der Anwaltskanzlei Stein, Reutlingen, einsehbar unter http://www.schlichtung-rt.de/images/SchlO1015.pdf, dort II. § 2, letzter Abruf: 06.01.2019; Verfahrensordnung der anerkannten Gütestelle des Rechtsanwalts Florian Hitzler, Stuttgart, einsehbar unter https://www.guetestelle-zivilrecht.de/files/Verfahrensordnung.pdf, dort § 3 Abs. 1, letzter Abruf: 06.01.2019.

178 Vgl. etwa die Hinweise der anerkannten Gütestelle der Anwaltskanzlei Aslanidis, Kress & Häcker-Hollmann, Esslingen, einsehbar unter https://akh-h.de/ablauf-des-g%C3%BCteverfahrens, letzter Abruf: 06.01.2019; Verfahrensordnung der anerkannten Gütestelle des Rechtsanwalts Florian Hitzler, Stuttgart, einsehbar unter https://www.guetestelle-zivilrecht.de/files/Verfahrensordnung.pdf, dort § 3 Abs. 1, letzter Abruf: 06.01.2019.

179 Vgl. etwa die Hinweise der anerkannten Gütestelle der Anwaltskanzlei Aslanidis, Kress & Häcker-Hollmann, Esslingen, einsehbar unter https://akh-h.de/ablauf-des-g%C3%BCteverfahrens, letzter Abruf: 06.01.2019.

180 Vgl. etwa die Hinweise der anerkannten Gütestelle der Anwaltskanzlei Aslanidis, Kress & Häcker-Hollmann, Esslingen, einsehbar unter https://akh-h.de/ablauf-des-g%C3%BCteverfahrens, letzter Abruf: 06.01.2019; Verfahrensordnung der anerkannten Gütestelle der Anwaltskanzlei Dr. Heinsen, Fröhler, Schopf, Ludwigsburg, http://www.hfs-rechtsanwaelte.de/1881.html#c3203, dort § 3 Abs. 2, letzter Abruf: 06.01.2019.

Der bei der Gütestelle eingereichte Güteantrag wird im Anschluss hieran durch die Gütestelle der Gegenpartei zugeleitet, was sich bereits unmittelbar aus § 204 Abs. 1 Nr. 4 Hs. 2 BGB ergibt. Der Empfänger des Güteantrags wird dabei seitens der Gütestelle um Mitteilung gebeten, ob er dem Güteverfahren beitreten möchte. Hat die Gütestelle nicht bereits bei Übermittlung des Güteantrags einen Termin zur mündlichen Verhandlung bestimmt (wie es § 7 Abs. 1 SchlG BW vorsah), beraumt sie einen solchen spätestens mit der Beitrittserklärung der Gegenpartei an. In diesem Termin versucht die Gütestelle, eine außergerichtliche Streitbeilegung zwischen den Parteien zu fördern und zu erzielen.[181]

3. *Verfahrensende*

Nach ständiger Rechtsprechung des Bundesgerichtshofes endet ein Güteverfahren durch den Abschluss eines Vergleichs, die Rücknahme des Güteantrags oder die Einstellung des Verfahrens wegen des Scheiterns des Einigungsversuchs.[182]

a) *Verfahrenserfolg*

aa) Vergleich als Vollstreckungstitel gemäß § 794 Abs. 1 Nr. 1 ZPO

Kommt zwischen den Parteien eine Einigung über den Streitgegenstand zustande, schließen sie in der Regel einen von der Gütestelle protokollierten[183] Vergleich. Voraussetzung eines solchen Vergleichs ist – wie beim gerichtlichen Vergleich – eine jedenfalls teilweise Beendigung des streitgegenständlichen Rechtsstreits, § 779 Abs. 1 BGB. Ist diese Voraussetzung erfüllt, können in den Vergleich auch weitere, nicht streitgegenständliche Vereinbarungen aufgenommen werden.[184] Zu beachten ist in diesem Zusammenhang allerdings, dass nach h.M. die Vorschriften der §§ 127a und 925 Abs. 1 S. 3 BGB nicht auf Vergleiche

181 Vgl. *Greger/v. Münchhausen*, S. 137 Rn. 431 zur ÖRA.

182 BGH, Beschl. v. 21.10.2014 – XI ZB 12/12, juris, Rn. 160; Urt. v. 22.09.2009 – XI ZR 230/08, juris, Rn. 20; Urt. v. 06.07.1993 – VI ZR 306/92, juris, Rn. 25.

183 Das Protokollieren der getroffenen Vereinbarung wurde von § 11 Abs. 1 S. 1 SchlG BW zwar zwingend vorgeschrieben, findet in der Praxis allerdings oft nur auf Wunsch einer Partei statt, vgl. etwa die Verfahrensordnung der anerkannten Gütestelle der Anwaltskanzlei Dr. Heinsen, Fröhler, Schopf, Ludwigsburg, http://www.hfs-rechtsanwaelte.de/1881.html#c3203, dort § 8 Abs. 1, letzter Abruf: 06.01.2019; Verfahrensordnung der anerkannten Gütestelle des Rechtsanwalts Florian Hitzler, Stuttgart, einsehbar unter https://www.guetestelle-zivilrecht.de/files/Verfahrensordnung.pdf, dort § 8 Abs. 1, letzter Abruf: 06.01.2019.

184 MüKo ZPO/*Wolfsteiner*, § 794 Rn. 119, 60.

vor Gütestellen anwendbar sind, so dass in Vergleichen vor Gütestellen weder eine Verpflichtung nach § 311b Abs. 1 – 3 BGB noch eine Auflassung nach § 925 Abs. 1 S. 1 BGB wirksam aufgenommen werden können.[185]

Denkbar ist freilich auch ein vollständiges Anerkenntnis des Schuldners. Dieses kann zwar im Grunde keinen Vergleich darstellen, da nach dem eindeutigen Wortlaut des § 779 BGB hierfür ein gegenseitiges Nachgeben erforderlich ist. Die Vorschrift des § 779 BGB soll nach h.M. und ständiger Rechtsprechung des Bundesgerichtshofes allerdings weit ausgelegt werden, so dass ein solches Nachgeben in Zugeständnissen jeglicher Art liegen kann, die auch nicht den Streitgegenstand selbst betreffen müssen.[186] Der Bundesgerichtshof lässt für das Vorliegen eines Vergleichs demgemäß dann ein vollständiges Anerkenntnis ausreichen, wenn dieses die Unsicherheit der Rechtsverwirklichung nach § 779 BGB beseitigt und die Verwirklichung des Rechts sichert, etwa indem der Schuldner dem Gläubiger einen sicheren Vollstreckungstitel nach § 794 Abs. 1 Nr. 1 ZPO verschafft.[187] Die vorgenannte Rechtsprechung des Bundesgerichtshofes ist zwar zu gerichtlichen Vergleichen ergangen. Nachdem gerichtliche und vor durch die Landesjustizverwaltung eingerichteten oder anerkannten Gütestellen geschlossene Vergleich in § 794 Abs. 1 Nr. 1 ZPO vollkommen gleich gestellt sind,[188] dürfte die Rechtsprechung des Bundesgerichtshofes ohne Weiteres auch entsprechend auf Verfahren vor Gütestellen anzuwenden sein. Insofern stellt jedes Anerkenntnis vor einer durch die Landesjustizverwaltung eingerichteten oder anerkannten Gütestelle dann einen Vergleich i.S.d. § 779 BGB dar, wenn der Gläubiger einen Vollstreckungstitel nach § 794 Abs. 1 Nr. 1 ZPO erhält, was

---

185 MüKo ZPO/*Wolfsteiner*, § 794 Rn. 121; Zöller/*Geimer*, § 794 Rn. 12; BeckOK BGB/*Wendtland*, Stand: 01.11.2018, § 127a Rn. 4; NK BGB AT/*Noack/Kremer*, § 127a Rn. 10.

186 BGH, Beschl. v. 01.03.02005 – VIII ZB 54/04, NJW-RR 2005, 1303, 1304; Urt. v. 06.11.1991 – XII ZR 168/90, NJW-RR 1992, 363, 364; Urt. v. 13.04.1970 – III ZR 75/69, NJW 1970, 1122, 1124; Urt. v. 31.01.1963 – III ZR 117/62, NJW 1963, 637; MüKo BGB/*Habersack*, § 779 Rn. 26; BeckOGK BGB/*Hoffmann*, Stand: 01.12.2018, § 779 BGB Rn. 43.

187 BGH, Beschl. v. 01.03.2005 – VIII ZB 54/04, NJW-RR 2005, 1303, 1304; Urt. v. 31.01.1963 – III ZR 117/62, NJW 1963, 637.

188 Musielak/Voit/*Lackmann*, § 794 Rn. 26. Dies gilt im Übrigen unabhängig davon, ob es sich um Vergleiche im Rahmen obligatorischer oder freiwilliger Streitschlichtung vor Gütestellen handelt, vgl. MüKo ZPO/*Wolfsteiner*, § 794 Rn. 117; *May/Moeser*, NJW 2015, S. 1637, 1641 Fn. 55; a.A. *Löhner*, S. 139 ff.

praktisch immer dann der Fall ist, wenn die Vereinbarung der Parteien von der Gütestelle protokolliert wird.[189]

Demgegenüber soll es sich bei einem von einer Gütestelle nur beurkundeten Vergleich, auf den sich die Parteien bereits vor der Anrufung der Gütestelle geeinigt haben, nicht um einen vollstreckbaren Gütestellenvergleich handeln.[190]

bb) Erteilung der Vollstreckungsklausel nach § 797a Abs. 1 ZPO

(1) Zuständigkeit

Gemäß § 797a Abs. 1 ZPO wird die Vollstreckungsklausel in Form einer vollstreckbaren Ausfertigung (§ 724 Abs. 1 ZPO) von dem Urkundsbeamten der Geschäftsstelle desjenigen Amtsgerichts erteilt, in dessen Bezirk die Gütestelle ihren Sitz hat. Hierzu ist die Übergabe der Urschrift des Vergleichs erforderlich.[191] Nach einer Meinung in der Literatur müsse deshalb in der Verfahrensordnung einer Gütestelle geregelt sein, dass die Urschrift dem zuständigen Amtsgericht zur Verwahrung übergeben werden muss, wobei strittig ist, ob eine nur vorübergehende[192] oder eine dauerhafte[193] Verwahrung nötig ist. In der Praxis begnügen sich von der Landesjustizverwaltung anerkannte Gütestellen in ihrer jeweiligen Verfahrensordnung derweil regelmäßig mit dem Hinweis, welches Amtsgericht für die Erteilung der Vollstreckungsklausel zuständig ist.[194]

Die Landesjustizverwaltung kann nach § 797a Abs. 4 S. 1 ZPO den Vorsteher einer Gütestelle ermächtigen, selbst die Vollstreckungsklausel für Vergleiche zu erteilen, die vor der Gütestelle geschlossen werden. In diesem Fall ist die Gütestelle für die Klauselerteilung ausschließlich zuständig.[195] Gemäß § 797a Abs. 4

---

189 Ein nicht beurkundeter Vergleich kann naturgemäß kein Vollstreckungstitel nach § 794 Abs. 1 Nr. 1 ZPO sein, vgl. MüKo ZPO/*Wolfsteiner*, § 794 Rn. 19, 94 zum Prozessvergleich.

190 *Herrler*, DNotI-Report 2011, 168, 169; MüKo ZPO/*Wolfsteiner*, § 794 Rn. 119; Greger/Unberath/Steffek/*Greger*, § 2 MediationsG Rn. 338.

191 MüKo ZPO/*Wolfsteiner*, § 797a Rn. 3.

192 *Wolfsteiner*, a.a.O.

193 Stein/Jonas/*Münzberg*, § 797a Rn. 3.

194 Vgl. etwa die Verfahrensordnung der anerkannten Gütestelle der Anwaltskanzlei Dr. Heinsen, Fröhler, Schopf, Ludwigsburg, http://www.hfs-rechtsanwaelte.de/1881.html#c3203, dort § 10 Abs. 2, letzter Abruf: 06.01.2019; Verfahrensordnung der anerkannten Gütestelle des Rechtsanwalts Florian Hitzler, Stuttgart, einsehbar unter https://www.guetestelle-zivilrecht.de/files/Verfahrensordnung.pdf, dort § 10 Abs. 2, letzter Abruf: 06.01.2019.

195 Stein/Jonas/*Münzberg*, § 797a Rn. 5; MüKo ZPO/*Wolfsteiner*, § 797a Rn. 4; Musielak/Voit/*Lackmann*, § 797a Rn. 3.

S. 2 ZPO verbleibt die Zuständigkeit für die Erteilung qualifizierter Klauseln (§§ 726 Abs. 1, 727 bis 729 ZPO) sowie weiterer vollstreckbarer Ausfertigungen (§ 733 ZPO) allerdings in jedem Fall beim Rechtspfleger des örtlich zuständigen Amtsgerichts.

(2) Rechtsbehelfe

Im Falle einer Ablehnung der Klauselerteilung durch den Urkundsbeamten der Geschäftsstelle des jeweiligen Amtsgerichts kann der Gläubiger binnen einer Notfrist von zwei Wochen Erinnerung nach § 573 Abs. 1 S. 1 ZPO einlegen, der der Urkundsbeamte selbst abhelfen darf, §§ 573 Abs. 1 S. 3, 572 Abs. 1 S. 1 Hs. 1 ZPO. Hilft der Urkundsbeamte nicht ab, entscheidet gemäß § 573 Abs. 1 S. 1 ZPO das jeweilige Amtsgericht über die Erinnerung. Gegen den der Erinnerung nicht stattgebenden Beschluss (vgl. §§ 573 Abs. 1 S. 3, 572 Abs. 4 ZPO) findet gemäß § 573 Abs. 2 ZPO die sofortige Beschwerde nach § 567 ZPO statt und hiernach die Rechtsbeschwerde gemäß § 574 ZPO, allerdings nur im Falle einer diesbezüglichen Zulassung durch das Beschwerdegericht nach § 574 Abs. 1 Nr. 2, Abs. 3 ZPO.

Demgegenüber kommt eine Beschwerde nach § 54 BeurkG nicht in Betracht, da es sich bei einem vor einer Gütestelle geschlossenen Vergleich – wie bei einem Prozessvergleich – nach h.M. nicht um eine vollstreckbare Urkunde handelt.[196]

Gegen die Klauselerteilung durch den Urkundsbeamten der Geschäftsstelle kann der Schuldner gemäß § 732 Abs. 1 S. 1 ZPO Erinnerung einlegen. Über die Erinnerung entscheidet das jeweilige Amtsgericht des Urkundsbeamten durch Beschluss, §§ 732 Abs. 1 S. 1, 2, 797a Abs. 2 ZPO, gegen den die sofortige Beschwerde nach § 567 Abs. 1 Nr. 2 ZPO sowohl für den Gläubiger als auch für den Schuldner (je nach dem, wen die Entscheidung des Amtsgerichts beschwert) statthaft ist.[197] Eine anschließende Rechtsbeschwerde kommt ebenfalls nur bei Zulassung durch das Beschwerdegericht nach § 574 Abs. 1 Nr. 2, Abs. 3 ZPO in Betracht.

---

196 MükO ZPO/*Wolfsteiner*, § 797a Rn. 6, § 794 Rn. 149; bzgl. Prozessvergleich: Zöller/*Geimer*, § 797 Rn. 1; Stein/Jonas/*Münzberg*, § 797 Rn. 1; Musielak/Voit/*Lackmann*, § 797 Rn. 1, 10; BeckOK ZPO/*Hoffmann*, Stand: 01.12.2018, § 797 Rn. 1; a.A. bzgl. Prozessvergleich: RG, Urt. v. 06.03.1888 – III 303/87, RGZ 21, 345, 347 ff.; OLG München, Urt. v. 13.04.1961 – 1 U 545/61, NJW 1961, 2265 f.; AG Königswinter, Beschl. v. 26.05.1989 – 7 (8) F 227/86, FamRZ 1989, 1201.

197 Musielak/Voit/*Lackmann*, § 732 Rn. 9; MükO ZPO/*Wolfsteiner*, § 732 Rn. 16; Zöller/*Seibel*, § 732 Rn. 16.

cc) Keine Präklusion nach § 767 Abs. 2 ZPO

Nach h.M. soll § 797 Abs. 4 ZPO auf vor von der Landesjustizverwaltung eingerichteten oder anerkannten Gütestellen geschlossene Vergleiche entsprechend Anwendung finden, da solche Vergleiche – wie Prozessvergleiche – keine materielle Rechtskraft entfalten. Erhebt der Schuldner mithin Vollstreckungsabwehrklage nach § 767 Abs. 1 ZPO, unterliegt der geschlossene Gütestellenvergleich nicht der Präklusionsvorschrift des § 767 Abs. 2 ZPO.[198] Dies hat zur Folge, dass der Anspruch des Gläubigers genauso einschränkungslos vom Prozessgericht überprüft wird wie im Falle einer negativen Feststellungsklage des Schuldners.[199] Der Gläubiger ist in diesem Fall nach h.M. also so gestellt, als wenn die Parteien keinen Vergleich geschlossen hätten, und muss seine geltend gemachte Forderung nach den allgemeinen Grundsätzen schlüssig vortragen und entsprechend beweisen. Insbesondere hat der von den Parteien geschlossene Gütestellenvergleich keine Umkehr der Darlegungs- und Beweislast zur Folge. Vielmehr richtet sich letztere nach den materiellen Beweislastregeln des zwischen den Parteien bestehenden Rechtsverhältnisses.[200]

dd) Vergleichsschluss vor einer unzuständigen Gütestelle

Nach h.M. soll ein Vergleich, der vor einer örtlich oder sachlich unzuständigen Gütestelle geschlossen wird, gleichwohl wirksam sein. Insofern gelten dieselben Grundsätze wie bei einem gerichtlichen Vergleich, der vor einem unzuständigen Gericht zustande kommt.[201]

ee) Unwirksamkeit des geschlossenen Vergleichs

Hinsichtlich einer möglichen Unwirksamkeit des geschlossenen Vergleichs gelten die allgemeinen rechtsgeschäftlichen Grundsätze. So kann ein Gütestellenvergleich wegen Irrtums (§ 119 Abs. 1 BGB), Täuschung oder Drohung (§ 123

---

198 BGH, Urt. v. 27.11.1952 – IV ZR 57/52, NJW 1953, 345; Musielak/Voit/*Lackmann*, § 797a Rn. 4; BeckOK ZPO/*Hoffmann*, Stand: 01.12.2018, § 797a Rn. 3; MükO ZPO/*Wolfsteiner*, § 797a Rn. 6; Zöller/*Geimer*, § 797a Rn. 3.

199 MüKO ZPO/*Wolfsteiner*, § 797 Rn. 36.

200 BGH, Urt. v. 03.04.2001 – XI ZR 120/00, NJW 2001, 2096, 2097 f. (unter Aufgabe seiner vorherigen Rechtsprechung, vgl. Urt. v. 25.6.1981 – III ZR 179/79, NJW 1981, 2756); OLG Nürnberg, Beschl. v. 08.05.1990 – 11 W 361/90, NJW-RR 1990, 1467, 1468; OLG Celle, Urt. v. 09.10.1990 – 16 U 36/90, NJW-RR 1991, 667; *Wolfsteiner*, NJW 1982, 2851; *Münch*, NJW 1991, 795, 801 ff.; *Joswig*, EWiR 2001, 693, 694; MükO ZPO/*Wolfsteiner*, § 797 Rn. 36.

201 MüKo ZPO/*Wolfsteiner*, § 794 Rn. 120; Musielak/Voit/*Lackmann*, § 794 Rn. 26, 4.

Abs. 1 BGB) angefochten werden oder wegen Verstoßes gegen ein gesetzliches Verbot (§ 134 BGB) oder Sittenwidrigkeit (§ 138 Abs. 1 BGB) von Anfang an vollständig oder in Teilen (§ 139 BGB) nichtig sein.[202] Des Weiteres kann ein Gütestellenvergleich nach § 779 Abs. 1 BGB unwirksam sein, wenn der von den Parteien der Vereinbarung zugrunde gelegte Sachverhalt der Wirklichkeit nicht entspricht und der Streit oder die Ungewissheit über ein Rechtsverhältnis bei Kenntnis der Sachlage nicht entstanden sein würde, was nach h.M. in Literatur und Rechtsprechung einen gesetzlich geregelten Sonderfall des Fehlens der Geschäftsgrundlage nach § 313 Abs. 2 BGB darstellt.[203] In Betracht kommt ferner auch eine Störung der Geschäftsgrundlage nach § 313 BGB selbst, wenn sich eine solche nicht bereits aus § 779 Abs. 1 BGB ergibt.[204] Im Übrigen können die Parteien auch ein Rücktrittsrecht oder eine auflösende Bedingung in den Vergleich aufnehmen (z.B. für den Fall des Verzuges der versprochenen Leistung).[205] Gleiches gilt für einen Widerrufsvorbehalt, der den geschlossenen Vergleich unter die aufschiebende Bedingung des nicht erfolgten Widerrufs der Parteien innerhalb der vereinbarten Widerrufsfrist stellt.[206]

Wie bei anderen Verträgen auch kann die (Un-) Wirksamkeit eines Gütestellenvergleichs von den Parteien durch positive oder negative Feststellungsklage gerichtlich festgestellt werden.[207]

Eine Leistungsklage, die auf die Durchsetzung des in einem Gütestellenvergleich enthaltenen Anspruchs gerichtet ist, dürfte demgegenüber mangels Rechtsschutzbedürfnis unzulässig sein. Schließlich verfügt der Gläubiger in diesem Fall bereits über einen Vollstreckungstitel mit dem begehrten Inhalt, so dass eine Leistungsklage insofern sinnlos wäre und der Gläubiger durch diese

---

202 BeckOGK BGB/*Hoffmann*, Stand: 01.12.2018, § 779 BGB Rn. 88 ff.; Staudinger/*Marburger*, § 779, Rn. 75, 80 f., 83; MüKo BGB/*Habersack*, § 779 Rn. 56 ff.

203 BGH, Urt. v. 08.12.1999 – I ZR 230/97, NJW 2000, 2497, 2498; Urt. v. 18.11.1993 – IX ZR 34/93, NJW-RR 1994, 434, 435; Urt. v. 24.09.1959 – VIII ZR 189/58, NJW 1959, 2109, 2110; MüKo BGB/*Habersack*, § 779 Rn. 62; Erman/*Müller*, § 779 Rn. 2, 27; JurisPK BGB/*Bork*, Stand: 01.12.2016, § 779 Rn. 14; a.A. BeckOGK BGB/*Hoffmann*, Stand: 01.12.2018, § 779 BGB Rn. 98; *Stötter*, JZ 1963, 123, 125 ff.

204 MüKo BGB/*Habersack*, § 779 Rn. 68; BeckOK BGB/*Fischer*, Stand: 01.08.2018, § 779 Rn. 57.

205 Vgl. OLG München, Urt. v. 14.01.1998 – 3 U 3479/97, NJW-RR 1998, 1663, 1664; JurisPK-BGB/*Bork*, Stand: 01.12.2016, § 779 Rn. 22.

206 BGH, Urt. v. 27.10.1983 – IX ZR 68/83, NJW 1984, 312; Urt. v. 18.11.1966 – IV ZR 235/65, NJW 1967, 440, 441; BeckOGK BGB/*Hoffmann*, Stand: 01.12.2018, § 779 BGB Rn. 68, 134.

207 BeckOK BGB/*Fischer*, Stand: 01.08.2018, § 779 Rn. 54.

keinerlei schutzwürdigen Vorteil erlangen könnte.[208] Anders verhält es sich freilich, wenn der Gläubiger mit einer Leistungsklage mehr einfordert, als ihm in einem geschlossenen Gütestellenvergleich zugesprochen wurde. Die (Un-) Wirksamkeit dieses Vergleichs müsste in diesem Fall im Rahmen der Begründetheit der Klage geprüft werden (soweit der Beklagte dessen Wirksamkeit einwendet).

ff) Leistungsstörungen

Im Hinblick auf Leistungsstörungen finden die Grundsätze des Allgemeinen Schuldrechts Anwendung, soweit der Vergleich jedenfalls für eine Seite eine Leistungspflicht beinhaltet. So ist der Schuldner im Falle einer Unmöglichkeit der zugesagten Leistung etwa von seiner Leistungspflicht nach § 275 Abs. 1 – 3 BGB befreit; der Gläubiger kann in diesem Fall nach § 326 Abs. 5 BGB vom Gütestellenvergleich zurücktreten.[209] Besteht der Rechtscharakter des ursprünglichen Rechtsverhältnisses (z.B. Kaufvertrag) zwischen den Parteien fort, kommen darüber hinaus die für dieses Rechtsverhältnis geltenden Sondervorschriften über Leistungsstörungen zur Anwendung,[210] wenn nicht der Vergleich gerade eine solche Leistungsstörung abschließend regelt[211] oder nach dem Parteiwillen ein neuer Schuldgrund geschaffen werden soll.[212]

b) Scheitern des Verfahrens

Nach der Rechtsprechung des Bundesgerichtshofes kommt es für das Scheitern des Verfahrens maßgeblich auf die diesbezüglichen Regelungen in der Verfahrensordnung der jeweiligen Gütestelle an.[213] Das Nichtbetreiben des Verfahrens durch die Gütestelle (z.B. wegen Arbeitsüberlastung) soll grundsätzlich keine Beendigung darstellen, was sich bereits daraus ergebe, dass hinsichtlich des Nichtbetreibens des Verfahrens in § 204 Abs. 2 S. 2 BGB eine eigene Regelung

---

208 Vgl. BeckOK ZPO/*Bacher*, Stand: 01.12.2018, § 253 Rn. 30.

209 Vgl. BGH, Urt. v. 12.12.1991 – IX ZR 178/91, NJW 1992, 967, 971; MüKo BGB/*Habersack*, § 779 Rn. 36; BeckOK BGB/*Fischer*, Stand: 01.08.2018, § 779 Rn. 55.

210 BGH, Urt. v. 23.06.2010 – XII ZR 52/08, NJW 2010, 2652, 2653; Urt. v. 21.12.1973 – IV ZR 72/72, NJW 1974, 363, 364; OLG Karlsruhe, Urt. v. 29.07.1999 – 4 U 1/99, juris, Rn. 10; Staudinger/*Marburger*, § 779, Rn. 53; Erman/*Müller*, § 779 Rn. 24; MüKo BGB/*Habersack*, § 779 Rn. 37.

211 OLG Köln, Urt. v. 12.11.1999 – 19 U 112/99, juris, Rn. 6; BeckOK BGB/*Fischer*, Stand: 01.08.2018, § 779 Rn. 55.

212 BGH, Urt. v. 23.06.2010 – XII ZR 52/08, NJW 2010, 2652, 2653; BGH, Urt. v. 07.03.2002 – III ZR 73/01, NJW 2002, 1503.

213 BGH, Beschl. v. 21.10.2014 – XI ZB 12/12, juris, Rn. 160

besteht, die nur das Nichtbetreiben des Verfahrens durch die Parteien selbst, nicht durch die Gütestelle erfasse.[214]

Das SchlG BW kannte vier Arten der erfolglosen Verfahrensbeendigung: Für den Fall, dass der Antragsteller im von der Gütestelle anberaumten Termin unentschuldigt nicht erscheint, galt der Antrag als zurückgenommen (§ 9 Abs. 1 SchlG BW). Teilte die Gegenpartei vor dem Termin der Gütestelle schriftlich mit, dass sie sich am Güteverfahren nicht beteiligen werde (§ 9 Abs. 2 SchlG BW), oder blieb dem Termin unentschuldigt fern (§ 9 Abs. 3 SchlG BW), galt das Verfahren als gescheitert. Im Falle einer erfolglosen Verhandlung der Parteien hatte die Gütestelle einen kurzen Vermerk hierüber aufzunehmen (§ 11 Abs. 4 SchlG BW).

In der Praxis beinhalten Verfahrensordnungen von von der Landesjustizverwaltung anerkannten Gütestellen regelmäßig weitere Scheiternsgründe. So endet das Güteverfahren nach vielen Verfahrensordnungen, wenn eine der Parteien oder aber auch die Gütestelle selbst das Verfahren für gescheitert erklärt, wenn eine Partei über einen gewissen Zeitraum nicht auf Zustellungen der Gütestelle reagiert oder wenn eine Partei den von der Gütestelle angeforderten Kostenvorschuss ganz oder teilweise nicht leistet.[215]

Über das Scheitern des Verfahrens stellt die Gütestelle den Parteien eine Erfolglosigkeitsbescheinigung nach § 15a Abs. 1 S. 2 EGZPO aus.

4. *Verfahrenskosten*

Das außer Kraft gesetzte SchlG BW differenzierte hinsichtlich der Kosten des Schlichtungsverfahrens vor einer von der Landesjustizverwaltung eingerichteten oder anerkannten Gütestelle nach dem Verfahrensablauf und -ergebnis. So betrug die Gebühr für das Schlichtungsverfahren 80,00 EUR, wenn das Verfahren nach Terminsbestimmung und Ladung der Parteien ohne Verhandlung endete oder nur eine Partei zum Verhandlungstermin erschien (§ 15 Abs. 1 Nr. 1

---

214 BGH, Urt. v. 22.09.2009 – XI ZR 230/08, juris, Rn. 20.

215 Vgl. etwa die Verfahrensordnung der anerkannten Gütestelle der Anwaltskanzlei Dr. Heinsen, Fröhler, Schopf, Ludwigsburg, http://www.hfs-rechtsanwaelte.de/1881.html#c3203, dort § 7, letzter Abruf: 06.01.2019; Verfahrensordnung der anerkannten Gütestelle der Anwaltskanzlei Stein, Reutlingen, einsehbar unter http://www.schlichtung-rt.de/images/SchlO1015.pdf, dort II. § 4, letzter Abruf: 06.01.2019; Verfahrensordnung der anerkannten Gütestelle des Rechtsanwalts Florian Hitzler, Stuttgart, einsehbar unter https://www.guetestelle-zivilrecht.de/files/Verfahrensordnung.pdf, dort § 7, letzter Abruf: 06.01.2019; zu weiteren Möglichkeiten der anderweitigen Beendigung des Güteverfahrens im Sinne des § 204 Abs. 2 S. 1 2. Alt. BGB siehe unter § 4 F.

SchlG BW). Für den Fall einer erfolglosen Güteverhandlung wurden 100,00 EUR fällig (§ 15 Abs. 1 Nr. 2 SchlG BW). Kam zwischen den Parteien eine Einigung zustande, belief sich die Gebühr auf 130,00 EUR (§ 15 Abs. 1 Nr. 3 SchlG BW). Die Gütestelle war gemäß § 18 Abs. 2 SchlG BW berechtigt, vor Durchführung des Schlichtungsverfahrens einen Vorschuss in Höhe von 130,00 EUR zu verlangen.

Kostenschuldner war nach § 17 Abs. 1 SchlG BW in erster Linie der Antragsteller, ferner die Gegenpartei, wenn sie dem von der Gütestelle anberaumten Termin unentschuldigt ferngeblieben war (§ 17 Abs. 2 Nr. 1 SchlG BW) sowie derjenige, der sich entweder in einem geschlossenen Vergleich oder durch gesonderte Erklärung hierzu verpflichtet hatte (§ 17 Abs. 2 Nr. 2 SchlG BW). Im Übrigen war Kostenschuldner auch, wer für die Kostenschuld eines anderen kraft Gesetzes haftete (§ 17 Abs. 2 Nr. 3 SchlG BW). Mehrere Kostenschuldner hafteten gemäß § 17 Abs. 3 S. 1 SchlG BW als Gesamtschuldner. Die Gütestelle war nach § 17 Abs. 3 S. 2 SchlG BW allerdings gehalten („*soll*"), im Falle einer Kostenschuldnerschaft wegen Säumnis im Schlichtungstermin oder ausdrücklicher Übernahme der einen Partei die andere nur dann für die Kosten heranzuziehen, wenn eine Zwangsvollstreckung in das bewegliche Vermögen der erstgenannten Partei erfolglos geblieben war oder aussichtslos erschien.

Von diesen moderaten Schlichtungsgebühren hat sich die Praxis mittlerweile sehr weit entfernt. So verlangen Gütestellen gemäß ihren (von der Landesjustizverwaltung durch Anerkennung gebilligten) Verfahrensordnungen für das Betreiben des Gütestellenverfahrens regelmäßig anwaltsübliche Stundenhonorare, die sich oftmals nach dem Streitwert des geltend gemachten Anspruchs richten.[216] Üblich sind Stundensätze von mindestens 150,00 EUR zuzüglich gesetzlicher Umsatzsteuer. Im Falle eines Vergleichsschlusses fällt in der Regel zusätzliche eine Einigungsgebühr gemäß § 13 RVG, Ziffer 1000 VV RVG an. Als Kostenschuldner werden die Parteien gesamtschuldnerisch herangezogen. Gütestellen werden zudem in der Regel erst nach Zahlung eines Vorschusses tätig.[217]

216 *May/Moeser*, NJW 2015, S. 1637, 1640 f.

217 Vgl. etwa die Verfahrensordnung der anerkannten Gütestelle der Anwaltskanzlei Dr. Heinsen, Fröhler, Schopf, Ludwigsburg, http://www.hfs-rechtsanwaelte.de/1881.html#c3203, dort §§ 11, 13, letzter Abruf: 06.01.2019; Verfahrensordnung der anerkannten Gütestelle des Rechtsanwalts Florian Hitzler, Stuttgart, einsehbar unter https://www.guetestelle-zivilrecht.de/files/Verfahrensordnung.pdf, dort §§ 11, 12, letzter Abruf: 06.01.2019.

Da das Verfahren vor von der Landesjustizverwaltung eingerichteten oder anerkannten Gütestellen nach Abschaffung des obligatorischen Güteverfahrens von den Parteien freiwillig betrieben wird, trägt der Antragssteller die (meist pauschalen) Kosten seines Güteantrags naturgemäß vollständig selbst, wenn der Antragsgegner dem angestrebten Güteverfahren nicht beitritt.[218]

II. Verbraucherschlichtungsstellen

Das Verfahren vor Verbraucherschlichtungsstellen richtet sich nach den §§ 11 bis 23 VSBG. An diese ausführlichen gesetzlichen Regelungen sind Verbraucherschlichtungsstellen gebunden – im Gegensatz zu von der Landesjustizverwaltung anerkannten Gütestellen, die in der Gestaltung ihrer Verfahrensordnung und des Güteverfahrens um ein Vielfaches freier und flexibler sind.

1. Verfahrensordnung

Gemäß § 5 Abs. 1 S. 1 VSBG muss eine Verbraucherschlichtungsstelle zwingend über eine Verfahrensordnung verfügen, aus der sich gemäß § 5 Abs. 1 S. 2 VSBG das Verfahren der Streitbeilegung und die Einzelheiten seiner Durchführung zu ergeben haben, wobei die Verfahrensordnung den Vorschriften des VSBG entsprechen muss, vgl. § 24 S. 1 VSBG.[219]

Die Verfahrensordnungen von Verbraucherschlichtungsstellen sind ebenfalls als Allgemeine Geschäftsbedingungen zu qualifizieren. Es gilt das zu von der Landesjustizverwaltung anerkannten Gütestellen Gesagte[220] entsprechend.

2. Verfahrensablauf

a) Antragsteller

Verbraucherschlichtungsstellen betreiben Schlichtungsverfahren grundsätzlich nur auf Antrag eines Verbrauchers, so dass ein von einem Unternehmer gestellter Schlichtungsantrag unzulässig ist, § 4 Abs. 1 Hs. 1 VSBG. § 4 Abs. 3 Hs. 1 VSBG bietet Verbraucherschlichtungsstellen allerdings die Möglichkeit, ihre Tätigkeit auch auf von Unternehmern eingeleitete Schlichtungsverfahren zu erweitern. Nach dem Willen des Gesetzgebers muss das Haupttätigkeitsfeld einer

---

218 Vgl. *May/Moeser*, NJW 2015, S. 1637, 1640.

219 Gesetzentwurf vom 09.06.2015, BT-Drs. 18/5089, S. 54 unter Verweis auf § 22 S. 1 VSBG. Hierbei handelt es sich wohl um einen redaktionellen Fehler, da § 22 VSBG lediglich die Verschwiegenheitspflicht des Streitmittlers regelt.

220 Siehe oben unter § 3 B. I. 1. b).

solchen Verbraucherschlichtungsstelle trotz dieser Erweiterung jedoch die von Verbrauchern beantragte Schlichtung sein. § 4 Abs. 1 Hs. 1 VSBG sei insofern zwingend, so dass eine Stelle nicht als Verbraucherschlichtungsstelle anerkannt werden könne, die in der Hauptsache Schlichtungsverfahren auf Antrag des Unternehmers durchführt. Insbesondere dürfe eine Verbraucherschlichtungsstelle die sachliche Zuständigkeit für Schlichtungsanträge eines Unternehmers nicht weiter fassen als die für entsprechende Verbraucheranträge.[221]

b) Form des Schlichtungsantrags

Das Schlichtungsverfahren vor Verbraucherschlichtungsstellen wird durch einen Antrag auf Streitschlichtung eingeleitet, der (wie sämtliche anderen Mitteilungen der Parteien sowie der Streitbeilegungsstelle) gemäß § 11 VSBG in Textform gefasst sein kann. Diesbezüglich gilt die Regelung des § 126b BGB.[222] Zulässig sind mithin sowohl schriftliche Anträge als auch solche, die elektronisch (z.B. per E-Mail oder auf einem mobilem Speichermedium)[223] übermittelt werden.[224] Durch die Formulierung „*kann*“ in § 11 VSBG wird klargestellt, dass die Verfahrensordnung einer Verbraucherschlichtungsstelle zwar keine höheren Formanforderungen an Anträge und Mitteilungen aufstellen, jedoch zusätzliche Kommunikationsformen erlauben darf, soweit das VSBG nicht ausdrücklich Textform vorschreibt.[225]

c) Gesetzliche Ablehnungsgründe

Anders als bei von der Landesjustizverwaltung anerkannten Gütestellen existieren für bei Verbraucherschlichtungsstellen eingereichte Schlichtungsanträge gesetzliche Ablehnungsgründe. So ist gemäß § 14 Abs. 1 VSBG ein Schlichtungsantrag von der Schlichtungsstelle abzulehnen,

- wenn die Streitigkeit nicht in die Zuständigkeit der Verbraucherschlichtungsstelle fällt (§ 14 Abs. 1 Nr. 1 VSBG),
- wenn der streitige Anspruch nicht zuvor gegenüber dem Antragsgegner geltend gemacht worden ist (§ 14 Abs. 1 Nr. 2 VSBG),
- wenn der Antrag offensichtlich ohne Aussicht auf Erfolg ist oder mutwillig erscheint,

---

221 Gesetzentwurf vom 09.06.2015, BT-Drs. 18/5089, S. 51.
222 Gesetzentwurf vom 09.06.2015, BT-Drs. 18/5089, S. 58.
223 NK BGB AT/*Noack/Kremer*, § 126b Rn. 18.
224 Gesetzentwurf vom 09.06.2015, BT-Drs. 18/5089, S. 58.
225 Vgl. Gesetzentwurf vom 09.06.2015, BT Drs. 18/5089, S. 59.

- wegen eingetretener Verjährung des geltend gemachten Anspruchs (§ 14 Abs. 1 Nr. 3 a) VSBG),
- wegen bereits erfolgter Beilegung der Streitigkeit (§ 14 Abs. 1 Nr. 3 b) VSBG) oder
- wenn ein Antrag auf Prozesskostenhilfe bereits mit der Begründung zurückgewiesen worden ist, dass die beabsichtigte Rechtsverfolgung keine hinreichende Aussicht auf Erfolg bietet oder mutwillig erscheint (§ 14 Abs. 1 Nr. 3 c) VSBG).

Ferner können in der Verfahrensordnung einer Verbraucherschlichtungsstelle die in § 14 Abs. 2 Nr. 1 – 4 VSBG genannten Ablehnungsgründe vorgesehen werden, so z.B., wenn die Streitigkeit bereits bei einer anderen Verbraucherschlichtungsstelle anhängig ist (§ 14 Abs. 2 Nr. 1 Alt. 2 VSBG), der geltend gemachte Anspruch eine festgelegte Streitwertgrenze über- oder unterschreitet (§ 14 Abs. 2 Nr. 3 VSBG) oder die Verbraucherschlichtungsstelle den streitigen Sachverhalt oder diesbezügliche Rechtsfragen nur unter einem unangemessenen Aufwand klären könnte (§ 14 Abs. 2 Nr. 4 a) VSBG).

d) Gang des Verfahrens

Nach Eingang des Schlichtungsantrages hat die Verbraucherschlichtungsstelle den Antragsteller unverzüglich über die in § 16 Abs. 1 Nr. 1 – 8 VSBG aufgezählten Punkte zum Schlichtungsverfahren aufzuklären, bspw. darüber, dass die Parteien mit ihrer Teilnahme am Schlichtungsverfahren der Verfahrensordnung der Schlichtungsstelle zustimmen (§ 16 Abs. 1 Nr. 2 VSBG), deren Wortlaut auf der Website der Schlichtungsstelle eingesehen werden kann (§ 16 Abs. 1 Nr. 1 VSBG), sowie, welche Kosten das Verfahren aufwirft (§ 16 Abs. 1 Nr. 7 VSBG). Gleichzeitig übermittelt die Verbraucherschlichtungsstelle dem Antragsgegner ebenfalls unter Hinweis auf die in § 16 Abs. 1 Nr. 1 – 8 VSBG genannten Verfahrensgrundsätze den Schlichtungsantrag.

Im Gegensatz zum Gütestellenverfahren nach dem aufgehobenen SchlG BW (vgl. dort § 7 Abs. 1) und wohl auch zu den meisten Verfahrensordnungen von von der Landesjustizverwaltung anerkannten Gütestellen[226] ist eine mündliche

---

226 Vgl. etwa die Verfahrensordnung der anerkannten Gütestelle des Rechtsanwalts Florian Hitzler, Stuttgart, einsehbar unter https://www.guetestelle-zivilrecht.de/files/Verfahrensordnung.pdf, dort § 4, letzter Abruf: 06.01.2019; Verfahrensordnung der anerkannten Gütestelle der Anwaltskanzlei Dr. Heinsen, Fröhler, Schopf, Ludwigsburg, http://www.hfs-rechtsanwaelte.de/1881.html#c3203, dort § 4, letzter Abruf: 06.01.2019; Verfahrensordnung der anerkannten Gütestelle der Anwaltskanzlei

Verhandlung über den Streitgegenstand nach § 17 Abs. 2 VSBG nur fakultativ und muss in der Verfahrensordnung der Verbraucherschlichtungsstelle ausdrücklich geregelt sowie von den Parteien gewollt sein. Im Grundsatz soll das Verbraucherstreitbeilegungsverfahren nach dem Willen des Gesetzgebers schriftlich durchgeführt werden, was der Regelung des Art. 10 b) der ODR-Verordnung entspreche.[227]

Ein nach Austausch der jeweiligen Tatsachenbehauptungen und Argumente durch die Parteien (vgl. § 17 Abs. 1 VSBG) von der Verbraucherschlichtungsstelle unterbreiteter Schlichtungsvorschlag erfolgt ebenfalls nur dann, wenn deren Verfahrensordnung dies vorsieht, da der Gesetzgeber das Schlichtungsverfahren nach dem VSBG nicht auf eine bestimmte Art der Schlichtung festgelegt wissen wollte.[228] So besteht für eine Streitbeilegungsstelle nach § 18 VSBG auch die Möglichkeit, eine Mediation durchführen, bei der es – je nach Vereinbarung der Mediationsparteien – kein Vorschlagsrecht des Mediators gibt.[229] Ist die Verbraucherschlichtungsstelle nach ihrer Verfahrensordnung zur Unterbreitung eines Schlichtungsvorschlags befugt, soll ihr Vorschlag gemäß § 19 Abs. 1 S. 2 VSBG am geltenden Recht ausgerichtet sein und insbesondere die zwingenden Verbraucherschutzgesetze beachten, was freilich bereits aus der ratio des VSBG – einem gesteigerten Verbraucherschutz – folgt.[230] Auch hierin unterscheidet sich das Verfahren nach dem VSBG erheblich vom Gütestellenverfahren vor einer von der Landesjustizverwaltung anerkannten Gütestelle, die hinsichtlich ihres Vergleichsvorschlags keinen Regelungen unterworfen ist.

Nach § 19 Abs. 3 S. 1 und 2 VSBG muss der Streitmittler die Parteien bei der Übermittlung des Schlichtungsvorschlags über die rechtlichen Folgen einer Annahme des Vorschlags aufklären und darüber hinaus darauf hinweisen, dass der unterbreitete Vorschlag vom Ergebnis eines gerichtlichen Verfahrens abweichen kann. Ferner muss die Verbraucherschlichtungsstelle den Parteien verdeutlichen, dass sie nicht dazu verpflichtet sind, den Schlichtungsvorschlag anzunehmen, sondern weiterhin die Möglichkeit besteht, eine gerichtliche Entscheidung herbeizuführen. Auch diese Regelung macht deutlich, dass eine Verbraucherstreitbeilegungsstellt weitaus weitreichendere Fürsorgepflichten gegenüber den Parteien (und insbesondere gegenüber den beteiligten Verbrauchern) hat als eine Gütestelle.

Stein, Reutlingen, einsehbar unter http://www.schlichtung-rt.de/images/SchlO1015.pdf, dort II. § 3, letzter Abruf: 06.01.2019.

227 Gesetzentwurf vom 09.06.2015, BT-Drs. 18/5089, S. 62.

228 A.a.O.

229 Siehe oben unter § 2 B. IV. 7.

230 Vgl. Gesetzentwurf vom 09.06.2015, BT-Drs. 18/5089, S. 39.

3. *Verfahrensende*

Das Schlichtungsverfahren vor einer Verbraucherschlichtungsstelle endet zum einen durch die vom Antragsteller erklärte Rücknahme des Schlichtungsantrags oder durch dessen Widerspruch hinsichtlich der weiteren Durchführung des Verfahrens (§ 15 Abs. 1 VSBG). Ferner findet das Verfahren sein Ende durch die Weigerung des Antragsgegners, am Schlichtungsverfahren teilzunehmen, oder der Erklärung, dieses nicht fortsetzen zu wollen, wobei die offizielle Verfahrensbeendigung – im Gegensatz zum vorgenannten Fall des § 15 Abs. 1 VSBG – erst mit der diesbezüglichen Feststellung des Streitmittlers eintritt (§ 15 Abs. 2 VSBG). Im Übrigen endet das Schlichtungsverfahren mit der Mitteilung der Schlichtungsstelle über das Ergebnis des Verfahrens (§ 21 Abs. 1 S. 2 VSBG).

In der Literatur wird in diesem Zusammenhang teilweise eingewandt, dass im Falle einer Ablehnung des vom Streitmittler übermittelten Vergleichsvorschlags und der gleichzeitigen Unterbreitung eines Gegenvorschlags durch eine Partei fraglich sei, ob die sich dann anschließenden weiteren Verhandlungen noch dem Streitbeilegungsverfahren vor der Verbraucherschlichtungsstelle zuzurechnen sind. Es wird diesbezüglich die Auffassung vertreten, dass die Verbraucherschlichtungsstelle in diesem Fall nicht verpflichtet sei, die weiteren, vom Gegenvorschlag der Partei angestoßenen Vergleichsverhandlungen als Teil des Verbraucherstreitbeilegungsverfahrens anzusehen, weil ihre Schlichtungstätigkeit mit der Unterbreitung des Vergleichsvorschlags ende und die Mitteilung des Verfahrensergebnisses (nur) eine Annexverpflichtung darstelle. Insofern sollte der Streitmittler klarstellen, ob die weiteren Verhandlungen noch Verfahrensbestandteil sind oder nicht.[231]

Diese Ansicht ist allerdings nicht überzeugend: Weder den §§ 19 und 21 VSBG noch der Gesetzesbegründung zum VSBG kann entnommen werden, dass das Ende der Schlichtungstätigkeit mit der Übermittlung eines Vergleichsvorschlags erreicht sei. Vielmehr heißt es im Gesetzentwurf ausdrücklich, dass das Schlichtungsverfahren mit der Mitteilung des Streitmittlers über das Verfahrensergebnis ende. Ferner wird dort ausgeführt, dass sich die Mitteilung des Streitmittlers über das Verfahrensergebnis nach dem durchgeführten Verfahren richte und die Mitteilung insofern den Inhalt haben könne, dass ein Schlichtungsvorschlag von beiden Parteien akzeptiert wurde oder nicht.[232] Wenn aber erst die Mitteilung über die endgültige Ablehnung des Vergleichsvorschlags bzw. dessen Annahme erst das Verfahren beendet (weil dieses entweder gescheitert

---

231 Borowski/Röthemeyer/Steike/*Borowski*, Teil II § 21 Rn. 5.

232 Gesetzentwurf vom 09.06.2015, BT-Drs. 18/5089, S. 64.

ist oder erfolgreich war), tritt eine Verfahrensbeendigung ersichtlich noch nicht mit dem bloßen Vergleichsvorschlag der Schlichtungsstelle ein, sondern vielmehr erst dann, wenn die Verhandlungen – sei es mit oder ohne Einigung der Parteien – tatsächlich beendet sind. Es ist auch kein Grund ersichtlich, warum weitere, nach dem ersten Vergleichsvorschlag der Gütestelle geführte Verhandlungen nicht mehr dem Schlichtungsverfahren zuzuordnen sein sollten.

a) Verfahrenserfolg

aa) Privatrechtlicher Vertrag

Da es sich bei einem vor einer Verbraucherschlichtungsstelle geschlossenen Vergleich – wie bei einem vor einer von der Landesjustizverwaltung anerkannten Gütestelle zustande gekommenen Vergleich – um einen privatrechtlichen Vertrag nach §§ 311 Abs. 1, 779 BGB handelt,[233] gelten hier (mit Ausnahme der Regelungen zur Vollstreckbarkeit des Vergleichs; dazu sogleich) dieselben Grundsätze wie bei Vergleichsschlüssen vor von der Justizverwaltung anerkannten Gütestellen: So sind Vergleiche, die vor einer unzuständigen Gütestelle geschlossen werden, dennoch wirksam.[234] Ferner sind im Hinblick auf mögliche Unwirksamkeitsgründe[235] sowie Leistungsstörungen[236] die allgemeinen (schuldrechtlichen) Vorschriften anzuwenden. Da ein vor einer Verbraucherschlichtungsstelle geschlossener Vergleich einen Verbrauchervertrag darstellt, sind freilich stets die jeweiligen Verbraucherschutzbestimmungen zu berücksichtigen.

bb) Vollstreckbarkeit des Vergleichs – analoge Anwendung des § 794 Abs. 1 Nr. 1 ZPO?

Im Vorlauf zur Schaffung des VSBG wurde in der Literatur teilweise die Auffassung vertreten, dass Vergleiche, die vor einer Verbraucherschlichtungsstelle abgeschlossen werden, (wie solche, die vor von der Landesjustizverwaltung anerkannten Gütestellen zustande kommen) vollstreckbar sein sollten.[237] Dem ist der Gesetzgeber allerdings nicht gefolgt, sondern verzichtete offenbar bewusst auf eine entsprechende Regelung (z.B. durch Erweiterung des § 794 Abs. 1 Nr. 1

---

233 *Aust*, MietRB 2016, 336, 339; *Gössl*, NJW 2016, 838, 840.
234 Siehe oben unter § 3 B. I. 3. a) dd).
235 Siehe oben unter § 3 B. I. 3. a) ee).
236 Siehe oben unter § 3 B. I. 3. a) ff).
237 Schmidt-Kessel/*Prütting*, S. 157, 166; *Greger*, VuR 2015, 216, 218; *Kotzur*, VuR 2015, 243, 251.

ZPO), obwohl die ADR-Richtlinie die Vollstreckbarkeit von vor Verbraucherschlichtungsstellen geschlossener Vergleiche grundsätzlich erlaubt hätte (vgl. Art. 7 Abs. 1 o) der ADR-Richtlinie) und die Möglichkeit einer entsprechenden gesetzlichen Regelung somit auf der Hand lag. Insofern scheidet eine analoge Anwendung des § 794 Abs. 1 Nr. 1 ZPO bereits in Ermangelung einer planwidrigen Regelungslücke[238] aus, da nicht angenommen werden kann, dass der Gesetzgeber es ohne Bedacht versäumt hat, eine entsprechende Vollstreckbarkeitsvorschrift für Vergleiche nach dem VSBG zu erlassen.[239]

Um dem vor einer Verbraucherschlichtungsstelle geschlossenen Vergleich dennoch eine sofortige Vollstreckbarkeit zu verleihen, kommt es zwar grundsätzlich in Betracht, den Vergleich nach § 794 Abs. 1 Nr. 5 ZPO notariell beurkunden bzw. von einem deutschen Gericht protokollieren zu lassen oder als Anwaltsvergleich nach § 796a ZPO abzuschließen.[240] Ungeachtet der hierdurch zusätzlich anfallenden Kosten wird ein auf solche Weisen zustande gekommener Vergleichsschluss allerdings allein aufgrund des Mehraufwandes, den sowohl die am Verfahren beteiligten Verbraucher als auch die Unternehmer scheuen werden, in der Praxis kaum Relevanz haben. Weitaus attraktiver kann es demgegenüber für eine Verbraucherschlichtungsstelle sein, sich von der Landesjustizverwaltung eine Anerkennung als Gütestelle nach § 794 Abs. 1 Nr. 1 ZPO verleihen zu lassen, was jedenfalls in denjenigen Bundesländern[241] möglich ist, in denen Gütestellen entweder durch die Landesjustizverwaltung oder kraft Gesetzes anerkannt werden können.[242]

b) *Scheitern des Verfahrens*

Das Verbraucherschlichtungsverfahren ist gescheitert, wenn der Antragsteller seinen Antrag zurücknimmt oder der weiteren Durchführung des Verfahrens widerspricht (§ 15 Abs. 1 VSBG) oder der Antragsgegner der Schlichtung nicht beitritt oder diese nicht fortsetzen will (§ 15 Abs. 2 VSBG). Weder an die einigungslose Beendigung des Verfahrens durch den Antragsteller noch durch den

---

238 Zu den Voraussetzungen einer Analogie vgl. ausführlich *Meier/Jocham*, JuS 2016, 392, 395 ff.

239 Im Ergebnis ebenso *Gössl*, NJW 2016, 838, 840; Borowski/Röthemeyer/Steike/*Röthemeyer*, Teil II § 19 Rn. 90; a.A. *Aust*, MietRB 2016, 336, 339, ohne hierfür jedoch eine Begründung zu liefern.

240 Vgl. Schmidt-Kessel/*Prütting*, S. 157, 166 f.; Borowski/Röthemeyer/Steike/*Röthemeyer*, Teil II § 19 Rn. 94; *Riehm*, NJW 2017, 113, 117.

241 Zu den einzelnen Bundesländern siehe oben unter § 3 A. I. 1. b) Fn. 126.

242 Vgl. Borowski/Röthemeyer/Steike/*Röthemeyer*, Teil II § 19 Rn. 93.

Antragsgegner knüpft das VSBG besondere Voraussetzungen, was auf dem Prinzip der Freiwilligkeit fußt. Insofern handelt es sich bei der Regelung des § 15 Abs. 3 VSBG, wonach das Recht einer Partei, das Streitbeilegungsverfahren bei Vorliegen eines erheblichen Verfahrensmangels zu beenden, nicht beschränkt werden darf, nur um eine Klarstellung.[243]

Etwas anderes gilt für Unternehmer nach § 15 Abs. 2 VSBG allerdings dann, wenn Rechtsvorschriften, Satzungen oder vertragliche Abreden etwas anderes bestimmen, den Unternehmer mithin zur Teilnahme am Schlichtungsverfahren verpflichten. Ist ein Unternehmer etwa Mitglied im Trägerverein der vom Verbraucher angerufenen Schlichtungsstelle, kann er sich dem Verfahren nicht einseitig entziehen.[244] Andererseits besteht für den Unternehmer jedoch keine Pflicht zur aktiven Verfahrensteilnahme in Form von Stellungnahmen etc. Nach dem Willen des Gesetzgebers kann die Verfahrensordnung der Verbraucherschlichtungsstelle für diesen Fall vorsehen, dass die Schlichtungsstelle den Parteien anhand der Aktenlage einen Schlichtungsvorschlag unterbreiten darf.[245] Für Universalschlichtungsstellen ergibt sich diese Befugnis bereits aus § 30 Abs. 4 S. 2 VSBG.

Scheitert das Verbraucherschlichtungsverfahren, bezeichnet die Schlichtungsstelle gemäß § 21 Abs. 2 VSBG die schriftliche Mitteilung über den Ausgang des Verfahrens nach § 21 Abs. 1 VSBG (vgl. oben) als Erfolglosigkeitsbescheinigung i.S.d. § 15 Abs. 3 S. 3, Abs. 1 S. 2 EGZPO.

4. *Verfahrenskosten der privaten Verbraucherschlichtungsstellen*

Die ADR-Richtlinie sieht für Streitigkeiten zwischen Verbrauchern und Unternehmern in Art. 8 c) zwingend den für den Verbraucher kostenlosen Zugang zum Verbraucherschlichtungsverfahren vor. Lediglich eine „*Schutzgebühr*“ soll die Schlichtungsstelle erheben dürfen. Dem trägt § 23 Abs. 1 S. 1 VSBG Rechnung, wonach ein Verfahrensentgelt in Höhe von maximal 30,00 EUR vom Verbraucher nur verlangt werden kann, wenn sich dessen Schlichtungsantrag unter Berücksichtigung der gesamten Umstände als missbräuchlich gestaltet. Missbräuchlichkeit ist dabei vom in § 14 Abs. 1 Nr. 3 VSBG geregelten Ablehnungsgrund

243 Gesetzentwurf vom 09.06.2015, BT-Drs. 18/5089, S. 62.

244 Gesetzentwurf vom 09.06.2015, BT-Drs. 18/5089, S. 61 f. Demgegenüber ist eine AGB-Regelung nach der neuen Vorschrift des § 309 Nr. 14 BGB unwirksam, in der der Verbraucher dazu verpflichtet wird, vor Klageerhebung ein außergerichtliches Schlichtungsverfahren anzustrengen.

245 Gesetzentwurf vom 09.06.2015, BT-Drs. 18/5089, S. 61 f.

der Mutwilligkeit zu unterscheiden, der bereits bei der Geltendmachung eines verjährten und deswegen vom Unternehmer zurückgewiesenen Anspruchs vorliegt, den Schlichtungsantrag des in der Regel rechtsunkundigen Verbrauchers aber ersichtlich nicht missbräuchlich erscheinen lässt.[246]

Hat eine private Verbraucherschlichtungsstelle ihren Tätigkeitsbereich nach § 4 Abs. 3 Hs. 1 VSBG auf Schlichtungen zwischen Verbrauchern erweitert,[247] kann die Stelle auch von den beteiligten Verbrauchern ein angemessenes Entgelt verlangen, § 23 Abs. 1 S. 2 VSBG, wenn sie die Parteien hierauf gesondert hinweist (§ 23 Abs. 1 S. 2 Nr. 1 VSBG) und sich diese dennoch bereit erklären, das Schlichtungsverfahren zu betreiben (§ 23 Abs. 1 S. 2 Nr. 2 VSBG). Gegenüber beteiligten Unternehmern kann die Schlichtungsstelle gemäß § 23 Abs. 2 VSBG stets ein angemessenes Entgelt geltend machen, sofern diese am Streitbeilegungsverfahren freiwillig teilnehmen oder zur Teilnahme verpflichtet sind. Dabei soll die Stelle nach dem Willen des Gesetzgebers bei der Höhe des Entgelts nach dem Verfahrensverlauf, dem erforderlichen Aufwand oder dem Streitwert des Antrags differenzieren dürfen.[248] Nachdem das Entgelt in beiden genannten

246 Vgl. Borowski/Röthemeyer/Steike/*Steike*, Teil II § 23 Rn. 3.

247 Hinsichtlich eines solchen Verfahrens sind in der ADR-Richtlinie keine Vorgaben enthalten.

248 Gesetzentwurf vom 09.06.2015, BT-Drs. 18/5089, S. 65. Im Referentenentwurf zum VSBG vom 10.11.2014 war in § 29 Abs. 1 S. 1 noch eine Gebühr von 290,00 EUR vorgesehen, die in der Literatur teilweise für zu hoch empfunden wurde. Gerade in Bagatellfällen sei zu befürchten, dass eine solche Gebühr Unternehmer von der Teilnahme an einem Schlichtungsverfahren abhalten könnte. Im Falle einer aufgrund einer solchen Gebühr breiten Verfahrensablehnung seitens der Unternehmer könne dies im Extremfall den effet utile der ADR-Richtlinie berühren, vgl. Schmidt-Kessel/*Stürner*, S. 87, 107; Greger/Unberath/Steffek/*Greger*, § 23 VSBG Rn. 4; in die gleiche Richtung Schmidt-Kessel/*Schmidt-Kessel*, S. 10, 21; a.A. Althammer/Meller-Hannich/*Lohr*, § 23 Rn. 8, nach dem die Kostenstruktur zur Sicherstellung der Effektivität der ADR-Richtlinie zwar ebenfalls keine prohibitive Wirkung haben sollte, der die genannten 290,00 EUR jedoch als Orientierungspunkt heranziehen möchte. Greger/Unberath/Steffek/*Greger*, § 23 VSBG Rn. 5 gibt ferner zu bedenken, dass die einseitige Kostentragungspflicht der Unternehmer bei Streitbeilegungsstellen, die darum konkurrieren, von Unternehmern in Anspruch genommen zu werden, deren Unabhängigkeit beeinträchtigen könnten. Auch bestehe selbst im Falle eines für den Unternehmer positiven Ausgangs des Verfahrens die Gefahr, dass dieser sich einer Teilnahme an Schlichtungsverfahren eher verschließen werden, wenn der Verbraucher gleichzeitig kein Kostenrisiko trägt. Insofern wäre es vorzugswürdiger gewesen, das Verfahren vor Verbraucherschlichtungsstellen auch für den Unternehmer kostenfrei zu gestalten und für die Finanzierung Steuergelder, Kammer- oder Verbandsbeiträge zu verwenden oder

Fällen angemessen sein soll, dürfte eine solche Differenzierung der Schlichtungsstelle auch bei reinen Verbraucherstreitigkeiten zulässig sein.[249]

Wie hoch das Entgelt im Einzelfall anzusetzen ist, lässt sich § 23 VSBG nicht entnehmen. In der Literatur wird teilweise vertreten, dass ein angemessenes Entgelt kostendeckend sei.[250] Andere Stimmen wollen die für Universalschlichtungsstellen (zu diesen sogleich) geltenden Gebührensätze als Richtwerte verstanden wissen,[251] die nach dem Willen des Gesetzgebers im Durchschnitt aller Verfahren kostendeckend sein sollen.[252]

Hinsichtlich der Kosten eines Verfahrens vor einer Universalschlichtungsstelle der Länder (§§ 29 ff. VSBG) gelten nach § 31 VSBG dieselben Grundsätze (keine Kosten für den Verbraucher, außer maximal 30,00 EUR bei Missbräuchlichkeit, § 31 Abs. 3 VSBG; Kostentragungspflicht des Unternehmers, § 31 Abs. 1 VSBG). Im Unterschied zur Regelung des § 23 VSBG für private Verbraucherschlichtungsstellen sind in § 31 Abs. 1 S. 2 VSBG allerdings feste Gebührensätze vorgesehen, die sich nach dem Streitwert des Verfahrens richten, wobei die Universalschlichtungsstelle im Einzelfall bei Unbilligkeit auch niedrigere Gebühren verlangen darf, § 31 Abs. 2 S. 2 VSBG. Erkennt der Unternehmer den Anspruch des Verbrauchers sofort vollständig an, tritt nach § 31 Abs. 2 S. 1 Hs. 1 VSBG eine Gebührenermäßigung auf 75,00 EUR ein.

5. Besonderheiten der behördlichen Verbraucherschlichtungsstellen

Nach § 28 Abs. 1 VSBG gelten für behördliche Verbraucherschlichtungsstellen die Regelungen zur Zuständigkeit und zur Verfahrensordnung von privaten Verbraucherschlichtungsstellen (§§ 4 und 5 VSBG), zum Streitmittler (§§ 6, 7 (mit Ausnahme des Abs. 2) und 8 VSBG), zu den Informationspflichten (§ 10 VSBG), sowie zum Streitbeilegungsverfahren (§§ 11 – 22 VSBG, mit Ausnahme des § 12 (Verfahrenssprache; hier gilt § 23 VwVfG)[253], allerdings nur sinngemäß. Dies fußt auf der Einschätzung des Gesetzgebers, wonach viele Anforderungen der ADR-Richtlinie nicht vollständig auf behördliche Schlichtungsstellen passen. So

---

unternehmensgetragene Schlichtungsstellen einzubinden. Schmidt-Kessel/*Schmidt-Kessel*, S. 10, 21 hält die einseitige Benachteiligung der Unternehmer jedenfalls dann für unerheblich, wenn die Verfahrenskosten in Relation zur Abwicklung über die jeweilige Beschwerdeabteilung marginal seien.

249 Ebenso im Ergebnis Borowski/Röthemeyer/Steike/*Steike*, Teil II § 23 Rn. 7.

250 Borowski/Röthemeyer/Steike/*Steike*, Teil II § 23 Rn. 7.

251 *Buchmann*, WRP Die erste Seite 2016, Nr. 4; *Greger*, MDR 2016, 365, 368.

252 Gesetzentwurf vom 09.06.2015, BT-Drs. 18/5089, S. 71.

253 Borowski/Röthemeyer/Steike/*Röthemeyer*, Teil II § 28 Rn. 6.

sei etwa die Unabhängigkeit und Unparteilichkeit der Streitmittler schon durch die Anbindung an eine staatliche Stelle sowie durch die Bindung an Recht und Gesetzt gesichert.[254]

Hinsichtlich der Verfahrenskosten ist die Regelung des § 23 VSBG nicht anwendbar. Vielmehr gelten die jeweiligen spezialgesetzlichen Vorschriften der bereits existierenden behördlichen Verbraucherschlichtungsstellen (so etwa § 6 SchlichtVerfV für Verfahren nach § 14 Abs. 1 UKlaG).[255]

6. *Verfahrensstatistik*

a) *Verfahren vor Verbraucherschlichtungsstellen*

Nach einem Bericht des „*Schlichtungs-Forums*" vom 10.09.2017 wurden im Jahr 2016 bei den etwa zwanzig anerkannten Verbraucherschlichtungsstellen bundesweit ca. 62.800 Verfahren betrieben. Die Mehrzahl dieser Verfahren habe allerdings nicht in eine förmliche Streitschlichtung gemündet. Auch sei ein großer Teil der Anträge wegen Unzuständigkeit der Schlichtungsstelle oder anderer Versäumnisse der Antragsteller abgelehnt worden. Auffallend sei ferner gewesen, dass viele Antragsteller nicht, wie es erforderlich gewesen wäre, am Verfahren mitgewirkt hätten, so dass Verfahren nicht weiter betrieben werden konnten. Zudem hätten sich in zahlreichen Fällen die Unternehmer nicht am Verfahren beteiligt. Teilweise hätten sich Schlichtungsverfahren auch dadurch erledigt, dass sich die Parteien außerhalb des Verfahrens einigten oder der Antragsteller bereits mit der Darlegung der Rechtslage zufrieden war.[256] Ein ähnliches Bild zeichnet ein Bericht des „*Schlichtungs-Forums*" vom 28.02.2018 für das Jahr 2017, in dem ca. 67.000 Verbraucherschlichtungsanträge gestellt worden seien. Festgestellt wird dort außerdem, dass Verbraucherschlichtungen häufig gerade in den Rechtsbereichen betrieben werden, in denen schon vor Inkrafttreten des VSBG Schlichtungsstrukturen existierten, wie etwa in den Bereichen Versicherung, Finanzen, Energieversorgung und Personenverkehr.[257]

---

254 Gesetzentwurf vom 09.06.2015, BT-Drs. 18/5089, S. 68.

255 Vgl. a.a.O.

256 https://www.schlichtungs-forum.de/neuigkeiten/verbraucherschlichtungsstellen-erledigen-ueber-60-000-verfahren, letzter Abruf: 06.01.2019.

257 https://www.schlichtungs-forum.de/neuigkeiten/verbraucherschlichtung-bleibt-hinter-den-erwartungen-zurueck, letzter Abruf: 06.01.2019.

b) Nutzung der Online-Streitbeilegungs-Plattform

Im ersten Betriebsjahr verzeichnete die Online-Streitbeilegungs-Plattform nach einem Bericht der Europäischen Kommission 24.000 eingereichte Beschwerden. Bei den mit Abstand meisten Beschwerden seien die Verbraucher oder Unternehmer aus Deutschland sowie dem Vereinigten Königreich gekommen. Inhaltlich sei es bei den meisten Beschwerden um Verträge bezüglich Kleidung und Schuhe (11,5 %), Flugtickets (8,5 %) und Waren aus dem Bereich der Informations- und Kommunikationstechnologie (8 %) gegangen. Dabei seien den Beschwerden maßgeblich Probleme mit der Lieferung der Waren (21 %), die Nichteinhaltung der Auftragsbedingungen (15 %) sowie Probleme mit mangelhaften Waren (12 %) zugrundegelegen. In 85 % der Beschwerdefälle sei das Verfahren automatisch geschlossen worden, nachdem es den Parteien nicht gelungen war, sich innerhalb von 30 Tagen auf eine Streitbeilegungsstelle zu einigen, wobei in 44 % der Fälle eine Einigung zwischen den Parteien außerhalb der Plattform hätte erzielt werden können. Lediglich 2 % der eingereichten Beschwerden seien tatsächlich einer Streitbeilegungsstelle vorgelegt worden, wovon jedoch nur die Hälfte von der angerufenen Stelle angenommen worden sei. Als Hauptgründe für die Ablehnungen werden Unzuständigkeit und die Säumnis des Verbrauchers genannt, mit dem Unternehmer vor Beschwerdeeinreichung Kontakt aufzunehmen. Somit sei es nur in weniger als 1 % der Beschwerdefälle zu einer Einigung vor einer Streitbeilegungsstelle gekommen.[258]

III. Exkurs: Umsetzung der ADR-Richtlinie in anderen EU-Ländern am Beispiel von Österreich und Frankreich

1. Österreich

In Österreich wurde die ADR-Richtlinie mit dem „*Alternative-Streitbeilegung-Gesetz*" umgesetzt. Nach dessen § 4 Abs. 1 Nr. 1 bis 8 existieren insgesamt acht Schlichtungsstellen, wobei die Schlichtungsstelle für Verbrauchergeschäfte (§ 4 Abs. 1 Nr. 8) gemäß § 4 Abs. 2 als Auffangschlichtungsstelle fungiert. Die Teilnahme an Verfahren vor diesen Schlichtungsstellen ist nach § 13 prinzipiell kostenlos, wobei die Verfahrensregeln der Schlichtungsstellen vorsehen können, dass Verbraucher bei Verfahrenseinleitung einen „*geringfügigen Beitrag*

---

258 Bericht der Kommission an das Europäische Parlament und den Rat über die Funktionsweise der nach der Verordnung (EU) Nr. 524/2013 über die Online-Beilegung verbraucherrechtlicher Streitigkeiten eingerichteten Europäischen Plattform zur Online Beilegung von Streitigkeiten vom 13.12.2017, COM(2017) 744 final.

zu den Verfahrenskosten" leisten müssen, §§ 13, 6 Abs. 5. Das österreichische Sozialministerium ließ mitteilen, dass im ersten Halbjahr nach Inkrafttreten des Alternative-Streitbeilegung-Gesetzes 3.500 Schlichtungsverfahren bei einer Einigungsquote von 63 % bearbeitet worden seien.[259]

Die Hemmung der Verjährung des geltend gemachten Anspruchs ist – anders als im deutschen Recht – unmittelbar im Alternative-Streitbeilegung-Gesetz in § 18 geregelt. Danach tritt eine Verjährungshemmung durch das „*Einbringen einer Beschwerde und die gehörige Fortsetzung eines Verfahrens vor einer zuständigen Schlichtungsstelle*" ein. Ausweislich des Wortlauts der Norm spielt für die Verjährungshemmung mithin auch das Betreiben des Verfahrens eine Rolle. Demgegenüber tritt im deutschen Recht die Verjährungshemmung nach § 204 Abs. 1 Nr. 4 BGB bereits mit der Veranlassung der Bekanntgabe des Güteantrags gegenüber dem Antragsgegner ein. Im Übrigen hemmt im deutschen Recht auch ein bei einer unzuständigen Streitbeilegungsstelle gestellter Güteantrag die Verjährung.[260]

2. *Frankreich*

In Frankreich wurde die ADR-Richtlinie in den Art. L151-1 bis L157-2 sowie Art. R152-1 bis R156-2 des „*Code de la Consommation*" umgesetzt. Anders als in Deutschland können Streitbeilegungsstellen gemäß Art. L152-1 unmittelbar beim jeweiligen Unternehmer eingerichtet werden, wobei der Verbraucher auch Schlichtungsstellen auswählen darf, die für gewisse Wirtschaftsbereiche explizit vorgesehen sind. Eigene, vom Unternehmer angestellte Streitschlichter werden nach Art. L153-2 a) in einem transparenten Verfahren von einem aus Vertretern der Verbraucherverbände und des Unternehmers zusammengesetzten Gremiums bestimmt und unterliegen gewissen Einschränkungen. So dürfen unternehmenseigene Streitschlichter nach Ende ihrer Amtszeit für die Dauer von mindestens drei Jahren weder für das Unternehmen noch für dessen Berufsverband tätig werden, Art. L153-2 b). Ferner schreibt Art. L153-2 c) eine klare hierarchische, funktionale und operative Abgrenzung zwischen dem Unternehmen und dem Streitschlichter vor. Ebenso wie in Österreich entstehen für den Verbraucher keine Verfahrenskosten, Art. R152-1 b).

---

259 Mitteilung des Sozialministeriums vom 11.07.2016, https://www.sozialministerium.at/site/Service_Medien/Presse/Presseaussendungen/Verbraucherschlichtung_Zwei_von_drei_Faelle_einvernehmlich_geloest, letzter Abruf: 06.01.2019.

260 Siehe zum Ganzen unter § 4 D.

Die durch ein Streitbeilegungsverfahren bewirkte Verjährungshemmung ist in Art. 2238 des Code civil geregelt. Danach soll eine Hemmung an dem Tag eintreten, an dem sich die Parteien auf die Durchführung eines Streitbeilegungsverfahrens einigen bzw. – ohne schriftliche Vereinbarung – ab dem Tag der ersten Schlichtungssitzung. Auf einen Güteantrag kommt es mithin nicht an. Beim Fehlen einer schriftlichen Vereinbarung verlagert sich der Zeitpunkt der Verjährungshemmung im Vergleich zum deutschen Recht in zeitlicher Hinsicht insofern erheblich nach hinten.

§ 4 Verjährungshemmung nach § 204 Abs. 1 Nr. 4 BGB

A. Zweck der Vorschrift

I. Zweck der Verjährung von Ansprüchen

Dass Ansprüche der Verjährung unterliegen, ist folgenden grundsätzlichen Erwägungen geschuldet:

> Zum einen soll für den Schuldner zu dessen Schutz nach einer gewissen Zeit Klarheit herrschen, ob gegen ihn bestehende Ansprüche vom Gläubiger noch durchgesetzt werden können oder nicht. Ab einem bestimmten Zeitpunkt soll der Schuldner mit Hilfe der Verjährungseinrede davor geschützt werden, sich gegen lange in der Vergangenheit entstandene Ansprüche verteidigen und diesbezüglich das Risiko tragen zu müssen, für ihn günstige Tatsachen nicht mehr beweisen zu können.[261] So können Beweismittel für den Schuldner etwa nach gewisser Zeit nicht mehr erreichbar sein oder Zeugen sich nicht mehr an für den Schuldner erhebliche Vorgänge erinnern.[262] Besonders nachteilig gestaltet sich eine solche Beweisnot naturgemäß in Fällen, in denen sich der Gläubiger auf eine gesetzliche oder tatsächliche Vermutung berufen kann und der Schuldner insofern beweisbelastet ist.[263] Zwar trägt regelmäßig auch der Gläubiger Beweisrisiken. Da er es jedoch in der Hand hat, seinen Anspruch rechtzeitig durchzusetzen, ist er weitaus weniger schutzbedürftig. Denn der Schuldner kann eine endgültige Erledigung des Anspruchs nur mit Hilfe einer negativen Feststellungsklage herbeiführen, die nur zulässig ist, wenn der Gläubiger sich des Anspruchs berühmt.[264]

Zum anderen wird die über einen gewissen Zeitraum nicht erfolgende Anspruchsdurchsetzung als Desinteresse des Gläubigers aufgefasst, was ein Indiz dafür sei, dass der Anspruch entweder tatsächlich nicht besteht oder bereits erledigt ist.[265] Auch soll der Schuldner nach Auffassung des Gesetzgebers

---

261 BGH, Urt. v. 29.01.2008 - XI ZR 160/07, NJW 2008, 1729, 1731; Urt. v. 18.11.1982 - IX ZR 91/81, NJW 1983, 388, 389 f.; MüKo BGB/*Grothe*, Vor § 194 Rn. 6; *Piekenbrock*, S. 501; Staudinger/*Peters/Jacoby*, Vorb. zu §§ 194–205 Rn. 5; *Zimmermann*, JZ 2000, 853, 854; *Regenfus*, NJW 2016, 2977.

262 Gesetzentwurf vom 14.05.2001, BT-Drs. 14/6040, S. 96.

263 A.a.O.

264 BGH, Urt. v. 13.06.2012 - I ZR 228/10, GRUR 2012, 1273. Ein selbständiges Beweisverfahrens kann der Schuldner überdies ebenfalls nur anstrengen, wenn er von einem gegen ihn bestehenden Anspruch Kenntnis hat, vgl. *Regenfus*, NJW 2016, 2977, 2978.

265 BGH, Urt. v. 18.11.1982 - IX ZR 91/81, NJW 1983, 388, 389 f.; MüKo BGB/*Grothe*, Vor § 194 Rn. 6; *Zimmermann*, JZ 2000, 853, 854, 857; *Regenfus*, NJW 2016, 2977.

nach Ablauf einer gewissen Zeit darauf vertrauen dürfen, dass ein gegen ihn bestehender Anspruch seitens des Gläubigers nicht mehr geltend gemacht wird. Vom Schuldner könne nicht verlangt werden, sich über einen langen Zeitraum hinweg zur Anspruchserfüllung bereitzuhalten und ggf. diesbezügliche Vorkehrungen zu treffen. Schließlich trage der Schuldner in diesem Zusammenhang u.U. das Risiko, im Laufe der Zeit Regressansprüche gegen Dritte zu verlieren, z.B., weil diese zwischenzeitlich zahlungsunfähig geworden sind oder sich ihrerseits auf Verjährung berufen können.[266]

Ferner liegt der Sinn und Zweck der Anspruchsverjährung im spätestens nach Ablauf der Verjährungsfrist eintretenden Rechtsfrieden, der Rechtssicherheit, der Entlastung der Gerichte sowie dem Interesse des Rechtsverkehrs an einer beschleunigten Abwicklung, mithin im überindividuellen Interesse.[267]

II. Zweck der Verjährungshemmung von Rechtsverfolgungsmaßnahmen nach § 204 Abs. 1 Nr. 1 bis 14 BGB

Ergreift der Gläubiger vor dem Ablauf von Verjährungsfristen eine der in § 204 Abs. 1 Nr. 1 bis 14 BGB abschließend aufgezählten Maßnahmen, die entweder auf eine Anspruchsdurchsetzung oder jedenfalls auf eine Anspruchsanmeldung gerichtet sind, wird der Schuldner hinsichtlich des Anspruchs gewarnt, dessen sich der Gläubiger berühmt und den dieser nunmehr ernsthaft geltend machen will. Der Schuldner ist dann gehalten, sich auf die Verteidigung gegen den Anspruch einzurichten und ihm dienliche Beweise sicherzustellen.[268]

---

266 Gesetzentwurf vom 14.05.2001, BT-Drs. 14/6040, S. 96.

267 Gesetzentwurf vom 14.05.2001, BT-Drs. 14/6040, S. 96, 100; BGH, Urt. v. 29.01.2008 – XI ZR 160/07, NJW 2008, 1729, 1731; Urt. v. 18.11.1982 – IX ZR 91/81, NJW 1983, 388, 389 f.; *Oetker*, S. 45; *Fries*, JZ 2016, 723, 726; *Zimmermann*, JZ 2000, 853, 854, 858; a.A. Staudinger/*Peters/Jacoby*, Vorb. zu §§ 194–205 Rn. 7; MüKo BGB/*Grothe*, Vor § 194 Rn. 7: Die Entlastung der Gerichte sei nicht Zweck der Verjährung, sondern lediglich ein positiver Nebeneffekt, ansonsten müsste die Verjährung von Amts wegen zu berücksichtigen sein. Ferner diene die Verjährung auch nicht dem Rechtsfrieden, da es Verbitterung erzeuge, wenn ein offensichtlich begründeter Anspruch nur aufgrund Verjährungseintritts nicht mehr durchgesetzt werden kann. Der in der Literatur diskutierten Frage, welcher der genannten Aspekte vorrangig sein soll, wird an dieser Stelle mangels Relevanz nicht nachgegangen (*Fries*, JZ 2016, 723, 726: Rechtssicherheit; Staudinger/Peters/*Jacoby*, Vorb. zu §§ 194–205 Rn. 5, 7; *Regenfus*, NJW 2016, 2977: Schuldnerschutz).

268 Vgl. BGH, Urt. v. 18.06.2015 – III ZR 198/14, NJW 2015, 2407, 2408 f.; *Regenfus*, NJW 2016, 2977, 2978.

Insofern wird es dem Schuldner dann zugemutet, dass der Gläubiger aufgrund eingetretener Verjährungshemmung seinen Anspruch jedenfalls für eine gewisse Zeit nach Ablauf der eigentlichen Verjährungsfrist noch durchsetzen kann. Denn in diesem Fall ist der Schutz desjenigen Gläubigers vorrangig, der gewillt ist, seinen Anspruch rechtzeitig vor Ablauf der Verjährungsfrist durchzusetzen, ohne einer unterdessen eintretenden Verjährung ausgesetzt zu sein.[269]

III. Zweck des § 204 Abs. 1 Nr. 4 BGB

Nach der ursprünglichen Intention des Gesetzgebers soll ein Gläubiger vor einer drohenden Anspruchsverjährung geschützt werden, wenn er ein förmliches Verfahren mit dem Ziel der Anspruchsdurchsetzung einleitet.[270] Der Gläubiger soll keinen Nachteil dadurch erleiden, dass er vor der Beschreitung des Rechtsweges freiwillig eine einvernehmliche Streitbeilegung anstrebt,[271] bzw. im Falle der obligatorischen Streitschlichtung gemäß § 15a Abs. 1 EGZPO hierzu verpflichtet ist.[272] Zudem sollen die ordentlichen Gerichte nach der ratio der durch die Anrufung einer Streitbeilegungsstelle eröffneten Konfliktbewältigungsmöglichkeit auch eine Entlastung erfahren, was erst Recht dann gilt, wenn die Streitigkeit von den Parteien tatsächlich vor der angerufenen Streitbeilegungsstelle gütlich beendet wird.[273]

Tatsächlich hat der Gesetzgeber mit § 204 Abs. 1 Nr. 4 BGB Gläubigern von verjährungsbedrohten Ansprüchen aber insbesondere eine Möglichkeit an die Hand gegeben, die drohende Anspruchsverjährung unkompliziert und kostengünstig hinauszuzögern. Für den Gläubiger bietet die Vorschrift dabei den Vorteil, seinen Anspruch nicht zwangsläufig gerichtlich geltend machen zu müssen, wenn eine gerichtliche Auseinandersetzung (noch) nicht gewünscht ist oder die verbleibende Zeit bis zur Verjährung des Anspruchs nicht ausreicht, eine u.U. umfangreiche Klagschrift anzufertigen und der Anspruchsgegner sich einem Verjährungsverzicht verschließt.

---

269 BeckOGK BGB/*Meller-Hannich*, Stand: 01.12.2018, § 204 Rn. 2; MüKo BGB/*Grothe*, § 204 Rn. 2; *Regenfus*, NJW 2016, 2977, 2978.

270 Gesetzentwurf vom 14.05.2001, BT-Drs. 14/6040, S. 112; vgl. auch BGH, Urt. v. 06.07.1993 – VI ZR 306/92, NJW-RR 1993, 1495, 1496.

271 Vgl. Gesetzentwurf vom 04.05.1999, BT-Drs. 14/980, S. 5; BGH, Urt. v. 06.07.1993 – VI ZR 306/92, NJW-RR 1993, 1495; *Duchstein*, NJW 2014, 342, 343.

272 *Staudinger/Eidenmüller*, NJW 2004, 23, 24; *Klose*, NZBau 2012, 80, 83; *Duchstein*, NJW 2014, 342, 343.

273 Vgl. Gesetzentwurf vom 04.05.1999, BT-Drs. 14/980, S. 5; *Assies/Faulenbach*, BKR 2015, 89, 90; *Wesche*, ZRP 2004, 49, 50; *Duchstein*, NJW 2014, 342, 343.

IV. Kritik in der Literatur

Die Vorschrift des § 204 Abs. 1 Nr. 4 BGB wird in der Literatur insoweit teilweise kritisch gesehen, als dass von ihr auch nicht-obligatorische Güteverfahren vor staatlichen oder staatlich anerkannten Streitbeilegungsstellen erfasst werden, da in der Rechtspraxis kurz vor Verjährungseintritt gestellte Güteanträge ohnehin keine ernsthaften Einigungschancen böten, die sich nicht ebenso durch ein schlichtes Telefongespräch erzielen ließen. Es gebe für gewöhnlich keinen rationalen Grund, weshalb sich ein Anspruchsgegner bei einem am 31. Dezember gestellten Güteantrag einem Güteverfahren verweigern, diesem aber nach Bekanntgabe des Güteantrags im neuen Jahr zustimmen sollte. Insofern sei es ein Irrtum zu glauben, dass es einen rechtspraktischen Bedarf für eine Hemmung der Verjährung in Fällen gebe, wo der Güteantrag an Silvester gestellt wird. In derlei Fällen habe es der Antragsteller schließlich selbst in der Hand, beim Antragsgegner nachzufragen, ob dieser an einem Streitbeilegungsverfahren teilnehmen möchte. Falls ja, greife die Verjährungshemmungswirkung des § 203 BGB, falls nein, sollte auch die Vorschrift des § 204 BGB nicht helfen, was weder den Rechtsfrieden gefährden noch die Justiz belasten würde.[274]

Dieser Kritik ist entgegenzuhalten, dass ein Gläubiger, der (zunächst) gewillt ist, mit dem Schuldner eine gütliche Einigung zu finden, bevor er seinen Anspruch gerichtlich geltend macht, dessen Anspruch aber mit Schluss des Jahres zu verjähren droht, nur durch das Stellen eines (wirksamen) Güteantrags die Möglichkeit hat, am 31. Dezember eine Verjährungshemmung risikolos zu bewirken. Schließlich ist er für eine Verjährungshemmung durch „*Verhandlungen*“ nach § 203 BGB darauf angewiesen, dass der Schuldner auf seine Anfrage (rechtzeitig) reagiert und diese Reaktion als „*Verhandeln*“ im Sinne des § 203 BGB zu werten ist. Dieses Risiko würde kein Gläubiger am Vortag des Verjährungseintritts eingehen. Vielmehr würde er in diesem Fall – ohne die Möglichkeit einer Güteantragstellung nach § 204 Abs. 1 Nr. 4 BGB – sicherheitshalber regelmäßig entweder einen Mahnbescheid beantragen oder Klage erheben. Es ist nicht einzusehen, warum der Gläubiger (auch am 31. Dezember) nicht wenigstens den Versuch einer gütlichen Einigung unternehmen können sollte, ohne dabei eine Anspruchsverjährung zu riskieren. Insofern ist es verfehlt, § 204 Abs. 1 Nr. 4 BGB in Bezug auf nicht-obligatorische Güteverfahren die Daseinsberechtigung abzusprechen.

---

274 *Fries*, JZ 2016, 723, 728; kritisch auch *Eidenmüller*, SchiedsVZ 2003, 163, 168; *Wagner*, BKR 2013, 108, 110.

B. Person des Antragstellers

I. Güteantrag des Schuldners

Vor Neufassung des § 204 Abs. 1 Nr. 4 BGB im Jahre 2016[275] war in der Literatur umstritten, ob ein Güteantrag des Schuldners die Verjährung des gegen ihn gerichteten Anspruchs zur Folge hat. Nach der damals h.M. trat die Verjährungshemmung nur durch einen Güteantrag des Gläubigers oder eines von Schuldner und Gläubiger gemeinsam gestellten Güteantrags ein, nicht hingegen bei einem lediglich vom Schuldner gestellten Antrag,[276] der – wie eine vom Schuldner erhobene negative Feststellungsklage – keine Rechtsverfolgung des Gläubigers darstelle, sondern nur dessen Verteidigung zur Folge habe. Die Verjährungshemmungstatbestände des § 204 knüpften aber ausschließlich an den erkennbaren, aktiven Rechtsverfolgungswillen des Gläubigers an.[277]

Demgegenüber wollte eine Mindermeinung in der Literatur auch dem nur vom Schuldner gestellten Güteantrag verjährungshemmende Wirkung nach § 204 Abs. 1 Nr. 4 BGB zukommen lassen. So könne ein Vergleich mit der negativen Feststellungsklage nicht gezogen werden, da das Güteverfahren – im Gegensatz zur negativen Feststellungsklage – auf eine einvernehmliche Lösung abziele und dem Grundgedanken des § 203 BGB Rechnung zu tragen sei.[278] Demgemäß wurde auch eingewandt, dass, da das Güteverfahren keine Rechtsverfolgung im klassischen Sinne darstelle, sondern schwerpunktmäßig auf eine gütliche Einigung gerichtet sei, es im Falle einer Beteiligung des Gläubigers am Einigungsversuch für die Verjährungshemmung keine Rolle spielen könne, ob nur der Schuldner den Güteantrag gestellt hat oder der Gläubiger pro forma selbst noch einen Güteantrag nachschiebt.[279]

Für die letztgenannte Auffassung sprach jedenfalls der Wortlaut des § 204 Abs. 1 Nr. 4 BGB a.F., der sich zur Person des Antragstellers nur hinsichtlich eines Güteverfahrens vor einer sonstigen Gütestelle (einvernehmliche

---

275 Siehe oben unter § 2 A. VII. 3.

276 Staudinger/*Peters/Jacoby*, § 204 Rn. 60; Palandt/*Ellenberger*, § 204 Rn. 19.

277 NK BGB AT/*Mansel*, § 204 Rn. 81; MüKo BGB/*Grothe*, § 204 Rn. 35; im Ergebnis ebenso: BeckOK BGB/*Henrich*, Stand: 01.11.2018, § 204 Rn. 30; *Löhner*, S. 108; vgl. auch BGH, Urt. v. 06.07.1993 – VI ZR 306/92, NJW-RR 1993, 1495, 1496; Urt. v. 29.04.1993 – III ZR 115/91, NJW 1993, 1847, 1848; Urt. v. 26.03.1981 – VII ZR 160/80, NJW 1981, 1953, 1954; Urt. v. 08.06.1978 – VII ZR 54/76, NJW 1978, 1975, 1976.

278 MüKo ZPO/*Gruber*, § 15a EGZPO Rn. 53.

279 *Friedrich*, NJW 2003, 1781, 1783.

Antragstellung) äußerte, in Bezug auf Verfahren vor einer eingerichteten oder anerkannten Gütestelle jedoch keine ausdrückliche Einschränkung aufstellte. Nachdem die Vorschrift des § 204 Abs. 1 Nr. 4 BGB n.F. nunmehr aber auf einen Antrag abstellt, „*mit dem der Anspruch geltend gemacht wird*", ist die genannte Mindermeinung nicht mehr zu halten. Denn „*einen Anspruch geltend machen*" kann selbstverständlich nur derjenige, der Anspruchsinhaber ist.[280]

II. Einvernehmliche Antragstellung gemäß § 204 Abs. 1 Nr. 4 Hs. 1 b) BGB

Wird ein Güteantrag bei einer „*anderen Streitbeilegungsstelle*"[281] nach § 204 Abs. 1 Nr. 4 Hs. 1 b) BGB eingereicht (mithin bei einer Streitbeilegungsstelle, die weder staatlich noch staatlich anerkannt ist, § 204 Abs. 1 Nr. 4 Hs. 1 a) BGB), kommt dem Antrag nur dann verjährungshemmende Wirkung zu, wenn das Verfahren im Einvernehmen mit dem Antragsgegner betrieben wird. Die Parteien unternehmen einen einvernehmlichen Schlichtungsversuch, wenn sie den Schlichtungsantrag entweder gemeinsam stellen oder der Antragsgegner sich dem Antrag des Antragstellers anschließt.[282]

Gemäß § 15a Abs. 3 S. 2 EGZPO wird das Einvernehmen unwiderleglich vermutet, wenn ein Verbraucher eine branchengebundene Gütestelle oder eine Gütestelle der Industrie- und Handelskammer, der Handwerkskammer oder der Innung anruft.[283] Ein solches Einvernehmen besteht zwischen den Parteien

---

280 Vgl. BeckOGK BGB/*Meller-Hannich*, Stand: 01.12.2018, § 204 Rn. 170; Borowski/Röthemeyer/Steike/*Borowski/Steike*, Teil III, Art. 6, § 204 BGB Rn. 5.

281 Zu den anderen Streitbeilegungsstellen nach § 204 Abs. 1 Nr. 4 Hs. 1 b) BGB siehe oben unter § 3 A. II.

282 JurisPK-BGB/*Lakkis*, Stand: 19.01.2018, § 204 Rn. 76.

283 Ganz h.M., vgl. BGH, Urt. v. 17.01.2017 – VI ZR 239/15, NJW 2017, 1897, 1880; OLG Oldenburg, Urt. v. 10.03.2011 – 8 U 56/10, BeckRS 15968; MüKo BGB/*Grothe*, § 204 Rn. 35; BeckOK BGB/*Henrich*, Stand: 01.11.2018, § 204 Rn. 27; BeckOGK BGB/*Meller-Hannich*, Stand: 01.12.2018, § 204 Rn. 178; Staudinger/*Peters/Jacoby*, § 204, Rn. 59; *Tiedemann*, VuR 2014, 387; a.A. Greger/Unberath/Steffek/*Greger*, D. Rn. 123, der die Anwendung des § 15a Abs. 3 S. 2 EGZPO in diesem Zusammenhang für fragwürdig hält, da die Vorschrift lediglich die Einbeziehung der dort genannten Gütestellen in die obligatorische Schlichtung nach § 15a EGZPO regele. Die Erstreckung der Vorschrift auf die Verjährungsregelung des § 204 Abs. 1 Nr. 4 Hs. 1 b) BGB sei insofern systematisch verfehlt und geeignet, Rechtsunsicherheit auszulösen. Im Übrigen versage diese Fiktion bei der Anrufung einer nicht branchen-, sondern unternehmensgebundenen Streitbeilegungsstelle. Dieser Auffassung ist mit der h.M. jedoch entgegenzuhalten, dass die Anwendung des § 15a Abs. 3 S. 2 EGZPO auf Fälle des § 204 Abs. 1 Nr. 4 Hs. 1

ferner auch im Falle einer vertraglich vereinbarten Verpflichtung, im Streitfall ein Schlichtungsverfahren vor einer Streitbeilegungsstelle i.S.d. § 204 Abs. 1 Nr. 4 BGB durchzuführen.[284] Zu beachten ist hier jedoch § 309 Nr. 14 BGB, wonach eine AGB-Klausel unwirksam ist, die es dem Verbraucher erst dann gestattet, seine Ansprüche gegen den Verwender gerichtlich geltend zu machen, nachdem er eine gütliche Einigung in einem Verfahren zur außergerichtlichen Streitbeilegung versucht hat. Eine auf ein Einvernehmen nach § 204 Abs. 1 Nr. 4 Hs. 1 b) BGB gerichtete Abrede kann im unternehmerischen Geschäftsverkehr mit Verbrauchern mithin nur individualvertraglich vereinbart werden bzw. ist im Falle einer Regelung in AGB nur für den Unternehmer bindend. Da eine solche Klausel, die einen vor Beschreitung des Klageweges angestrengten Einigungsversuch vor einer außergerichtlichen Streitbeilegungsstelle für beide Vertragsteile vorschreibt, in personeller Hinsicht teilbar ist, kann eine Ausnahme vom Verbot der geltungserhaltenden Reduktion[285] angenommen werden, so dass zwar der Unternehmer und Verwender der AGB seiner eigenen Regelung unterworfen ist, der Verbraucher demgegenüber aber nicht. Dies folgt aus dem Grundsatz, dass eine Inhaltskontrolle von AGB-Regelungen als Ausgleich für die einseitige Inanspruchnahme der Vertragsfreiheit durch den Verwender nur zugunsten des Vertragspartners stattfindet.[286] Auch besteht kein Grund, den Unternehmer vor seiner von ihm selbst geschaffenen AGB-Klausel zu schützen.[287]

---

b) BGB dem ausdrücklichen Willen des Gesetzgebers entspricht, vgl. Gesetzentwurf v. 11.05.2001, BR-Drs. 338/01, S. 255 sowie Gesetzentwurf vom 14.05.2001, BT-Drs. 14/6040, S. 114.

284 MüKo BGB/*Grothe*, § 204 Rn. 35; *Greger/von Münchhausen*, S. 13 Rn. 38.

285 Vgl. hierzu die st. Rspr. des BGH, Urt. v. 06.04.2005 – VIII ZR 27/04, NJW 2005, 1574, 1576; Urt. v. 30.11.2004 – XI ZR 200/03, NJW 2005, 1275, 1277; Urt. v. 13.02.2001 – XI ZR 197/00, NJW 2001, 1419, 1421; Urt. v. 13.07.1994 – IV ZR 107/93, NJW 1994 2693, 2695; Urt. v. 16.05.1990 – IV ZR 137/89, NJW 1990, 2388; Urt. v. 17.05.1982 – VII ZR 316/81, NJW 1982, 2309, 2310.

286 BAG, Urt. v. 27.10.2005 – 8 AZR 3/05, NZA 2006, 257, 258; BGH, Urt. v. 14.07.1987 – X ZR 38/86, NJW 1987, 2818, 2820; Urt. v. 04.12.1986 – VII ZR 354/85, NJW 1987, 837, 838; OLG Düsseldorf, Urt. v. 28.04.1999 – 11 U 69/98, NJW-RR 2000, 279, 284; BeckOGK BGB/*Bonin*, Stand: 01.11.2018, § 306 Rn. 23; a.A. *von Bernuth*, BB 1999, 1284 ff.

287 BAG, Urt. v. 27.10.2005 – 8 AZR 3/05, NZA 2006, 257, 258; BGH, Urt. v. 04.12.1986 – VII ZR 354/85, NJW 1987, 837, 838; OLG Düsseldorf, Urt. v. 28.04.1999 – 11 U 69/98, NJW-RR 2000, 279, 284; MüKo BGB/*Basedow*, § 306 Rn. 26; BeckOGK BGB/*Bonin*, Stand: 01.11.2018, § 306 Rn. 23.

C. Unzuständigkeit der Streitbeilegungsstelle

I. Abgrenzung zwischen unzulässigem und unwirksamem Güteantrag

Unterschieden werden muss zwischen einem unzulässigen und einem unwirksamen[288] Güteantrag. Bei der Zuständigkeit einer Streitbeilegungsstelle für einen bestimmten Güteantrag handelt es sich um eine Zulässigkeitsvoraussetzung des Antrags.[289]

II. Von der Landesjustizverwaltung eingerichtete oder anerkannte Gütestellen

1. Grundsatz

Im Falle der Anrufung einer unzuständigen Gütestelle soll der gestellte Güteantrag nach ganz h.M. gleichwohl verjährungshemmende Wirkung haben, was sowohl für die örtliche als auch für die sachliche Zuständigkeit gelte,[290] selbst wenn es sich um eine ausländische Gütestelle handelt.[291] Insofern müssen nach der Rechtsprechung des Bundesgerichtshofs dieselben Grundsätze wie bei der Erhebung einer Klage sowie der Einleitung eines Mahnverfahrens vor einem unzuständigen Gericht zur Anwendung kommen, was aus der gesetzgeberischen Entscheidung folge, die Verjährungshemmungstatbestände in § 209 BGB a.F. einer einheitlichen Regelung zu unterwerfen. Eine unzulässige Klage sei zur Verjährungshemmung aber geeignet, weil auch sie für den Schuldner den Rechtsverfolgungswillen des Gläubigers deutlich mache.[292] Auch stelle der

---

288 Zur Frage, unter welchen Umständen ein Güteantrag unwirksam sein kann, er mithin keine Rechtsfolgen auszulösen vermag, siehe unter § 4 G. II. und III.

289 Vgl. MüKo BGB/*Grothe*, § 204 Rn. 36.

290 BGH, Urt. v. 06.07.1993 – VI ZR 306/92, NJW-RR 1993, 1495, 1496; OLG Hamm, Urt. v. 26.4.2007 – 22 U 129/06, juris Rn. 122; OLG Saarbrücken, Urt. v. 14.05.2009 – 8 U 65/08 – 20, 8 U 65/08, juris Rn. 30; OLG Brandenburg, Urt. v. 03.03.2010 – 4 U 40/09, juris Rn. 95; NK BGB AT/*Mansel*, § 204 Rn. 82; MüKo BGB/*Grothe*, § 204 Rn. 36; JurisPK-BGB/*Lakkis*, Stand: 19.01.2018, § 204 Rn. 79; *May/Moeser*, NJW 2015, 1637, 1638; kritisch *Klose*, NZBau 2012, 80, 84; *Wagner*, BKR 2013, 108, 113.

291 *Friedrich*, NJW 2003, 1781, 1782; BeckOK BGB/*Henrich*, Stand: 01.11.2018, § 204 Rn. 27; *Greger/von Münchhausen*, S. 13 Rn. 37; a.A. offenbar Soergel/*Niedenführ*, § 204 Rn. 62.

292 St. Rspr., BGH, Urt. v. 08.01.2014 – XII ZR 12/13, NJW 2014, 920, 921; Urt. v. 24.05.2012 – IX ZR 168/11, NJW 2012, 2180, 2181; Urt. v. 26.03.1981 – VII ZR 160/80, NJW 1981, 1953, 1954; Urt. v. 20.12.1973 – III ZR 154/71, juris, Rn. 21.

Wortlaut des § 209 Abs. 2 Nr. 1a BGB a.F. keine Einschränkung zur Zuständigkeit der Gütestelle auf. Verjährungsvorschriften enthielten aber eine formale Regelung, die im Interesse der Rechtssicherheit grundsätzlich eng am Gesetzeswortlaut auszulegen seien.[293]

Peters/Jakoby weisen in diesem Zusammenhang zu Recht darauf hin, dass Gütestellen die Bekanntgabe des Güteantrags, welche zur Hemmung der Verjährung notwendig ist, nur dann veranlassen werden, wenn sie sich auch für zuständig erachten.[294] Die Frage der Hemmungswirkung eines bei einer unzuständigen Gütestelle angebrachten Güteantrags stellt sich in der Praxis mithin nur dann, wenn eine unzuständige Gütestelle sich entweder fälschlicherweise für zuständig hält oder trotz Kenntnis ihrer Unzuständigkeit der Gegenpartei den Güteantrag bekannt gibt.

Nach einer Mindermeinung in der Literatur soll ein bei einer unzuständigen Gütestelle gestellter Güteantrag allerdings nur dann verjährungshemmend wirken, wenn der Antragsteller die unzuständige Gütestelle nicht wider besseres Wissen anruft.[295] *Peters/Jacoby* wollen in derlei Fällen demgegenüber nicht auf diesen subjektiven Aspekt der Antragstellung abstellen, sondern einen objektiven Maßstab ansetzen. Hiernach würde es darauf ankommen, ob ein vor einer bewusst angerufenen unzuständigen Gütestelle geschlossener Vergleich wirksam wäre.[296] Wie bereits dargelegt,[297] ist ein solcher Vergleich stets wirksam, weshalb diese Auffassung zur Folge hätte, dass ein bewusst bei einer unzuständigen Gütestelle angebrachter Güteantrag auch stets die Verjährung des geltend gemachten Anspruchs hemmt (sofern der Antrag dem Antragsgegner von der Gütestelle bekannt gegeben wird).

Eingedenk der nach der Rechtsprechung des Bundesgerichtshofes bei Verjährungsvorschriften engen Auslegung am Wortlaut, dem eine subjektive Komponente der Antragstellung nicht zu entnehmen ist, ist die letztgenannte Meinung vorzugswürdig. Hierfür spricht zudem, dass der Schuldner auch im Falle der bewussten Anrufung einer unzuständigen Gütestelle den Rechtsverfolgungswillen des Gläubigers erkennen kann.[298] Dass die Verjährungshemmung in solchen

---

293 BGH, Urt. v. 06.07.1993 – VI ZR 306/92, NJW-RR 1993, 1495, 1496.

294 Staudinger/*Peters/Jacoby*, § 204, Rn. 61.

295 Palandt/*Ellenberger*, § 204 Rn. 19; JurisPK-BGB/*Lakkis*, Stand: 19.01.2018, § 204 Rn. 79.

296 Vgl. Staudinger/*Peters/Jacoby*, § 204, Rn. 25 zu einer bewusst beim falschen Gericht gestellten Klage.

297 Siehe oben unter § 3 B. I. 3. a) dd).

298 Vgl. Staudinger/*Peters/Jacoby*, § 204 Rn. 54.

Fällen letztendlich in den Händen der Gütestelle liegt, die einen Güteantrag, für den sie nicht zuständig ist, entweder dennoch dem Antragsgegner bekannt geben oder aber auch zurückweisen kann, muss der Antragsteller freilich in Kauf nehmen.

2. *Haftung der Streitbeilegungsstelle bei Bekanntgabe des Güteantrags trotz Un-zuständigkeit*

Fraglich ist, ob eine Streitbeilegungsstelle, die einen Güteantrag trotz ihrer Unzuständigkeit dem Antragsgegner zustellt und damit eine Hemmung der Verjährung des streitgegenständlichen Anspruchs bewirkt, dem Antragsgegner gegenüber schadensersatzpflichtig ist, wenn er sich bei Zurückweisung des Antrags durch die Streitbeilegungsstelle mangels eingetretener Hemmung auf die Anspruchsverjährung hätte berufen können.[299]

Als Anspruchsgrundlage kommt für einen solchen Anspruch grundsätzlich ein vertraglicher Schadensersatzanspruch nach § 280 Abs. 1 BGB wegen der Verletzung einer vertraglich geschuldeten Pflicht aus dem Schlichtungsvertrag in Betracht.[300] Eine jedenfalls fahrlässige Pflichtverletzung seitens der Streitbeilegungsstelle dürfte bei der Bekanntgabe eines Güteantrags trotz vorliegender Unzuständigkeit der Streitbeilegungsstelle jedenfalls unproblematisch gegeben sein. Problematisch ist allerdings, dass im Zeitpunkt der von der Streitbeilegungsstelle begangenen Pflichtverletzung ein Schlichtungsvertrag zwischen Antragsgegner und Streitbeilegungsstelle noch nicht geschlossen wurde. Vielmehr kommt ein solcher naturgemäß erst durch den Beitritt des Antragsgegners zum Schlichtungsverfahren zustande. Insofern muss hier auf die Grundsätze der culpa in contrahendo nach § 311 Abs. 2 BGB zurückgegriffen werden: In der Bekanntgabe des Güteantrags gegenüber dem Antragsgegner liegt gleichzeitig ein an den Antragsgegner gerichtetes Angebot (§ 145 BGB) der Streitbeilegungsstelle auf Abschluss eines Schlichtungsvertrages, so dass nach wohl h.M. der Tatbestand der Vertragsanbahnung gemäß § 311 Abs. 2 Nr. 2 BGB, der grundsätzlich weit auszulegen ist,[301] erfüllt sein dürfte, da die Streitbeilegungsstelle auf

---

299 Dies wird in der Literatur ohne Begründung teilweise angenommen, vgl. Borowski/Röthemeyer/Steike/*Borowski/Steike*, Teil III, Art. 6, § 204 BGB Rn. 11.

300 Unabhängig davon, ob nun ein entgeltlicher Geschäftsbesorgungsvertrag mit dienstvertraglichem Charakter nach §§ 675 Abs. 1, 611 BGB oder ein Dienstvertrag gemäß § 611 BGB vorliegt, siehe zu dieser Frage oben unter § 3 B. I. 1. b).

301 JurisPK-BGB/*Lapp*, Stand: 09.12.2016, § 311 Rn. 41; MüKo BGB/*Emmerich*, § 311 Rn. 45; BeckOK BGB/*Sutschet*, Stand: 01.11.2018, § 311 Rn. 48; Erman/*Kindl*, § 311 Rn. 21.

die Rechts- und Interessensphäre des Antragsgegners durch die Herbeiführung der Verjährungshemmung einwirkt.[302]

§§ 280 Abs. 1, 311 Abs. 2 Nr. 2 BGB sind mithin grundsätzlich taugliche Anspruchsgrundlage für einen Schadensersatzanspruch des Antragsgegners. Im umgekehrten Fall einer ungerechtfertigten Ablehnung eines Güteantrags durch die Streitbeilegungsstelle gilt naturgemäß Entsprechendes für einen Schadensersatzanspruch des Antragstellers, dessen Anspruch verjährt ist.[303]

III. Verbraucherschlichtungsstellen

1. Grundsatz

Verbraucherschlichtungsstellen müssen einen Schlichtungsantrag zwingend ablehnen, wenn einer der Ablehnungsgründe des § 14 Abs. 1 VSBG (bzw. des für Universalschlichtungsstellen geltenden § 30 Abs. 1 VSBG) gegeben ist, so z.B. bei Unzuständigkeit der Schlichtungsstelle (§ 14 Abs. 1 Nr. 1 VSGB bzw. § 30 Abs. 1 Nr. 1 VSBG). Ferner kann die Verfahrensordnung der Verbraucherschlichtungsstelle weitere (zwingende) Ablehnungsgründe vorsehen, § 14 Abs. 2 S. 1, § 30 Abs. 2 VSBG.[304]

Wird der gestellte Güteantrag von der Verbraucherschlichtungsstelle abgelehnt, weist sie den Antrag ohne Bekanntgabe an den Antragsgegner zurück, so dass auch keine Verjährungshemmung nach § 204 Abs. 1 Nr. 4 BGB eintritt.[305] Gibt eine unzuständige Verbraucherschlichtungsstelle einen Schlichtungsantrag dem Antragsgegner bekannt, obwohl ihre Unzuständigkeit einen gesetzlichen Ablehnungsgrund nach § 14 Abs. 1 Nr. 1 VSGB bzw. § 30 Abs. 1 Nr. 1 VSBG darstellt, gelten dieselben Grundsätze wie bei von der Landesjustizverwaltung eingerichteten oder anerkannten Gütestellen,[306] da die Vorschrift des § 204 Abs. 1 Nr. 4 BGB Gütestellen i.S.d. § 15a EGBGB und Verbraucherschlichtungsstellen

---

302 Vgl. MüKo BGB/*Emmerich*, § 311 Rn. 47; Palandt/*Grüneberg*, § 311 Rn. 23; BeckOGK BGB/*Herresthal*, Stand: 01.08.2018, § 311 Rn. 282; NK BGB SR/*Becker*, § 311 Rn. 43; Erman/*Kindl*, § 311 Rn. 21; a.A. Staudinger/*Feldmann/Löwisch*, § 311 Rn. 104, die ein Rücksichtnahmeschuldverhältnis nach § 311 Abs. 2 Nr. 2 BGB für den Fall verneinen, dass jemand einem anderen ungefragt ein Vertragsangebot unterbreitet, da es an der von der Vorschrift vorausgesetzten Rechtsgeschäftsähnlichkeit fehle.

303 So auch BGH, Urt. v. 17.01.2017 – VI ZR 239/15, VuR 2017, 354, 357.

304 Siehe oben unter § 3 B. II. 2. c).

305 Greger/Unberath/Steffek/*Greger*, § 4 VSBG Rn. 14; *Steike/Borowski*, VuR 2017, 218, 221.

306 Siehe oben unter § 4 C. II. 1.

nach dem VSBG vollkommen gleich behandelt. Somit bewirkt ein von einer unzuständigen Verbraucherschlichtungsstelle dem Antragsgegner bekannt gegebener Schlichtungsantrag die Verjährungshemmung des streitgegenständlichen Anspruchs, selbst wenn der Antragsteller die unzuständige Verbraucherschlichtungsstelle bewusst angerufen haben sollte. Gegen die Verbraucherschlichtungsstelle steht dem Antragsgegner in diesem Fall ggf. ein Schadensersatzanspruch nach §§ 280 Abs. 1, 311 Abs. 2 Nr. 2 BGB zu.[307]

2. *Exkurs: Verjährungshemmung bei Vorliegen eines sonstigen im VSBG genannten Ablehnungsgrundes*

Auch bei Vorliegen eines sonstigen in § 14 Abs. 1 und 2 VSBG bzw. § 30 Abs. 1 VSBG genannten Ablehnungsgrundes (z.B. keine vorherige Geltendmachung des Anspruchs gegenüber dem Antragsgegner, Aussichtslosigkeit des Antrags, der Streitwert überschreitet oder unterschreitet eine bestimmte Höhe), der zur Unzulässigkeit des Schlichtungsantrages führt, und der dennoch erfolgten Antragsbekanntgabe ist von einer Verjährungshemmung des vom Antragsteller geltend gemachten Anspruchs auszugehen: Denn die oben aufgeführten Erwägungen, die in Bezug auf die Verjährungshemmung für die Unbeachtlichkeit des Anrufens einer unzuständigen Streitbeilegungsstelle sprechen,[308] kommen auch bei den im VSBG genannten Ablehnungsgründen zum Tragen, nach denen ein Schlichtungsantrag als unzulässig zurückzuweisen ist: So verdeutlicht ein unzulässiger Schlichtungsantrag – wie eine unzulässige Klage, der nach h.M. dennoch verjährungshemmende Wirkung zukommt – dem Schuldner gleichwohl den Rechtsverfolgungswillen des Gläubigers. Auch der Wortlaut des § 204 Abs. 1 Nr. 4 BGB, dem nach der Rechtsprechung des Bundesgerichtshofes besondere Bedeutung zukommen soll, stellt im Hinblick auf die Verjährungshemmung ausschließlich auf die Bekanntgabe des Schlichtungsantrags ab, nicht auf dessen Zulässigkeit.

D. Zeitpunkt des Hemmungseintritts

Die Verjährungshemmung tritt nach der Vorschrift des § 204 Abs. 1 Nr. 4 Hs. 1 BGB n.F. spätestens im Zeitpunkt der Veranlassung der Bekanntgabe des Güteantrags durch die Streitbeilegungsstelle ein und frühestens im Zeitpunkt der

---

307 Siehe oben unter § 4 C. II. 2.

308 Siehe oben unter § 4 C. II. 1.

Einreichung des Antrags bei der Streitbeilegungsstelle, wenn der Antrag nach Einreichung „*demnächst*" bekannt gegeben wird, § 204 Abs. 1 Nr. 4 Hs. 2 BGB a.F.

I. Veranlassung der Bekanntgabe

Anknüpfungspunkt soll laut h.M. die – aktenmäßig nachprüfbare – Veranlassung der Bekanntgabe sein, wofür insbesondere die Beschlussempfehlung des Rechtsausschusses zum Gesetz zur Modernisierung des Schuldrechts spreche.[309] Dieser hatte angemerkt, dass eine Bekanntgabe durch förmliche Zustellung von § 15a EGZPO nicht vorgeschrieben und deshalb durch einfachen Brief möglich sei. In diesen Fällen könnte der Schuldner den Erhalt des Briefes aber bestreiten, ohne dass der Gläubiger in der Lage wäre, dies zu widerlegen.[310]

Die Streitbeilegungsstelle veranlasst die Bekanntgabe des Güteantrags, wenn sie geeignete Maßnahmen unternommen hat, mithilfe derer das Schlichtungsverfahren dem Antragsgegner bekannt gemacht wird. Hierzu wird eine Streitbeilegungsstelle in aller Regel die Zustellung des Antrags an den Antragsgegner per Post wählen. Entscheidend ist dabei der Zeitpunkt Beendigung dieser Maßnahme. Im Falle einer Postzustellung ist mithin die Aufgabe des Briefes bei der Post maßgeblich.[311] Ob der Antrag dem Antragsgegner nach der Veranlassung der Bekanntgabe durch die Streitbeilegungsstelle dem Antragsgegner zugestellt wird, es also zu einer Bekanntgabe des Antrags tatsächlich kommt, ist nach dem eindeutigen Wortlaut der Vorschrift irrelevant.[312]

Eine Mindermeinung in der Literatur will demgegenüber ausschließlich auf die Bekanntgabe des Antrags abstellen, nicht auf deren Veranlassung, die u.U. erfolglos bleiben könne. Da nach § 204 Abs. 1 Nr. 4 Hs. 2 BGB die Bekanntgabe „*demnächst*" nach Eingang genüge, sei belegt, dass der tatsächliche Zugang des Güteantrags beim Antragsgegner im Ergebnis unverzichtbar sei.[313] Diese Auffassung ist mit dem eindeutigen Wortlaut der Vorschrift, dem bei Verjährungsregelungen nach der Rechtsprechung des Bundesgerichthofes besonderes Gewicht beizumessen ist, nicht in Einklang zu bringen und deshalb abzulehnen.

---

309 BeckOGK BGB/*Meller-Hannich*, Stand: 01.12.2018, § 204 Rn. 185; NK BGB AT/*Mansel*, § 204 Rn. 80; MüKo BGB/*Grothe*, § 204 Rn. 36; Erman/*Schmidt-Räntsch*, § 204 Rn. 17; BeckOK BGB/*Henrich*, Stand: 01.11.2018, § 204 Rn. 28.

310 Beschlussempfehlung und Bericht des Rechtsausschusses vom 09.10.2001, BT-Drs. 14/7052, S. 181.

311 BeckOGK BGB/*Meller-Hannich*, Stand: 01.12.2018, § 204 Rn. 184.

312 BeckOGK BGB/*Meller-Hannich*, Stand: 01.12.2018, § 204 Rn. 185.

313 Staudinger/*Peters/Jacoby*, § 204 Rn. 60.

Auf die Zustellung und Bekanntgabe des Güteantrags kann im Übrigen grundsätzlich verzichtet werden. In diesem Fall soll es auf den Zeitpunkt des Antragseingangs bei der Streitbeilegungsstelle ankommen.[314]

II. Bekanntgabe *„demnächst"*

1. Vergleich mit § 204 Abs. 1 Nr. 4 Hs. 2 BGB a.F.

Eine *„demnächst"* nach der Antragseinreichung erfolgende Bekanntgabe verlagert den Zeitpunkt des Hemmungseintritts nach vorne auf den Zeitpunkt der Antragseinreichung. Nach der Vorgängerregelung des § 204 Abs. 1 Nr. 4 Hs. 2 BGB a.F. war demgegenüber nicht die *„demnächst"* erfolgende Bekanntgabe des Güteantrags maßgeblich, sondern die *„demnächst"* erfolgende Veranlassung[315] der Bekanntgabe.[316] Insofern muss eine Streitbeilegungsstelle nunmehr sowohl den Zeitpunkt der Bekanntgabeveranlassung dokumentieren, als auch die Bekanntgabe an den Antragsgegner selbst.[317]

Diese Gesetzesänderung stellt einen bedeutenden Unterschied zur alten Rechtslage dar: Ist eine Vorverlagerung des Hemmungszeitpunktes auf den Zeitpunkt der Antragseinreichung für die (nicht eingetretene) Verjährung des geltend gemachten Anspruchs bedeutsam, muss der Antragsteller nach neuer Rechtslage nämlich die *„demnächst"* nach Antragseingang erfolgende

---

314 OLG Frankfurt, Beschl. v. 16.05.2012 – 23 Kap 1/06, juris, Rn. 1320; BeckOGK BGB/*Meller-Hannich*, Stand: 01.12.2018, § 204 Rn. 186.

315 Das Abstellen auf den Zeitpunkt der Veranlassung wurde vor Änderung der Vorschrift in der Literatur teilweise kritisch gesehen, da eine Verjährungshemmung *„in rechtsstaatlich bedenklicher Weise"* grundsätzlich auch ohne Kenntnis des Schuldners eintreten konnte, wenn dieser den Güteantrag tatsächlich nicht erhält, vgl. *Staudinger/Eidenmüller*, NJW 2004, 23, 25; NK BGB AT/*Mansel*, § 204 Rn. 80; BeckOK BGB/*Henrich*, Stand: 01.11.2018, § 204 Rn. 28. Mit der nunmehr geltenden Rückwirkungsverlagerung auf die Bekanntgabe des Güteantrags dürften diese Bedenken ausgeräumt sein.

316 Ob der Gesetzgeber diese Änderung der Verjährungshemmungsvorschrift mit der Neufassung des § 204 Abs. 1 Nr. 4 BGB beabsichtigte, wird von der Literatur teilweise in Zweifel gezogen, nichtsdestotrotz müsse sie allerdings aufgrund des eindeutigen Gesetzeswortlauts berücksichtigt werden, vgl. Borowski/Röthemeyer/Steike/*Borowski/Steike*, Teil III, § 204 BGB, Art. 6 Rn. 14. Tatsächlich findet sich in der Gesetzesbegründung keine Stellungnahme zu dieser Änderung, vgl. Gesetzentwurf vom 09.06.2015, BT-Drs. 18/5089, was *Lakkis* ebenfalls bemerkenswert findet, vgl. JurisPK-BGB/*Lakkis*, Stand: 19.01.2018, § 204 Rn. 90.

317 Vgl. Borowski/Röthemeyer/Steike/*Borowski/Steike*, Teil III, § 204 BGB, Art. 6 Rn. 8.

Bekanntgabe des Antrags beweisen, mithin dessen erfolgreiche Zustellung.[318] Dies stellt für den Antragsteller eine Erschwernis im Vergleich zur alten Rechtslage dar, wonach er nur die Veranlassung der Bekanntgabe durch die Gütestelle zu beweisen hatte. Ferner liegt das Schicksal des geltend gemachten Anspruchs nun noch mehr in der Hand der Streitbeilegungsstelle, die für die ordnungsgemäße Zustellung des Antrags zuständig ist und nach Möglichkeit gehalten sein dürfte, eine nachprüfbare Zustellung zu veranlassen. Greift die Streitbeilegungsstelle dennoch auf nicht nachweisbare Zustellungsvarianten zurück, trägt der Antragsteller ein Beweisrisiko, das ihm nach alter Rechtslage nicht aufgebürdet wurde, auch wenn ihm in einem solchen Fall gegen die Streitbeilegungsstelle u.U. ein Schadensersatzanspruch zustehen könnte.

2. Anwendung der zu § 167 ZPO geltenden Grundsätze

Nach der Rechtsprechung des Bundesgerichtshofes und einhelliger Auffassung in der Literatur sind für den Begriff der *„demnächst"* erfolgenden Bekanntgabe die zu § 167 ZPO entwickelten Grundsätze heranzuziehen, da die Anknüpfung des § 204 Abs. 1 Nr. 4 BGB an die formlose Bekanntgabe des Güteantrags statt einer förmlichen Zustellung ausschließlich darauf beruhe, dass § 15a Abs. 5 EGZPO die nähere Ausgestaltung des Güteverfahrens dem Landesrecht überlasse und dieses nicht notwendigerweise die Zustellung des Güteantrags verlangen müsse. So sei nicht auf eine rein zeitliche Betrachtungsweise abzustellen, da die Parteien für Verzögerungen der Bekanntgabe nichts könnten, die aufgrund des Geschäftsbetriebes der Gütestelle entstehen. In diesem Fall seien deshalb auch mehrmonatige Verzögerungen unbeachtlich und stünden einer Bekanntgabe *„demnächst"* nicht im Wege.[319] Zwar treffe den Antragsteller die Obliegenheit, bei der angerufenen Streitbeilegungsstelle nachzufassen, wenn die Bekanntgabe über längere Zeit hin noch nicht erfolgt ist. Allerdings sei der Antragsteller dann nicht gehalten, auf eine größtmögliche Beschleunigung des Verfahrens hinzuwirken, wenn er alle für eine ordnungsgemäße Bekanntgabe des Güteantrags von ihm geforderten Mitwirkungshandlungen erbracht hat, da in diesem Fall die weitere Verantwortung für den ordnungsgemäßen Gang des

---

318 BeckOGK BGB/*Meller-Hannich*, Stand: 01.12.2018, § 204 Rn. 187.1.

319 BGH, Urt. v. 17.01.2017 – VI ZR 239/15, NJW 2017, 1879, 1880; Urt. v. 22.09.2009 – XI ZR 230/08, NJW 2010, 222, 223; BeckOGK BGB/*Meller-Hannich*, Stand: 01.12.2018, § 204 Rn. 187; NK BGB AT/*Mansel*, § 204 Rn. 79; JurisPK-BGB/*Lakkis*, Stand: 19.01.2018, § 204 Rn. 90; *Nobbe*, WM 2016, 337, 343; *Wagner*, BKR 2013, 108, 109; *Klose*, NZBau 2012, 80, 83.

Bekanntgabeverfahrens ausschließlich in den Händen der Streitbeilegungsstelle liege, deren Geschäftsgang der Antragsteller nicht beeinflussen könne.[320] Verzögerungen aber, die im Rahmen einer sachgemäßen Prozessführung der Parteien vermeidbar gewesen wären (bspw. ein fehlerhafter Antrag, die Angabe einer falschen Anschrift des Antragsgegners oder die unterlassene Zahlung eines von der Streitbeilegungsstelle geforderten Vorschusses), sollen der verantwortlichen Partei zugerechnet werden können.[321] Offen gelassen hat der Bundesgerichtshof demgegenüber die Frage, ob der Antragsteller gehalten ist, das Verfahren bei der Gütestelle in Erinnerung zu bringen, wenn ihm greifbare Anhaltspunkte dafür bekannt sind, dass das Verfahren bei der Gütestelle in Vergessenheit geraten ist.[322] Dies wird in der Literatur teilweise bejaht.[323]

Entsprechend dieser Grundsätze hat das Oberlandesgericht Köln eine fünf monatige Verzögerung der Bekanntgabe als geringfügig und somit als unbedenklich eingestuft, da mit einer solchen Dauer der Bearbeitung durch eine Gütestelle „*nicht nur ausnahmsweise*" gerechnet werden müsse.[324] Nach der Rechtsprechung des Oberlandesgerichts Hamburg kann eine Verzögerung von über einem Jahr noch als „*demnächst*" im Sinne des § 204 Abs. 1 Nr. 4 Hs. 2 BGB gelten, wenn der Antragsteller alles getan hat, was zur Bekanntgabe des Güteantrags erforderlich ist.[325] Unter der Voraussetzung einer sachgerechten Prozessführung durch den Antragsteller, welche nicht dazu im Stande ist, eine Verzögerung der Bekanntgabe zu vermeiden, gilt nach Auffassung des Oberlandesgerichts Brandenburg sogar ein erst zweieinhalb Jahre nach seiner Einreichung bekanntgegebener Güteantrag als „*demnächst*" im Sinne des § 204 Abs. 1 Nr. 4 Hs. 2 BGB.[326]

3. Überhäufung einer Streitbeilegungsstelle mit Güteanträgen

Vor allem in Kapitalanlagefällen kann es vorkommen, dass dieselbe Rechtsanwaltskanzlei tausende Kapitalanleger in der derselben Angelegenheit vertritt.

---

320 BGH, Urt. v. 22.09.2009 – XI ZR 230/08, NJW 2010, 222, 223; OLG Köln, Beschl. v. 07.02.2014 – 13 U 162/13, BeckRS 2014, 8628.

321 BGH, Urt. v. 22.09.2009 – XI ZR 230/08, NJW 2010, 222, 223; BeckOGK BGB/*Meller-Hannich*, Stand: 01.12.2018, § 204 Rn. 188; JurisPK-BGB/*Lakkis*, Stand: 19.01.2018, § 204 Rn. 91; MüKo BGB/*Grothe*, § 204 Rn. 36.

322 BGH, Urt. v. 22.09.2009 – XI ZR 230/08, NJW 2010, 222, 224.

323 NK BGB AT/*Mansel*, § 204 Rn. 78, *Klose*, NZBau 2012, 80, 83.

324 OLG Köln, Beschl. v. 07.02.2014 – 13 U 162/13, BeckRS 2014, 8628.

325 OLG Hamburg, Urt. v. 12.10.2007 – 10 U 95/06, NJW-RR 2008, 1090, 1091.

326 OLG Brandenburg, Urt. v. 03.03.2010 – 4 U 40/09, BeckRS 2010, 7659.

Reichen die Bevollmächtigten dieser Anleger tausende von Güteanträgen bei ein und derselben Streitbeilegungsstelle ein, soll eine dann naturgemäß erst mit großer zeitlicher Verzögerung erfolgende Bekanntgabe der Güteanträge nach weitverbreiteter Rechtsprechung in den Instanzgerichten und teilweise in der Literatur[327] vertretener Ansicht nicht mehr als *„demnächst"* im Sinne des § 204 Abs. 1 Nr. 4 Hs. 2 BGB gelten.[328]

a) Instanzgerichtliche Rechtsprechung

So vertritt das Landgericht Heilbronn die Auffassung, dass Arbeitsüberlastungen einer Streitbeilegungsstelle, die entsprechende Verzögerungen der Bekanntgabe von Güteanträgen zur Folge haben, dem Antragsteller gemäß der oben dargestellten Rechtsprechung des Bundesgerichtshofes zwar nicht zugerechnet werden könnten. Dieser Grundsatz gelte jedoch nicht in Fällen, in denen die Bevollmächtigten tausender Antragsteller die Arbeitsüberlastung der Streitbeilegungsstelle selbst herbeiführen, indem die angerufene Streitbeilegungsstelle mit mehreren tausend Güteanträgen *„überschüttet"* wird.[329]

Ähnlich entschied das Oberlandesgericht Celle in einem Fall, in dem 12.000 Güteanträge zeitgleich bei derselben (nur einen Streitmittler aufweisenden) Gütestelle eingingen, dass die der erheblichen Verzögerung zugrundeliegende Belastung der Streitbeilegungsstelle den Bevollmächtigten des jeweiligen Antragstellers – und damit dem jeweiligen Antragsteller selbst (§ 85 Abs. 2 ZPO) – zuzurechnen seien, da die Bevollmächtigten in Kenntnis der offensichtlichen Überlastung der Streitbeilegungsstelle gehandelt hätten. Trotz dieser Kenntnis hätten die Bevollmächtigten der Antragsteller nichts unternommen, um die Überlastung der Streitbeilegungsstelle und die damit einhergehende Bekanntgabeverzögerung zu verhindern, etwa, indem die Güteanträge auf mehrere Gütestellen verteilt werden. Bei einer solchen bewussten Inkaufnahme einer monatelangen Bearbeitungsverzögerung könne deshalb nicht mehr von einer *„demnächst"* erfolgenden Bekanntgabe die Rede sein.[330] Auch nach Ansicht des

---

327 BeckOGK BGB/*Meller-Hannich*, Stand: 01.12.2018, § 204 Rn. 188; *Wagner*, BKR 2013, 108, 111; a.A. MüKo BGB/*Grothe*, § 204 Rn. 36.

328 Zur Frage eines diesbezüglich möglichen Rechtsmissbrauchs siehe unter § 4 G. IV. 4.

329 LG Heilbronn Urt. v. 23.10.2014 – 1 O 92/13, BeckRS 2016, 18570.

330 OLG Celle, Urteil vom 24.09.2015 – 11 U 89/14, juris, Rn. 57 ff.; Urt. v. 24.09.2015 – 11 U 88/14, BeckRS 2016, 16684 Rn. 45 ff.; Urt. v. 24.09.2015 – 11 U 91/14, BeckRS 2016, 14567, 39 ff.; ebenso: OLG Düsseldorf, Urt. v. 26.02.2016 – I-16 U 197/14, juris, Rn. 102; Urt. v. 26.02.2016 – I-16 U 198/14, juris, Rn. 102; OLG Frankfurt, Beschl. v. 18.11.2015 – 25 U 57/15, juris, Rn. 24 unter Bezugnahme auf den Beschl.

Oberlandesgerichts Hamm sind die Bevollmächtigten von 12.000 Antragstellern gehalten, mehrere Streitbeilegungsstellen parallel anzurufen und nicht eine einzige, deren Organisation erkennbar nicht darauf ausgelegt ist, tausende von Güteanträgen in absehbarer Zeit zu bewältigen, wodurch jedenfalls ein wesentlich kürzerer Zeitraum bis zur Bekanntgabe der jeweiligen Güteanträge hätte erreicht werden können.[331]

In einem gleichgelagerten Fall vertrat das Oberlandesgericht Frankfurt am Main die Auffassung, dass die Bevollmächtigten von der Gütestelle hätten verlangen müssen, die eingereichten Güteanträge zumindest täglich oder wöchentlich sukzessive zu versenden. Es stelle demgemäß ein Fehlverhalten dar, wenn die Bevollmächtigten wochenlang dulden, dass eingereichte Güteanträge nicht bekannt gegeben werden.[332]

b) Rechtsprechung des Bundesgerichtshofes

Demgegenüber hat der Bundesgerichtshof im Urteil vom 28.10.2015 eine mit mehrmonatiger Verzögerung erfolgende Bekanntgabe eines Güteantrags, der zusammen mit 904 anderen Güteanträgen gleichzeitig bei derselben Streitbeilegungsstelle eingereicht worden war, für *„demnächst"* erfolgt gehalten und diese Frage noch nicht einmal problematisiert.[333] In Bezug auf einen möglichen Rechtsmissbrauch[334] eines solchen Vorgehens bemerkte der Bundesgerichtshof jedoch, dass ein solches Verhalten im Rahmen einer sinnvollen Prozessführung nicht zu beanstanden sei. Vielmehr könne es einer sachgerechten Erledigung eher förderlich sein, wenn gleichgelagerte Parallelfälle an derselben Stelle erörtert und ggf. verhandelt werden. Insofern seien die Bevollmächtigten des Antragstellers nicht gehalten gewesen, die Güteanträge bei unterschiedlichen Streitbeilegungsstellen

---

v. 10.09.2015, juris, Rn. 58; OLG Koblenz, Beschl. v. 10.11.2015 – 8 U 197/15, BeckRS 2016, 18480 Rn. 38.

331 OLG Hamm, Beschl. v. 03.12.2015 – 34 U 122/15, juris, Rn. 53 ff.; Beschl. v. 26.11.2015 – 34 U 98/15, juris, Rn. 57 ff.; Beschl. v. 26.11.2015 – 34 U 78/15, juris, Rn. 54 ff.; Beschl. v. 24.11.2015 – 34 U 69/15, juris, Rn. 51 ff.; Beschl. v. 10.11.2015 – 34 U 208/15, juris, Rn. 46 ff.; Beschl. v. 05.11.2015 – 34 U 206/15, juris, Rn. 49 ff.; Beschl. v. 20.10.2015 – 34 U 65/15, juris, Rn. 53; Beschl. v. 13.10.2015 – I-34 U 66/15, juris, Rn. 52 ff.

332 OLG Frankfurt, Beschl. v. 24.08.2015 – 4 U 90/15, juris, Rn. 45; ebenso: OLG Düsseldorf, Urt. v. 26.02.2016 – I-16 U 197/14, juris, Rn. 104; Urt. v. 26.02.2016 – I-16 U 198/14, Rn. 104.

333 Was u.U. darauf zurückgeführt werden kann, dass es zu keiner nennenswerten Bekanntgabeverzögerung gekommen ist.

334 Zur Frage eines diesbezüglich möglichen Rechtsmissbrauchs siehe unter § 4 G. IV. 4.

anzubringen, nur um deren Arbeitsbelastung gering zu halten. Schließlich liege es im Aufgabenbereich einer Streitbeilegungsstelle, ihre Arbeitsabläufe auch bei zahlreichen, größtenteils gleichlautenden Güteanträgen zu organisieren.[335] Diese Argumentation steht mithin eindeutig im Gegensatz zur oben genannten instanzgerichtlichen Rechtsprechung, auch wenn es sich im vom Bundesgerichtshof entschiedenen Fall „*nur*" um 904 gleichzeitig gestellte Güteanträge handelte und die zeitliche Verzögerung lediglich zweieinhalb Monate umfasste.

Das Oberlandesgericht Celle stellte sich dieser Rechtsprechung kurze Zeit später in seinen Beschlüssen vom 21.12.2015 und vom 06.01.2016 offen entgegen, in denen es ausdrücklich erklärte, der Auffassung des Bundesgerichtshofes, es sei allein Sache der Streitbeilegungsstelle, ihre Arbeitsabläufe auch bei zahlreichen weitestgehend gleichlautenden Güteanträgen zu organisieren, nicht zu folgen. Der vom Oberlandesgericht Celle zu entscheidende Fall, in dem nicht nur 904, sondern ca. 12.000 Güteanträge gleichzeitig bei derselben Streitbeilegungsstelle eingereicht wurden, widerlege „*die Richtigkeit der allzu abstrakten Überlegungen des IV. Zivilsenats des Bundesgerichtshofs.*"[336]

c) Stellungnahme

Ob jedoch hinsichtlich solcher „*Überhäufungsfälle*" die Anzahl der gleichzeitig eingereichten Güteanträge für die Frage einer „*demnächst*" erfolgenden Bekanntgabe das maßgebliche Kriterium darstellen sollte, erscheint nicht sachgerecht. So können 904 Güteanträge bspw. inhaltlich weitaus komplexer sein und einen deutlich größeren Umfang aufweisen als 12.000 Güteanträge, die jeweils womöglich nur ein oder zwei Seiten umfassen. Ferner müsste dann u.U. über eine zahlenmäßige Grenze an gleichzeitig einreichbaren Güteanträgen diskutiert werden, was im Ergebnis in jedem Fall zu unbilligen Resultaten führen würde, wenn diese Grenze entweder knapp nicht oder gerade noch eingehalten wird.

Entscheidend sollte vielmehr sein, ob der Antragsteller bzw. dessen Bevollmächtigter – gemäß den von der Rechtsprechung zu § 167 ZPO entwickelten und auch hier anzuwendenden Grundsätzen – im Einzelfall im Rahmen einer sachgemäßen Prozessführung die eingetretene Verzögerung hätte vermeiden können. Wenn der Bevollmächtigte des Antragstellers, dessen Verschulden seiner Partei nach § 85 Abs. 2 ZPO zuzurechnen ist, aber positiv weiß, dass die

---

335 BGH, Urt. v. 28.10.2015 – IV ZR 526/14, NJW 2016, 233, 234 f.; Urt. v. 28.10.2015 – IV ZR 405/14, NJW 2016, 236 f.

336 OLG Celle, Beschl. v. 21.12.2015 – 11 U 119/15, BeckRS 2016, 18543 Rn. 22; Beschl. v. 06.01.2016 – 11 U 120/15, BeckRS 2016, 17823 Rn. 27.

Anrufung gerade der ausgewählten Gütestelle – aus welchen Gründen auch immer[337] – in jedem Fall eine erheblich verzögerte Antragsbekanntgabe zur Folge haben wird, kann von einer sachgemäßen Prozessführung nicht mehr die Rede sein.[338] Denn diese Verzögerung ist durch die Wahl einer anderen, geeigneten Gütestelle vermeidbar, jedenfalls aber – im Sinne einer bestmöglichen Mitwirkung – verkürzbar.

Zwar erbringt in derlei Fällen ein Bevollmächtigter des Antragstellers bei formell korrekter Antragstellung isoliert betrachtet die von ihm für eine ordnungsgemäße Bekanntgabe des Güteantrags von ihm geforderten Mitwirkungshandlungen i.S.d. der oben genannten anerkannten Grundsätze des § 167 ZPO.[339] Allerdings steht dieses Kriterium nach wohl h.M. unter der Voraussetzung, dass der Antragsteller bzw. sein Bevollmächtigter auf den Geschäftsgang der angerufenen Streitbeilegungsstelle keinen Einfluss nehmen kann.[340] Gerade dies ist bei einer Überhäufung mit Güteanträgen nicht der Fall, wenn dem Bevollmächtigten des Antragstellers vollkommen bewusst ist, dass die angerufene Streitbeilegungsstelle durch die Anbringung tausender Güteanträge überfordert ist und ein von der Stelle für gewöhnlich gepflegter Geschäftsgang in keinem Fall aufrechterhalten werden kann. Insofern ist es sachgerecht, in derlei Fällen auf die Kenntnis des Antragstellers bzw. seines Bevollmächtigten über die Kapazitäten der angerufenen Streitbeilegungsstelle abzustellen.[341] Die Stellung von 12.000 gleichgelagerten Güteanträgen stünde dann nicht in jedem Fall einer *„demnächst"* erfolgenden Bekanntgabe im Wege, da es dem jeweiligen Bevollmächtigten offen steht, eine Streitbeilegungsstelle auszuwählen, die einen derartigen Mehraufwand jedenfalls in angemessenerer Zeit bewerkstelligen kann.[342]

Vom Antragsteller oder dessen Vertretern sollte allerdings nicht – wie es das Oberlandesgericht Frankfurt am Main fordert – verlangt werden, der

---

337 Denkbar sind bspw. auch Fälle, in denen dem Antragsteller bzw. dessen Bevollmächtigtem bekannt ist, dass die angerufene Gütestelle den Geschäftsbetrieb (z.B. wegen Krankheit des einzigen Schlichters) derzeit eingestellt hat.

338 Vgl. *Wagner*, BKR 2013, 108, 110.

339 Siehe oben unter § 4 D. II. 2.

340 BGH, Urt. v. 22.09.2009 – XI ZR 230/08, NJW 2010, 222, 223; BeckOGK BGB/*Meller-Hannich*, Stand: 01.12.2018, § 204 Rn. 187; NK BGB AT/*Mansel*, § 204 Rn. 79; *Wagner*, BKR 2013, 108, 110.

341 A.A. MüKo BGB/*Grothe*, § 204 Rn. 36.

342 Bspw. die ÖRA in Hamburg, die nach eigenen Angaben jährlich immerhin rund 2.500 Güteanträge bearbeitet, vgl. http://www.hamburg.de/streitschlichtung, letzter Abruf: 06.01.2019.

Streitbeilegungsstelle explizit aufzutragen, die eingereichten Güteanträge sukzessive abzuarbeiten und nicht wochenlang zurückzuhalten. Denn einerseits ist es naturgemäß Sache der Streitbeilegungsstelle, wann sie welche Güteanträge bearbeitet und bekannt gibt. Andererseits hat die Streitbeilegungsstelle mit der Antragseinreichung vom Antragsteller bereits den unmissverständlichen Auftrag erhalten, den Güteantrag (selbstverständlich) so bald wie möglich bekanntzugeben. Einer weiteren Aufforderung hierzu bedarf es nicht.

E. Reichweite der Verjährungshemmung

Nach ständiger Rechtsprechung des Bundesgerichtshofes soll nur der im Güteantrag gegenständliche Anspruch von der Hemmungswirkung des § 204 Abs. 1 Nr. 4 BGB umfasst sein.[343] Gleichzeitig gelte für den Beginn der kenntnisabhängigen regelmäßigen Verjährungsfrist nach §§ 195, 199 Abs. 1 BGB, dass die Verjährung mehrerer eigenständiger Ansprüche aus unterschiedlichen Pflichtverletzungsvorwürfen in Anlageberatungsfällen materiell-rechtlich selbständig zu beurteilen sind und insofern die Voraussetzungen des Verjährungsbeginns nach § 199 Abs. 1 Nr. 2 BGB (Kenntnis oder grob fahrlässige Unkenntnis von den den Anspruch begründenden Umständen und der Person des Schuldners) für jede Pflichtverletzung gesondert zu prüfen sind. Denn dem Gläubiger müsse es unbenommen bleiben, eine ihm bekannt gewordene Aufklärungspflichtverletzung hinzunehmen, ohne dass die Gefahr eines Verjährungsbeginns ihm noch unbekannter, weiterer Pflichtverletzungen besteht. Da jede Pflichtverletzung mit weiteren Vermögensnachteilen des Gläubigers einhergehe, sei es gerechtfertigt, mehrere Pflichtverletzungen verjährungsrechtlich getrennt zu behandeln.[344] Dies setze dabei jedoch nicht voraus, dass jede Pflichtverletzung einen eigenständigen Schaden verursacht hat. Vielmehr sei ausreichend, dass mehrere, abgrenzbare Pflichtverletzungen zum Gesamtschaden beigetragen

343 BGH, Urt. v. 06.07.1993 – VI ZR 306/92, NJW-RR 1993, 1495, 1497.

344 BGH, Urt. v. 15.10.2015 – III ZR 170/14, NJW-RR 2016, 372, 373; Urt. v. 18.06.2015 – III ZR 303/14, NJW 2015, 2411, 2412; Urt. v. 18.06.2015 – III ZR 198/14, NJW 2015, 2407, 2408; Beschl. v. 21.10.2014 – XI ZB 12/12, NJW 2015, 236, 249; Urt. v. 22.09.2011 – III ZR 186/10, NJW-RR 2012, 111, 112; Urt. v. 07.07.2011 – III ZR 90/10, juris, Rn. 15; Urt. v. 24.03.2011 – III ZR 81/10, NJW-RR 2011, 842, 843; Urt. v. 22.07.2010 – III ZR 203/09, NJW-RR 2010, 1623, 1624; Urt. v. 19.11.2009 – III ZR 169/08, BKR 2010, 118, 120; Urt. v. 23.06.2009 – XI ZR 171/08, BKR 2009, 372, 372; Urt. v. 09.11.2007 – V ZR 25/07, NJW 2008, 506, 507.

haben und ein Schadensersatzanspruch auf mehrere voneinander abgrenzbare Pflichtverletzungen gestützt wird.[345]

Dieser vom Bundesgerichtshof aufgestellte Grundsatz wurde von einigen Instanzgerichten und Teilen der Literatur in der Weise interpretiert, dass sich auch die Reichweite der Verjährungshemmung eines Güteantrags nach dem einzelnen materiell-rechtlichen Anspruch richten müsse, der konkret im Güteantrag geltend gemacht wird. Unterliegen abgrenzbare Pflichtverletzungen einer eigenständigen Verjährung, müsse sich dies nicht nur für die Frage des Verjährungsbeginns nach § 199 Abs. 1 BGB auswirken, sondern gleichfalls auch im Hinblick auf eingreifende Hemmungstatbestände. In Anlehnung an die soeben dargestellte Rechtsprechung des Bundesgerichtshofes stehe es dem Gläubiger nicht nur frei, eine ihm bekannt gewordene Aufklärungspflichtverletzung hinzunehmen, ohne die Gefahr eines Verjährungsbeginns ihm noch unbekannter, weiterer Pflichtverletzungen einzugehen, sondern auch, hinsichtlich mehrerer erkannter Pflichtverletzungen nur einige von diesen geltend zu machen. In diesem Fall müsse er jedoch auch die Verjährung der übrigen Pflichtverletzungen hinnehmen.[346] Auch könne der Schuldner nicht erkennen, aufgrund welcher Pflichtverletzung er nicht mehr auf den Verjährungseinwand vertrauen darf, wenn der Gläubiger nicht zu verstehen gibt, welche konkrete Pflichtverletzung er mit dem Güteantrag geltend macht.[347]

Nach anderer in Literatur und Rechtsprechung vertretener Ansicht richte sich die Reichweite der Hemmungswirkung des § 204 Abs. 1 Nr. 4 – anders als der Beginn der kenntnisabhängigen Verjährung – nicht nach dem einzelnen materiell-rechtlichen Anspruch, sondern nach dem prozessualen Anspruch, der den Streitgegenstand bildet. Vom prozessualen Anspruch seien jedoch alle materiellrechtlichen Ansprüche erfasst, die sich nach dem Rechtsschutzbegehren des Gläubigers aus dem vorgetragenen Lebenssachverhalt herleiten lassen. Insofern reiche die Geltendmachung lediglich einer Pflichtverletzung im Güteantrag aus,

---

345 BGH, Urt. v. 22.09.2011 – III ZR 186/10, NJW-RR 2012, 111, 113; Urt. v. 24.03.2011 – III ZR 81/10, NJW-RR 2011, 842, 844; Urt. v. 07.07.2011 – III ZR 90/10, juris, Rn. 15.

346 OLG Karlsruhe, Urt. v. 11.11.2014 – 17 U 258/13, juris, Rn. 20; OLG Celle, Urt. v. 26.05.2014 – 11 U 15/14, BeckRS 2015, 9722 Rn. 13; OLG Düsseldorf, Urt. v. 02.05.2013 – I-6 U 84/12, juris, Rn. 37; LG München, Urt. v. 05.12. 2013 – 3 O 10700/13, BKR 2014, 87, 88; LG Dresden, Urt. v. 04.07.2013 – 9 O 86/13, BeckRS 2015, 13269.

347 OLG Bamberg, Urt. v. 04.06.2014 – 3 U 244/13, BKR 2014, 334, 336; *Duchstein*, NJW 2014, 342, 346.

die Verjährung auch der Ansprüche aus den nicht geltend gemachten Pflichtverletzungen zu hemmen.[348]

Letztgenannter Auffassung hat sich der Bundesgerichtshof im Jahre 2015 in mehreren Entscheidungen angeschlossen und damit die von ihm zur verjährungshemmenden Wirkung einer Klageerhebung entwickelten Grundsätze[349] im Hinblick auf Güteanträge nach § 204 Abs. 1 Nr. 4 BGB übernommen.[350] Nachdem der Bundesgerichtshof diese Rechtsprechung auch auf Mahnanträge nach § 204 Abs. 1 Nr. 3 BGB anwendet,[351] ist eine einheitliche Behandlung der genannten Hemmungstatbestände in der Praxis gewährleistet.

Hinsichtlich einer Geltendmachung von Gewährleistungsansprüchen ist in diesem Zusammenhang zu beachten, dass sich die Verjährungshemmung einer Klage bzw. eines Mahnbescheids nach der Rechtsprechung des Bundesgerichtshofes stets lediglich auf diejenigen Gewährleistungsansprüche bezieht, die aus den in der Klagschrift oder im Mahnbescheidsantrag bezeichneten Mängeln folgen, nicht jedoch auf Gewährleistungsansprüche wegen anderer Mängel.[352] Insofern handelt es sich bei verschiedenen Mängeln auch um verschiedene Lebenssachverhalte, die unterschiedliche prozessuale Ansprüche zur Folge haben.[353]

---

348 OLG Stuttgart, Urt. v. 04.02.2015 – 3 U 126/13, BeckRS 2015, 06046 Rn. 29; Urt. v. 11.07.2013 – 7 U 95/12, juris, Rn. 139 f.; OLG Frankfurt, Urt. v. 16.07.2014 – 19 U 2/14, juris, Rn. 20; Greger/Unberath/Steffek/*Greger*, D. Rn. 119; *Grüneberg*, WM 2014, 1109, 1111 f.; *Maier*, VuR 2014, 358; im Ergebnis ebenso: *Greger/von Münchhausen*, S. 14 Rn. 41.

349 Vgl. BGH, Beschl. v. 21.10.2014 – XI ZB 12/12, NJW 2015, 236, 249; BGH, Urteil vom 22.10.2013 – XI ZR 42/12, NJW 2014, 314, 315; Urt. v. 08.05.2007 – XI ZR 278/06, NJW 2007, 2560, 2561; Urt. v. 04.05.2005 – VIII ZR 93/04, NJW 2005, 2004, 2005; Urt. v. 26.06.1996 – XII ZR 38/95, NJW-RR 1996, 1409; Urt. v. 19.01.1994 – XII ZR 190/92, juris, Rn. 9; Urt. v. 18.11.1982 – IX ZR 91/81, NJW 1983, 388, 389.

350 BGH, Urt. v. 15.10.2015 – III ZR 170/14, NZG 2016, 273, 274; Urt. v. 20.08.2015 – III ZR 373/14, NZG 2015, 1235, 1237; BGH, Urt. v. 18.06.2015 – III ZR 198/14, NZG 2015, 1232, 1233 f.; die hiergegen erhobene Verfassungsbeschwerde wurde vom Bundesverfassungsgericht ohne Begründung nicht zur Entscheidung angenommen, vgl. Beschl. v. 10.09.2015 – 1 BvR 1817/15, juris; Urt. v. 18.06.2015 – III ZR 303/14, NZG 2016, 272 f.

351 Vgl. BGH, Urt. v. 16.07.2015 – III ZR 238/14, NZG 2016, 350, 351.

352 BGH, Urt. v. 12.04.2007 – VII ZR 236/05, juris, Rn. 45; Urt. v. 18.03.1976 – VII ZR 35/75, juris, Rn. 17; Urt. v. 14.05.1957 – VIII ZR 231/56, juris; vgl. auch bereits RG, Urt. v. 06.02.1912 – II 413/11, RGZ 78, 295, 296 f..

353 *Grothe*, NJW 2015, 17, 20.

F. Ende der Verjährungshemmung

I. Grundsatz

Gemäß § 204 Abs. 2 S. 1 BGB endet die Verjährungshemmung sechs Monate nach der rechtskräftigen Entscheidung oder anderweitigen Beendigung des eingeleiteten Verfahrens. Gleiches gilt, wenn das Verfahren dadurch in Stillstand geraten ist, dass eine Partei das Verfahren nicht weiter betreibt, § 204 Abs. 2 S. 2 BGB. In diesem Fall endet die Verjährungshemmung sechs Monate nach der letzten Verfahrenshandlung einer Partei oder der Streitbeilegungsstelle. Wird das Verfahren von einer Partei nach einer solchen Unterbrechung weiter betrieben, beginnt die Verjährungshemmung gemäß § 204 Abs. 2 S. 3 BGB erneut zu laufen.

Nach der Rechtsprechung des Bundesgerichtshofes endet ein Güteverfahren durch den Abschluss eines Vergleichs, die Rücknahme des Güteantrags oder die Einstellung des Verfahrens wegen des Scheiterns des Einigungsversuchs, während das Nichtbetreiben des Verfahrens durch die Gütestelle wegen Arbeitsüberlastung keine Beendigung darstellen soll. Denn das Nichtbetreiben des Verfahrens habe in § 204 Abs. 2 S. 2 BGB eine eigene, abschließende Regelung erfahren, wonach die Verjährungshemmung dann endet, wenn ein Stillstand durch das Nichtbetreiben der Parteien eintritt. Nachdem ein durch eine Untätigkeit der Gütestelle bedingter Verfahrensstillstand in § 204 Abs. 2 S. 2 BGB nicht genannt wird, könne die Vorschrift – entsprechend der im Verjährungsrecht herrschenden engen Normenauslegung am jeweiligen Wortlaut – auf diesen Fall nicht angewendet werden.[354]

II. Kenntnis des Antragstellers über das Scheitern notwendig?

Streitig ist indessen, ob für den Zeitpunkt des Scheiterns des Verfahrens (auf den es für die Berechnung der sechsmonatigen Frist des § 204 Abs. 2 S. 1 2. Alt. BGB ankommt) die Kenntnis hierüber seitens des Antragstellers notwendig ist. Grundsätzlich soll es nach dem Beschluss des Bundesgerichtshofes vom 21.10.2014 – XI ZB 12/12 – bei der Feststellung des Scheiterns des Verfahrens maßgeblich auf die Regelungen der jeweiligen Verfahrensordnung der angerufenen Gütestelle ankommen.[355]

---

354 BGH, Beschl. v. 21.10.2014 – XI ZB 12/12, ZIP 2015, 25, 37 f.; Urt. v. 22.09.2009 – XI ZR 230/08, ZIP 2009, 2061, 2063.

355 BGH, Beschl. v. 21.10.2014 – XI ZB 12/12, ZIP 2015, 25, 37 f.

Das Oberlandesgericht Celle hat im Urteil vom 16.01.2007 – 16 U 160/06 – derweil entschieden, dass für eine anderweitige Beendigung des Güteverfahrens die Kenntniserlangung des Antragstellers selbst dann unerlässlich sei, wenn nach der Verfahrensordnung der angerufenen Gütestelle das Verfahren (u.a.) dann ende, „*wenn eine Partei das Verfahren für gescheitert erklärt*". Denn maßgeblich sei, dass dem Antragsteller mit Ende der Verjährungshemmung die Möglichkeit eröffnet sein müsse, innerhalb von sechs Monaten den Fristlauf erneut zum Stillstand zu bringen, z.B. durch Klageerhebung. Dies sei freilich nur dann möglich, wenn er vom Scheitern des Verfahrens Kenntnis erlangt. Die dem Gläubiger vom Gesetzgeber eingeräumte Überlegungsfrist dürfe nicht durch das Verhalten Dritter verkürzt werden, das der Gläubiger nicht beeinflussen könne. Das Oberlandesgericht Celle beruft sich dabei auf die Rechtslage zu § 212a BGB a.F. sowie das Urteil des Bundesgerichtshofes vom 20.02.1997,[356] nach dem eine Prozesshandlung erst mit Zustellung wirksam werde.[357] Das Oberlandesgericht Frankfurt am Main hat sich im Urteil vom 08.01.2015 – 7 U 224/13 – der Auffassung des Oberlandesgerichts Celle angeschlossen.[358]

Entgegen diesen Entscheidungen geht das Oberlandesgericht München in seinem Urteil vom 24.11.2014 – 21 U 5058/13 – davon aus, dass eine anderweitige Beendigung des Güteverfahrens gemäß § 204 Abs. 2 S. 1 2. Alt. BGB bereits dann eintrete, wenn das ablehnende Schreiben des Antragsgegners bei der Gütestelle eingeht. Zum einen könne bei der anderen Alternative des § 204 Abs. 2 S. 1 BGB, der rechtskräftigen Entscheidung, die Rechtskraft einer Entscheidung auch ohne Kenntnis der Beteiligten eintreten. Andererseits sei das Verfahren nach der im damaligen Fall streitgegenständlichen Verfahrensordnung dann beendet, „*wenn eine Partei erklärt, dass sie nicht an einem Mediationstermin teilnehmen wird*". Hinzu komme, dass der Antragsteller, dessen „*rechtlicher Handlungsradius*" durch die Möglichkeit eines Güteverfahrens erweitert werde, nicht über Gebühr bevorteilt werden dürfe, was umso mehr gelte, wenn der Antragsteller nicht die dreijährige Regelverjährungsfrist hinausschieben wolle, sondern die kenntnisunabhängige zehnjährige Verjährungsfrist. Diese Sichtweise decke sich im Übrigen mit der Entscheidung des Bundesgerichtshofes vom 26.11.2013,[359] in der dieser § 204 Abs. 1 Nr. 4 BGB analog auf eine Schiedsstelle nach dem Gesetz über Arbeitnehmererfindungen angewendet und – unter Berufung auf

356 BGH, Urt. v. 20.02.1997 – VII ZR 227/96, juris, Rn. 13 f.
357 OLG Celle, Urt. v. 16.01.2007 – 16 U 160/06, juris, Rn. 68 ff.
358 OLG Frankfurt, Urt. v. 08.01.2015 – 7 U 224/13, juris, Rn. 43.
359 BGH, Urt. v. 26.11.2013 – X ZR 3/13, juris, Rn. 31.

§ 34 Abs. 3 ArbnErfG – als Zeitpunkt für die Berechnung der sechsmonatigen Hemmung nach § 204 Abs. 2 S. 1 BGB den ablehnenden Schriftsatz des Antragsgegners als maßgeblich erachtet hat.[360]

Der IV. Zivilsenat des Bundesgerichtshofs hat sich mittlerweile im Grundsatz der Auffassung des Oberlandesgerichts Celle angeschlossen. Der Zweck der Nachlauffrist des § 204 Abs. 2 S. 1 BGB sei es, dass dem Antragsteller gerade dann, wenn eine Sachentscheidung im Verfahren nicht ergeht, in jedem Fall eine Frist zur Ergreifung weiterer Rechtsverfolgungsmaßnahmen verbleibe. Hierfür sei die Kenntnis des Antragstellers über das Scheitern des Güteverfahrens notwendig. Dies entspreche auch der Rechtsprechung zu § 203 BGB,[361] wonach die Verjährungshemmung aufgrund von Verhandlungen dann ende, wenn eine Partei sich weigert, die Verhandlungen fortzusetzen, was grundsätzlich nur durch eine Kenntnisgabe gegenüber der anderen Partei möglich sei. Anzuknüpfen sei jedoch – insoweit entgegen der Rechtsprechung des Oberlandesgerichts Celle – nicht an den Zugang der Mitteilung über das Verfahrenscheitern beim Antragsteller, sondern – entsprechend der Vorschrift des § 204 Abs. 1 Nr. 4 BGB a.F. über den Hemmungsbeginn – an die Veranlassung der Bekanntgabe seitens der Gütestelle. Diesbezüglich macht sich der IV. Zivilsenat die Argumentation des Gesetzgebers zu Eigen, wonach zu besorgen sei, dass eine Zustellung oftmals nicht nachweisbar sein könne. Für den Antragsteller bestehe keine unzumutbare Unklarheit über den Beginn der Nachlauffrist, da er den Bekanntgabezeitpunkt bei der Streitbeilegungsstelle in Erfahrung bringen könne. So sei gewährleistet, dass der Antragsteller Kenntnis von der Nachlauffrist erhält, keine Unklarheiten über den Lauf der Verjährungsfrist bestehen und es zu keiner unsachgemäßen Verlängerung der Verjährungsfrist kommt.[362] Im Beschluss vom 04.05.2016 – III ZR 100/15 – präzisiert der III. Zivilsenat des Bundesgerichtshofes diese Rechtsprechung, in dem er ausführt, dass es selbst im Falle einer anderslautenden Regelung in der Verfahrensordnung einer Streitbeilegungsstelle im Hinblick auf die Beendigung des Verfahrens nach § 204 Abs. 2 S. 1 BGB wegen der Weigerung des Antragsgegners, dem Verfahren beizutreten, stets einer diesbezüglichen

---

360 OLG München, Urt. v. 24.11.2014 – 21 U 5058/13, juris, Rn. 30; zustimmend: BeckOK BGB/*Henrich*, Stand: 01.11.2018, § 204 Rn. 67.

361 Vgl. BGH, Urt. v. 30.06.1998 – VI ZR 260/97, NJW 1998, 2819, 2820; Urt. v. 19.02.1991 – VI ZR 165/90, NJW-RR 1991, 796, 797.

362 BGH, Urt. v. 25.05.2016 – IV ZR 211/15, VersR 2016, 907, 908; Urt. v. 28.10.2015 – IV ZR 405/14, ZIP 2016, 270, 273 f.; zustimmend: *Althammer/Lohr*, NJW 2016, 238.

Bekanntgabe seitens der Streitbeilegungsstelle gegenüber dem Antragsteller bedürfe.[363]

Dies stellt freilich einen Widerspruch zum oben genannten Beschluss des Bundesgerichtshofes vom 21.10.2014 – XI ZB 12/12 – dar, wonach es bei der Feststellung des Verfahrensscheiterns entscheidend auf die Regelung der Verfahrensordnung der angerufenen Streitbeilegungsstelle ankommen soll,[364] was auch der III. Zivilsenat in seiner Entscheidung vom 04.05.2016 – III ZR 100/15 – unter Verweis auf eben jene Rechtsprechung nochmals betonte.[365] Des Weiteren findet die neuere Rechtsprechung des Bundesgerichtshofes zum Beginn der Nachlauffrist im Wortlaut des § 204 Abs. 2 S. 1 BGB – dem, wie oben dargestellt, im Verjährungsrecht eine fundamentale Bedeutung zukommt[366] – nicht die geringste Stütze (im Gegensatz zur Rückwirkungsregelung des § 204 Abs. 1 Nr. 4 Hs. 2 BGB, auf die der Bundesgerichtshof Bezug nimmt), der nur auf die Beendigung selbst, nicht auf die Veranlassung der Bekanntgabe über die Beendigung abstellt. Insofern steht die Rechtsprechung des Bundesgerichtshofes weder mit dem von ihm selbst aufgestellten Grundsatz des Vorrangs der jeweiligen Verfahrensordnungsregelung der angerufenen Streitbeilegungsstelle noch mit den im Verjährungsrecht geltenden Auslegungsprinzipien im Einklang. Dennoch ist die vom Bundesgerichtshof entwickelte Ausnahmeregelung jedenfalls im Hinblick auf eine einheitliche Anwendung der Beendigungsvorschrift nach § 204 Abs. 2 S. 1 BGB zu begrüßen.[367] Teile der Literatur hielten es ohnehin für rechtsstaatlich bedenklich, die Hemmungswirkung des § 204 Abs. 1 Nr. 4 BGB nicht an gesetzlichen Anforderungen, sondern an von Streitbeilegungsstellen jeweils selbst geschaffenen Verfahrensordnungen zu messen.[368]

---

363 BGH, Beschl. v. 04.05.2016 – III ZR 100/15, juris, Rn. 10.

364 BGH, Beschl. v. 21.10.2014 – XI ZB 12/12, ZIP 2015, 25, 37 f.

365 BGH, Beschl. v. 04.05.2016 – III ZR 100/15, juris, Rn. 9.

366 Siehe oben unter § 3 A. III.

367 Vgl. *Althammer/Lohr*, NJW 2016, 238.

368 *Wagner*, BKR 2013, 108, 110; *Althammer/Lohr*, NJW 2016, 238. Entkräftet werden diese Bedenken jedoch dadurch, dass § 15a Abs. 5 Hs. 1 EGZPO die nähere Ausgestaltung des Schlichtungsverfahrens ja explizit dem Landesrecht überlasst und dieses bspw. in Baden-Württemberg (vgl. § 22 Abs. 1 Nr. 3 AGGVG BW) oder Bayern (vgl. § 22 Nr. 3 AGGVG Bay) Streitbeilegungsstellen erlaubt, sich eine eigene Verfahrensordnung zu geben (die nach § 22 Abs. 1 Nr. 3 AGGVG BW in ihren wesentlichen Teilen dem Verfahrensgang nach dem SchlG BW entsprechen und vom Präsidenten des jeweiligen Landgerichts, in dessen Bezirk die Streitbeilegungsstelle ihren Sitz hat, nach § 22 Abs. 2 AGGVG BW anerkannt werden muss; in Bayern: vom Präsidenten des OLG München, § 22 AGGVG Bay).

III. Inkenntnissetzung des Antragstellers unmittelbar durch den Antragsgegner

Ist nach der Rechtsprechung des Bundesgerichtshofes für die Beendigung des Schlichtungsverfahrens nach § 204 Abs. 2 S. 1 BGB die Kenntnis seitens des Antragstellers hierüber nötig, so stellt sich die Frage, ob er für den Anlauf der Verjährungsnachlauffrist diese Kenntnis nur von der Streitbeilegungsstelle erlangt haben muss, oder ob auch eine unmittelbare Inkenntnissetzung über das Scheitern des Verfahrens seitens des Antragsgegners ausreichend ist. Der vom Bundesgerichtshof genannte Zweck der Nachlauffrist des § 204 Abs. 2 S. 1 BGB, wonach dem Antragsteller bei einem Verfahrensscheitern in jedem Fall eine Frist zur Einleitung weiterer Maßnahmen zur Rechtsverfolgung verbleiben müsse, wofür zwingend die Kenntnis über das Scheitern notwendig sei, ist jedenfalls auch dann erfüllt, wenn der Antragsteller durch den Antragsgegner von der Beendigung des Verfahrens erfährt. Darüber hinaus ist das Schlichtungsverfahren faktisch bereits mit der Mitteilung des Antragsgegners unmittelbar beendet, eine weitere, u.U. spätere Mitteilung über das Scheitern seitens der Streitbeilegungsstelle stellt eine reine Formalie dar. Insofern besteht auch kein Widerspruch zum Wortlaut des § 204 Abs. 2 S. 1 BGB, der schlicht von einer *„anderweitigen Beendigung“* spricht. Im Übrigen besteht für den Antragsgegner in diesem Fall kein Beweisproblem hinsichtlich des Zugangs über die Mitteilung des Scheiterns, da die Mitteilung bei ihm selbst zugeht. Es spricht mithin vieles dafür, die Inkenntnissetzung über das Scheitern des Verfahrens durch den Antragsgegner als ausreichend für den Beginn der Nachlauffrist des § 204 Abs. 2 S. 1 BGB zu erachten.

Fraglich ist allerdings, ob dies – gemäß der Rechtsprechung des Bundesgerichtshofes über eine Inkenntnissetzung seitens der Streitbeilegungsstelle – ebenfalls dann gelten muss, wenn die Verfahrensordnung der angerufenen Streitbeilegungsstelle eine anderslautende Beendigungsregelung enthält. Folgt man der Auffassung des Bundesgerichtshofes, wonach primär die Kenntnis des Antragsstellers über das Scheitern des Verfahrens und erst sekundär die jeweilige Verfahrensordnung entscheidend sein soll, und erachtet man es ferner als ausreichend, wenn die Mitteilung über das Scheitern vom Antragsgegner stammt, wird man auch im Falle einer solchen Inkenntnissetzung durch den Antragsgegner nicht umhin kommen, diese im Verhältnis zur einschlägigen Verfahrensordnung als vorrangig zu behandeln. Mit Blick auf die – im Vergleich zur o.g. Rechtsprechung des Bundesgerichtshofes – nicht gegebene Notwendigkeit einer analogen Anwendung der Rückwirkungsregelung des § 204 Abs. 1 Nr. 4 Hs. 2

BGB und damit einer weitaus engeren Auslegung am Wortlaut des § 204 Abs. 2 S. 1 BGB muss dies erst recht gelten.

Sollte in der Verfahrensordnung der angerufenen Streitbeilegungsstelle jedoch explizit geregelt sein, dass eine Verfahrensbeendigung wegen des Scheiterns des Schlichtungsversuchs erst dann eintritt, wenn die Streitbeilegungsstelle die Parteien hiervon in Kenntnis setzt, dürfte für eine wirksame Beendigung i.S.d. § 204 Abs. 2 S. 1 BGB seitens des Antragsgegners demgegenüber kein Platz sein. Denn in diesem Fall ist bereits aufgrund der entsprechenden Regelung in der Verfahrensordnung –die ja prinzipiell vorrangig sein soll – gewährleitstet, dass die Beendigung des Verfahrens stets in Kenntnis des Antragstellers erfolgt, so dass dieser weitere Rechtsverfolgungsmaßnahmen ergreifen kann. Besteht eine solche Gewährleistung durch entsprechende Regelungen in der Verfahrensordnung, gibt es keinen Grund, sich über diese – prinzipiell vorrangigen – Regelungen hinwegzusetzen. Nachdem der Antragsteller durch die Mitteilung des Antragsgegners, die ihm in aller Regel vor der Beendigungsmitteilung der Streitbeilegungsstelle zugehen wird, aber bereits Kenntnis über das Scheitern des Verfahrens hat und deshalb schon vor Beginn der Nachlauffrist des § 204 Abs. 2 S. 1 BGB sich hierauf einstellen und ggf. schon zu diesem Zeitpunkt weitere Rechtsverfolgungsmaßnahmen in Erwägung ziehen kann, käme dem Antragsteller – je nach Bearbeitungszeit der Streitbeilegungsstelle – ein erheblicher zeitlicher Vorteil zuteil, ließe man die Mitteilung des Antragsgegner vollkommen unberücksichtigt. Insofern dürfte es gerechtfertigt sein, zwar das Ende des Verfahrens erst mit der Nachricht der Streitbeilegungsstelle eintreten zu lassen, den Beginn der Nachlauffrist nach der Beendigungsfeststellung durch die Streitbeilegungsstelle jedoch auf den Zeitpunkt des Zugangs der Mitteilung des Antragsgegners rückwirken zu lassen. Etwaige diesbezügliche Beweisrisiken wären vom Antragsgegner zu tragen, der zu einer eigenen Inkenntnissetzung des Antragstellers nicht verpflichtet ist.

G. Verjährungshemmung durch Güteantrag

Hinsichtlich der Wirksamkeit eines Güteantrags können der Vorschrift des § 204 Abs. 1 Nr. 4 BGB keine konkreten Voraussetzungen entnommen werden. Vielmehr weist die Norm lediglich eine allgemeine Formulierung auf, wonach mit dem Güteantrag *„der Anspruch geltend gemacht wird*". Welche Anforderungen an einen wirksamen, die Verjährung des geltend gemachten Anspruch hemmenden Güteantrags zu stellen sind, ist demgemäß in Literatur und Rechtsprechung nach wie vor umstritten, auch wenn sich der Bundesgerichtshof mittlerweile zu diesbezüglichen Einzelfragen (insbesondere zur Bestimmtheit des Güteantrags)[369] positioniert hat.

I. Abgrenzung zu Klagschrift und Mahnbescheidsantrag

1. Klagschrift (§ 204 Abs. 1 Nr. 1 BGB)

Nach h.M. muss eine Klagschrift, die den Hemmungstatbestand nach § 204 Abs. 1 Nr. 1 BGB erfüllen soll, die wesentlichen gesetzlichen Formvorschriften erfüllen sowie hinreichend individualisiert sein.

Die diesbezüglichen Anforderungen sind § 253 Abs. 2 ZPO zu entnehmen. Danach sind in der Klagschrift die Parteien und das Gericht zu bezeichnen (§ 253 Abs. 2 Nr. 1 ZPO). Darüber hinaus muss der Klagschrift der Gegenstand der Klage und der Grund des erhobenen Anspruchs sowie ein bestimmter Antrag entnommen werden können (§ 253 Abs. 2 Nr. 2 ZPO).[370] Weitere Mindestvoraussetzung ist, dass die Klagschrift für das Gericht und die beklagte Partei den ernsthaften Willen des Klägers zur Einleitung eines Gerichtsverfahrens erkennen lässt.[371] Zur Unterscheidung vom bloßen Entwurf, der u.U. gar nicht mit Wissen und Wollen des Berechtigten dem Gericht zugehen kann, muss die Klagschrift ferner unterschrieben sein.[372] Auch soll die Unterzeichnung des Schriftsatzes gewährleisten, dass aus ihm der abgegebene Erklärungsinhalt sowie die Urheberschaft des Berechtigten hinreichend zuverlässig entnommen werden können.[373] Dieses Unterschriftserfordernis stellt jedoch keinen Selbstzweck

---

369 Siehe unter § 4 G. III. 3.

370 BGH, Urteil vom 08.01.2014 – XII ZR 12/13, NJW 2014, 920, 921; Urt. v. 14.05.1997 – XII ZR 140/95, NJW-RR 1997, 1216, 1217; Urt. v. 17.11.1988 – III ZR 252/87, NJW-RR 1989, 508; BeckOGK BGB/*Meller-Hannich*, Stand: 01.12.2018, § 204 Rn. 46; NK BGB AT/*Mansel*, § 204 Rn. 31; MüKo BGB/*Grothe*, § 204 Rn. 21, 23; Erman/*Schmidt-Räntsch*, § 204 Rn. 5.

371 BFH, Urt. v. 07.12.1977 – II R 96/75, BeckRS 1977, 22004299, juris, Rn. 12; MüKo ZPO/*Becker-Eberhard*, § 253 Rn. 16; Musielak/Voit/*Foerste*, § 253 Rn. 6.

372 Gemeinsamer Senat der obersten Gerichtshöfe des Bundes, Beschl. v. 05.04.2000 – GmS-OGB 1/98, juris, Rn. 10; Beschl. v. 30.04.1979 – GmS-OGB 1/78, juris, Rn. 31; BGH, Urt. v. 10.05.2005 – XI ZR 128/04, juris, Rn. 15, 20; BeckOK BGB/*Henrich*, Stand: 01.11.2018, § 204 Rn. 12; Staudinger/*Peters/Jacoby*, § 204 Rn. 28; Erman/*Schmidt-Räntsch*, § 204 Rn. 3; NK BGB AT/*Mansel*, § 204 Rn. 34; BeckOGK BGB/*Meller-Hannich*, Stand: 01.12.2018, § 204 Rn. 29.1.

373 Gemeinsamer Senat der obersten Gerichtshöfe des Bundes, Beschl. v. 05.04.2000 – GmS-OGB 1/98, juris, Rn. 10; Beschl. v. 30.04.1979 – GmS-OGB 1/78, juris, Rn. 31; BGH, Beschl. v. 04.05.2016 – III ZR 100/15, juris, Rn. 4; Urt. v. 10.05.2005 – XI ZR 128/04, juris, Rn. 20; Beschl. v. 25.03.1986 – IX ZB 15/86, juris, Rn. 7.

dar.[374] Vielmehr ist eine Unterschrift dann ausnahmsweise entbehrlich, wenn die Urheberschaft aufgrund anderer Anhaltspunkte in vergleichbarer Weise gewährleistet und der Wille des Klägers ersichtlich ist, die Klagschrift bei Gericht einzureichen.[375]

Umstritten ist derweil, ob der Unterzeichner in einem Anwaltsprozess postulationsfähig sein muss. Nach einer in der Literatur vertretenen Meinung soll die mangelnde Postulationsfähigkeit für die Verjährungshemmung unschädlich sein, da eine vom Kläger persönlich unterschriebene Klagschrift (wenn diese zugestellt werden sollte) dem Beklagten gleichwohl seinen Willen zur aktiven Rechtsdurchsetzung verdeutliche.[376] Auch sei die Postulationsfähigkeit keine Prozessvoraussetzung sondern nur Prozesshandlungsvoraussetzung.[377] Demgegenüber soll nach gegenteiliger Auffassung aufgrund der Unfähigkeit des nicht postulationsfähigen Klägers, wirksame Prozesshandlungen vorzunehmen, eine Verjährungshemmung in einem solchen Fall ausscheiden.[378]

Letztgenannte Auffassung ist überzeugender: Nach o.g. h.M. ist grundsätzliche Voraussetzung für eine Verjährungshemmung nach § 204 Abs. 1 Nr. 1 BGB eine wirksame Klageerhebung. Eine solche liegt in Fällen einer nicht vorhandenen Unterschrift eines Anwalts im Anwaltsprozess anerkanntermaßen nicht vor, auch wenn dieser Mangel (jedoch nur ex nunc) geheilt werden kann.[379] Die

---

374 A.a.O.

375 BVerfG, Beschl. v. 04.07.2002 – 2 BvR 2168/00, NJW 2002, 3534, 3535 bzgl. eines Einspruchs gegen einen Strafbefehl; BGH, Urt. v. 10.05.2005 – XI ZR 128/04, juris, Rn. 20 f.; BVerwG, Beschl. v. 27.01.2003 –1 B 92/02, NJW 2003, 1544; Beschl. v. 19.12.1994 – 5 B 79/94, juris, Rn. 9; Urt. v. 06.12.1988 – 9 C 40/87, NJW 1989, 1175, 1176; BSG, Beschl. v. 15.10.1996 – 14 BEg 9/96, juris, Rn. 6; OVG Schleswig-Holstein, Urt. v. 22.10.1993 – 3 L 117/93, Rn. 26 ff.; VGH Baden-Württemberg, Urt. v. 20.02.1992 – 8 S 2881/91, juris, Rn. 17 ff.; BeckOK BGB/*Henrich*, Stand: 01.11.2018, § 204 Rn. 12; a.A. OLG Braunschweig, Urt. v. 26.02.2004 – 1 U 42/03, juris, Rn. 14 f., 21 ff.: Eine solche einzelfallbezogene Ausnahme führe zu großer Rechtsunsicherheit.

376 Staudinger/*Peters/Jacoby*, § 204 Rn. 28; BeckOK BGB/*Henrich*, Stand: 01.11.2018, § 204 Rn. 12.

377 *Gottwald*, FamRZ 2001, 1007.

378 OLG Naumburg, Urt. v. 14.12.2000 – 8 UF 24/00, juris, Rn. 55 ff., 62 ff.; OLG Zweibrücken, Beschl. v. 03.12.1998 – 3 UF 121/98, NJWE-FER 1999, 130 hinsichtlich der Rechtshängigkeit eines Scheidungsantrages; OLG Braunschweig, Beschl. v. 08.10.1956 – 2 UH 17/56, MDR 1957, 425, 426; Erman/*Schmidt-Räntsch*, § 204 Rn. 3; MüKo BGB/*Grothe*, § 204 Rn. 22; BeckOGK BGB/*Meller-Hannich*, Stand: 01.12.2018, § 204 Rn. 29.1; Musielak/Voit/*Foerste*, § 253 Rn. 10; *Riehm*, NJW 2017, 113, 114.

379 Vgl. BGH, Urt. v. 03.03.2004 – IV ZR 458/02, NJW-RR 2004, 755; Urt. v. 04.10.1984 – VII ZR 342/83, NJW 1985, 328, 329; Urt. v. 25.06.1975 – VIII ZR 254/74, NJW

Erwägung, der Schuldner erkenne auch bei einer nur vom nicht postulationsfähigen Kläger unterschriebenen Klagschrift dessen Willen zur Rechtsdurchsetzung, rechtfertigt keine Ausnahme von diesem Grundsatz. Denn mit dieser Argumentation könnte auch auf die übrigen Wirksamkeitsvoraussetzungen einer Klagschrift (Bezeichnung der Parteien, des Gerichts und des Anspruchs) im Hinblick auf die Verjährungshemmung verzichtet werden, solange nur der Rechtsdurchsetzungswille des Schuldners in hinreichender Weise zum Ausdruck käme. Eine Andersbehandlung des Unterschriftserfordernisses erscheint insofern nicht gerechtfertigt.

Die Klage muss demgegenüber nicht schlüssig vorgetragen werden.[380] Auch eine ausreichende Substantiierung des Anspruchs ist nicht erforderlich.[381] Im Übrigen hemmt – wie ein unzulässiger Güteantrag[382] – auch eine unzulässige Klage die Verjährung.[383] Dem Gläubiger wird somit nicht das Risiko aufgebürdet, eine durch einfache Fehler im Rahmen der Klageerhebung eingetretene Verjährung hinnehmen zu müssen.[384]

Wird die Klage gegen den falschen Schuldner erhoben, tritt keine Verjährungshemmung ein, da die dem Hemmungstatbestand zugrunde liegende Warnfunktion gegenüber dem richtigen Schuldner nicht zum Tragen kommt.[385] Gleiches

---

1975, 1704, 1705; Musielak/Voit/*Foerste*, § 253 Rn. 10; BeckOK ZPO/*Bacher*, Stand: 01.12.2018, § 253 Rn. 83.

380 BGH, Urt. v. 26.06.1996 – XII ZR 38/95, juris, Rn. 19; Urt. v. 04.06.1983 – II ZR 235/82, juris, Rn. 6; Urt. v. 22.05.1967 – II ZR 87/65, juris, Rn. 18; BAG, Urt. v. 03.05.2006 – 10 AZR 344/05, juris, Rn. 30; BeckOGK BGB/*Meller-Hannich*, Stand: 01.12.2018, § 204 Rn. 41; BeckOK BGB/*Henrich*, Stand: 01.11.2018, § 204 Rn. 13; Erman/*Schmidt-Räntsch*, § 204 Rn. 3; NK BGB AT/*Mansel*, § 204 Rn. 35.

381 BGH, Urt. v. 26.06.1996 – XII ZR 38/95, juris, Rn. 19; Urt. v. 04.06.1983 – II ZR 235/82, juris, Rn. 6; Urt. v. 28.10.1968 – VII ZR 35/66, VersR 1969, 60, 61; Urt. v. 13.07.1959 – III ZR 27/58, NJW 1959, 1819, 1820; MüKo BGB/*Grothe*, § 204 Rn. 23.

382 Siehe oben unter § 4 C. II. 1.

383 BGH, Urt. v. 08.01.2014 – XII ZR 12/13, NJW 2014, 920, 921; Urt. v. 24.05.2012 – IX ZR 168/11, NJW 2012, 2180, 2181; Urt. v. 09.12.2010 – III ZR 56/10, NJW 2011, 2193, 2194; Urt. v. 19.01.1994 – XII ZR 190/92, NJW-RR 1994, 514, 515; Urt. v. 26.03.1981 – VII ZR 160/80, juris, Rn. 19; Urt. v. 20.12.1973 – III ZR 154/71, juris, Rn. 20; BeckOK BGB/*Henrich*, Stand: 01.11.2018, § 204 Rn. 13; Erman/*Schmidt-Räntsch*, § 204 Rn. 3; MüKo BGB/*Grothe*, § 204 Rn. 25; NK BGB AT/*Mansel*, § 204 Rn. 35. Vgl. auch bereits RG, Urt. v. 23.03.1914 – VI 578/13, RGZ 84, 309, 310 f.

384 *Regenfus*, NJW 2016, 2977, 2978.

385 BGH, Urt. v. 26.03.1981 – VII ZR 160/80, juris, Rn. 19; BAG, Urt. v. 24.05.1957 – 4 AZR 501/54, BeckRS 1957, 102736; MüKo BGB/*Grothe*, § 204 Rn. 3; BeckOK BGB/*Henrich*, Stand: 01.11.2018, § 204 Rn. 11; Erman/*Schmidt-Räntsch*, § 204 Rn. 4; NK

gilt für den Fall, dass die Klage nicht vom Berechtigten des geltend gemachten Anspruchs erhoben wird. Der Wortlaut des § 204 Abs. 1 Nr. 1 BGB schreibt dies zwar – anders als noch § 209 Abs. 1 BGB a.F. – nicht vor. Nach h.M. soll dieser Grundsatz aber auch für die aktuelle Gesetzesfassung gelten.[386] Berechtigte sind dabei der Anspruchsinhaber selbst sowie der zur Klageerhebung Ermächtigte, der den Anspruch in gewillkürter oder gesetzlicher Prozessstandschaft geltend macht.[387] Die nach Klageerhebung erst während des Prozesses eintretende Anspruchsberechtigung – etwa durch nachträgliche Ermächtigung oder Parteiwechsel – wirkt im Hinblick auf die Verjährungshemmung nach § 204 Abs. 1 Nr. 1 BGB stets nur ex nunc.[388] § 185 Abs. 2 BGB ist hinsichtlich der Prozessführung nicht entsprechend anwendbar.[389] Anders ist es demgegenüber, wenn der ursprünglich Berechtigte Klage erhoben hat und die Anspruchsberechtigung während des Verfahrens wechselt, bspw. durch Abtretung: Die durch die Klage eingetretene Hemmungswirkung wirkt aufgrund der Vorschrift des § 265 ZPO auch für den erst im Verfahrensverlauf Berechtigten.[390] Dies soll selbst für den Fall gelten, dass eine Antragsumstellung auf Leistung an den neuen Berechtigten unterbleibt.[391] Zwar könne die Klage dann mangels Prozessführungsbefugnis oder Aktivlegitimation abgewiesen werden, die Verjährungshemmung sei

---

BGB AT/*Mansel*, § 204 Rn. 32. Eine (ungewollt) fehlerhafte Parteibezeichnung ist allerdings dann unschädlich, wenn der richtige Beklagte unschwer auch von einem Außenstehenden ermittelt werden könnte, vgl. BGH, Urt. v. 20.06.2013 – VII ZR 71/11, NJW-RR 2013, 1169, 1170; Urt. v. 20.09.1978 – VIII ZR 147/77, juris, Rn. 17; Urt. v. 12.05.1977 – VII ZR 167/76, NJW 1977, 1686 f.; MüKo BGB/*Grothe*, § 204 Rn. 22; Staudinger/*Peters/Jacoby*, § 204 Rn. 6.

386 BGH, Urt. v. 29.10.2009 – I ZR 191/07, NJW 2010, 2270, 2271; *Rabe*, NJW 2006, 3089, 3090 f.; Staudinger/*Peters/Jacoby*, § 204 Rn. 6; NK BGB AT/*Mansel*, § 204 Rn. 14, 36.

387 BGH, Urt. v. 29.10.2009 – I ZR 191/07, NJW 2010, 2270, 2271; Urt. v. 16.09.1999 – VII ZR 385/98, NJW 1999, 3707; Urt. v. 03.07.1980 – IV a ZR 38/80, NJW 1980, 2461, 2462; *Baur*, JZ 1958, 246; Staudinger/*Peters/Jacoby*, § 204 Rn. 9 f.; NK BGB AT/*Mansel*, § 204 Rn. 14.

388 BGH, Urt. v. 16.03.1989 – VII ZR 63/88, NJW-RR 1989, 1269; Urt. v. 09.11.1966 – V ZR 176/63, juris, Rn. 15; OLG München, Urt. v. 08.11.2007 – 6 U 5117/06, GRUR-RR 2008, 139, 142; OLG Schleswig, Urt. v.05.11.2002 – 3 U 184/00, NJOZ 2004, 253, 254; Staudinger/*Peters/Jacoby*, § 204 Rn. 11; NK BGB AT/*Mansel*, § 204 Rn. 14, 38;

389 BGH, Urt. v. 09.11.1966 – V ZR 176/63, juris, Rn. 15; Staudinger/*Peters/Jacoby*, § 204 Rn. 11; MüKo BGB/*Grothe*, § 204 Rn. 20.

390 Palandt/*Ellenberger*, § 204 Rn. 9; Staudinger/*Peters/Jacoby*, § 204 Rn. 10.

391 BGH, Urt. v. 20.10.1983 – I ZR 86/82, NJW 1984, 2102, 2104; Staudinger/*Peters/Jacoby*, § 204 Rn. 10.

hiervon jedoch nicht betroffen.[392] Darüber hinaus soll einer Klage nach einer in der Literatur vertretenen Auffassung dann keine verjährungshemmende Wirkung zukommen, wenn feststeht, dass der Kläger an einer Sachentscheidung nicht interessiert ist, sondern die Klage lediglich zum Zwecke der Verjährungshemmung erhoben hat.[393] Nach der Gegenmeinung dürfe die Motivation des Klägers für die Klageerhebung demgegenüber keine Rolle hinsichtlich der Verjährungshemmung des geltend gemachten Anspruchs spielen.[394] In derlei Fällen könne auch kein Rechtsmissbrauch angenommen werden, der eine Verjährungshemmung ausschließen würde, da die vom Gesetzgeber diesbezüglich geschaffenen Instrumente ausgeschöpft können werden müssten, unabhängig davon, dass eine sachgerechte Grenzziehung zwischen zulässiger und missbräuchlicher Klageerhebung gar nicht möglich sei.[395]

Nach h.M. muss der in einer Klagschrift geltend gemachte Anspruch für den Beklagten und das Gericht zudem ohne Weiteres identifizierbar sein. Dies ist dann der Fall, wenn die Klage einem der materiellen Rechtskraft fähigen Vollstreckungstitel als Grundlage dienen kann. Für eine Zahlungsklage ist daher die Bezifferung des vom Beklagten geforderten Betrages notwendig.[396] Insofern wirkt die Hemmung des Anspruchs nach der Rechtsprechung des Bundesgerichtshofes stets nur für die geltend gemachte Höhe des Anspruchs und nicht für einen u.U. darüber hinaus gehenden Betrag, den der Kläger vom Beklagten ebenfalls noch fordern könnte.[397] Die an die Konkretisierung des geltend

392 BGH, Urt. v. 20.10.1983 – I ZR 86/82, NJW 1984, 2102, 2104.

393 MüKo BGB/*Grothe*, § 204 Rn. 3 unter Berufung auf RG, Urt. v. 26.10.1907 – V 58/07, RGZ 66, 412, 414 f. In dem vom Reichsgericht zu entscheidenden Fall hatte der Antragsteller eines Beweissicherungsantrages diesen nur mit der Intention eingelegt, die Verjährung seines Anspruchs zu hemmen. Einem solchen Antrag sei deshalb dessen Bedeutung als Beweissicherungsantrag genommen. Der Antrag stelle vielmehr eine bloße „*Anmeldung*" der Forderung dar. Dies reiche zur Unterbrechung der Verjährung nicht aus; BeckOGK BGB/*Meller-Hannich*, Stand: 01.12.2018; § 204 Rn. 103 unter Verweis auf die Gegenäußerung der Bundesregierung hinsichtlich des Gesetzentwurfs vom 31.08.2001, BT-Drs. 14/6857, S. 44. In diesem brachte die Bundesregierung ihre Annahme zum Ausdruck, dass die Gerichte einer rechtsmissbräuchlichen Klageerhebung keine verjährungshemmende Wirkung beimessen werden.

394 Staudinger/*Peters/Jacoby*, § 204 Rn. 4.

395 Staudinger/*Peters/Jacoby*, § 204 Rn. 4; auch BeckOGK BGB/*Meller-Hannich*, Stand: 01.12.2018, § 204 Rn. 103 mahnt zur Vorsicht bei der Unterstellung eines Missbrauchs. Zur im Hinblick auf Güteanträge diesbezüglich geführten Diskussion siehe unter § 4 G. IV.

396 Vgl. jurisPK-BGB/*Lakkis*, Stand: 19.01.2018, § 204 Rn. 27.

397 BGH, Urt. v. 11.03.2009 – IV ZR 224/07, NZV 2009, 386, 387.

gemachten Anspruchs von § 253 ZPO aufgestellten Voraussetzungen müssen auch bei Klageerhebungen im verwaltungs-, finanz-, und arbeitsgerichtlichen Verfahren erfüllt werden.[398] Eine Ausnahme gilt für Klagen vor einem Sozialgericht: § 92 Abs. 1 SGG stellt sowohl an den Inhalt der Klagschrift als auch an deren Bestimmtheit geringere Anforderungen auf, da es sich diesbezüglich lediglich um eine Soll-Vorschrift handelt.[399]

Fehlt es an einer den Anforderungen des § 253 Abs. 2 ZPO entsprechenden Individualisierung der Klagschrift bzw. sind die geltenden Formvorschriften nicht erfüllt, kommt eine Verjährungshemmung hinsichtlich des mit der Klage geltend gemachten Anspruchs nach § 204 Abs. 1 Nr. 1 BGB nicht in Betracht.[400] Zwar können gewisse Mängel der Klagschrift nach der Rechtsprechung des Bundesgerichtshofes (z.B. durch rügeloses Einlassen der Gegenpartei nach § 295 Abs. 1 ZPO) geheilt werden, so bspw. eine nicht unterschriebene Klagschrift oder die fehlende Angabe des Gegenstandes und des Grundes des erhobenen Anspruchs.[401] Eine Hemmungsrückwirkung auf den Zeitpunkt der Klageinreichung durch nachträgliche Heilung der o.g. Mängel ist allerdings nicht möglich, entscheidend ist ausschließlich die Klagschrift im Zeitpunkt der Erhebung.[402] Dieser Grundsatz gilt derweil wiederum nicht für Klagen nach §§ 90 ff. SGG. Eine Nachholung der Anspruchsindividualisierung ist hier ausnahmsweise rückwirkend möglich, und zwar bis spätestens zum Schluss der mündlichen Verhandlung.[403]

---

398 BeckOGK BGB/*Meller-Hannich*, Stand: 01.12.2018, § 204 Rn. 47.

399 LSG Nordrhein-Westfalen, Urt. v. 23.09.2004 – L 2 KR 13/04, juris, Rn. 33; BeckOGK BGB/*Meller-Hannich*, Stand: 01.12.2018, § 204 Rn. 47; jurisPK-BGB/*Lakkis*, Stand: 19.01.2018, § 204 Rn. 27.

400 RG, Urt. v. 23.03.1914 – VI 578/13, RGZ 84, 309, 311; BeckOGK BGB/*Meller-Hannich*, Stand: 01.12.2018, § 204 Rn. 45; NK BGB AT/*Mansel*, § 204 Rn. 31; MüKo BGB/*Grothe*, § 204 Rn. 21, 23.

401 BGH, Urt. v. 25.06.1975 – VIII ZR 254/74, juris, Rn. 13 ff.; Urt. v. 29.11.1956 – III ZR 235/55, juris, Rn. 16.

402 BGH, Urt. v. 17.03.2016 – III ZR 200/15, juris, Rn. 27; Urt. v. 17.10.2000 – XI ZR 312/99, juris, Rn. 24; Urt. v. 29.11.1956 – III ZR 235/55, juris, Rn. 16; zum Mahnbescheidsantrag: BGH, Urt. v. 21.10.2008 – XI ZR 466/07, juris, Rn. 20; Urt. v. 10.07.2008 – IX ZR 160/07, juris, Rn. 16; OLG Hamm, Urt. v. 23.11.2010 – 34 U 157/07, juris, Rn. 86; MüKo BGB/*Grothe*, § 204 Rn. 23; Erman/*Schmidt-Räntsch*, § 204 Rn. 5; a.A. FS Lüke/*Vollkommer*, S. 865, 889 ff.; *Maniak*, MDR 2001, 347, 348.

403 LSG Nordrhein-Westfalen, Urt. v. 23.09.2004 – L 2 KR 13/04, juris, Rn. 33.

2. Mahnbescheidsantrag (§ 204 Abs. 1 Nr. 3 BGB)

Wie bei der Klagschrift kommt es beim Mahnbescheidsantrag für die Hemmung der Verjährung nach ständiger Rechtsprechung des Bundesgerichtshofes nicht auf dessen Zulässigkeit, sondern auf seine Wirksamkeit an.[404] Insofern ist ein Verstoß gegen die Ausschlussvorschrift des § 688 Abs. 2 ZPO, in der geregelt ist, unter welchen Umständen ein Mahnverfahren nicht stattfindet, für die Verjährungshemmung nicht von Belang,[405] die zwingenden Formvorschriften des § 690 Abs. 1 Nr. 1 – 3 ZPO (Bezeichnung der Parteien (insbesondere des richtigen Schuldners)[406], des Gerichts, bei dem der Antrag gestellt wird und des geltend gemachten Anspruchs) müssen demgegenüber erfüllt sein.[407]

Die in Bezug auf die Verjährungshemmung maßgebliche Wirksamkeitsvoraussetzung eines Mahnbescheidsantrages ist mithin die hinreichende Anspruchsindividualisierung, da der Mahnbescheid die Grundlage für einen möglicherweise folgenden Vollstreckungsbescheid bilden können soll und der Anspruchsgegner in die Lage versetzt werden muss, Erwägungen hinsichtlich

---

404 BGH, Urt. v. 16.07.2015 – III ZR 238/14, NJW 2015, 3162, 3163; Urt. v. 23.06.2015 – XI ZR 536/14, NJW 2015, 3160; Urt. v. 21.12.2011 – VIII ZR 157/11, NJW 2012, 995, 996; Urt. v. 12.04.2007 – VII ZR 236/05, NJW 2007, 1952, 1956; Urt. v. 05.05.1988 –VII ZR 119/87, NJW 1988, 1964, 1965.

405 BGH, Urt. v. 16.07.2015 – III ZR 238/14, NJW 2015, 3162, 3163; Urt. v. 23.06.2015 – XI ZR 536/14, NJW 2015, 3160; BeckOK BGB/*Henrich*, Stand: 01.11.2018, § 204 Rn. 22; BeckOGK BGB/*Meller-Hannich*, Stand: 01.12.2018, § 204 Rn. 130; jurisPK-BGB/*Lakkis*, Stand: 19.01.2018, § 204 Rn. 65; NK BGB AT/*Mansel*, § 204 Rn. 65; Erman/*Schmidt-Räntsch*, § 204 Rn. 13.

406 Wobei eine Bestimmbarkeit der Parteien ausreichend ist, vgl. jurisPK-BGB/*Lakkis*, Stand: 19.01.2018, § 204 Rn. 56; Staudinger/*Peters/Jacoby*, § 204 Rn. 54; BeckOGK BGB/*Meller-Hannich*, Stand: 01.12.2018, § 204 Rn. 136.

407 BeckOK BGB/*Henrich*, Stand: 01.11.2018, § 204 Rn. 23; BeckOGK BGB/*Meller-Hannich*, Stand: 01.12.2018, § 204 Rn. 132; NK BGB AT/*Mansel*, § 204 Rn. 61. Hingegen ist eine Nichtbeachtung der Vorschriften der Nr. 4 und 5 des § 690 Abs. 1 ZPO für die Verjährungshemmung ohne Bedeutung, Staudinger/*Peters/Jacoby*, § 204 Rn. 54; NK BGB AT/*Mansel*, § 204 Rn. 65. Zu beachten ist in diesem Zusammenhang jedoch, dass bei einer bewusst falschen Erklärung, der geltend gemachte Anspruch hänge nicht von einer Gegenleistung ab oder die Gegenleistung sei bereits erbracht, nach der Rechtsprechung des Bundesgerichtshofes ein die Verjährungshemmung ausschließender Rechtsmissbrauch in Betracht kommen kann, vgl. BGH, Urt. v. 21.12.2011 – VIII ZR 157/11, NJW 2012, 995, 996. Zu diesem Aspekt siehe unter § 4 G. IV. 2.

seiner Verteidigungsbereitschaft zu treffen.[408] Nicht hinreichend individualisiert ist ein Anspruch, wenn der Schuldner weder aus dem vom Gläubiger bezeichneten Zeitraum noch aus der Forderungshöhe schließen kann, um welchen konkreten Anspruch es sich handelt.[409] Falschbezeichnungen sind nach der Rechtsprechung des Bundesgerichtshofes dann unschädlich, wenn für den Anspruchsgegner der streitgegenständliche Anspruch dennoch erkennbar ist.[410] Die Individualisierung des Anspruchs kann – entsprechend der Grundsätze zur Klagschrift – nicht rückwirkend im auf das Mahnverfahren folgenden streitigen Verfahren nachgeholt werden.[411] Eine weitergehende Substantiierung des geltend gemachten Anspruchs ist nicht erforderlich.[412]

Hinsichtlich einer hinreichenden Individualisierung des im Mahnbescheidsantrag bezeichneten Anspruchs darf der Antragsteller auf Unterlagen Bezug nehmen, die dem Mahnbescheidsantrag beigefügt sind. Letzteres ist nach ständiger Rechtsprechung des Bundesgerichtshofes nicht notwendig, wenn die Unterlagen dem Antragsgegner bekannt sind.[413] In diesem Fall soll auch eine

---

408 St. BGH-Rspr., vgl. Urt. v. 10.12.2015 – III ZR 128/14, juris, Rn. 9; Urt. v. 13.10.2015 – II ZR 281/14, NJW 2016, 1083, 1084; Urt. v. 17.11.2010 – VIII ZR 211/09, juris, Rn. 9; Urt. v. 17.10.2000 – XI ZR 312/99, juris, Rn. 17; Urt. v. 30.11.1999 – VI ZR 207/98, juris, Rn. 11; Urt. v. 08.05.1996 – XII ZR 8/95, juris, Rn. 20; Urt. v. 18.05.1995 – VII ZR 191/94, juris, Rn. 8; Urt. v. 28.10.1993 – IX ZR 21/93, juris, Rn. 32; Urt. v. 17.12.1992 – VII ZR 84/92, juris, Rn. 14; Urt. v. 05.12.1991 – VII ZR 106/91, juris, Rn. 17; Urt. v. 05.05.1988 – VII ZR 119/87, juris, Rn. 17; Urt. v. 18.11.1982 – VII ZR 118/81, juris, Rn. 15.

409 BGH, Urt. v. 13.10.2015 – II ZR 281/14, NJW 2016, 1083, 1084.

410 BGH, Urt. v. 23.01.2008 – VIII ZR 46/07, NJW 2008, 1220, 1221; Urt. v. 14.07.2010 – VIII ZR 229/09, NJW-RR 2010, 1455, 1456; BeckOK BGB/*Henrich*, Stand: 01.11.2018, § 204 Rn. 23.

411 BGH, Urt. v. 13.10.2015 – II ZR 281/14, NJW 2016, 1083, 1084; Urt. v. 21.10.2008 – XI ZR 466/07, NJW 2009, 56, 57; Urt. v. 10.07.2008 – IX ZR 160/07, NJW 2008, 3498, 3499; Urt. v. 17.10.2000 – XI ZR 312/99, juris, Rn. 24; *Grothe*, NJW 2015, 17, 18 ff; Erman/*Schmidt-Räntsch*, § 204 Rn. 13.

412 BGH, Urt. v. 10.10.2013 – VII ZR 155/11, NJW 2013, 3509, 3510; Urt. v. 23.01.2008 – VIII ZR 46/07, NJW 2008, 1220 f.; Urt. v. 06.12.2001 – VII ZR 183/00, NJW 2002, 520, 521; Urt. v. 30.11.1999 – VI ZR 207/98, NJW 2000, 1420; Urt. v. 18.11.1982 – VII ZR 118/81, juris, Rn. 15; Erman/*Schmidt-Räntsch*, § 204 Rn. 13; *Grothe*, NJW 2015, 17.

413 BGH, Urt. v. 13.10.2015 – II ZR 281/14, juris, Rn. 18; Beschl. v. 25.06.2015 – III ZR 173/14, juris, Rn. 6; Urt. v. 25.03.2015 – VIII ZR 243/13, juris, Rn. 64; Urt. v. 15.01.2015 – I ZR 148/13, juris, Rn. 25; Urt. v. 17.11.2010 – VIII ZR 211/09, juris, Rn. 11; Urt. v. 14.07.2010 – VIII ZR 229/09, juris, Rn. 11; Urt. v. 10.07.2008 – IX ZR 160/07, juris, Rn. 7; Urt. v. 23.01.2008 – VIII ZR 46/07, juris, Rn. 18; Urt.

falsche Bezeichnung des Rechtsgrundes unerheblich sein.[414] Bestehen zwischen Antragsteller und Antragsgegner keine weiteren Rechtsbeziehungen, genügt nach Auffassung des Bundesgerichtshofes überdies eine knappe Kennzeichnung des geltend gemachten Anspruchs, da für den Antragsgegner dann keine Zweifel bestehen können, um welchen Anspruch es sich handelt.[415] Grundsätzlich kommt es ohnehin auf die Erkennbarkeit des Anspruchs aus Sicht des Antragsgegners an, nicht auf die Erkennbarkeit durch außenstehende Dritte.[416] Werden im Mahnbescheidsantrag mehrere Ansprüche geltend gemacht, ist für eine hinreichende Individualisierung die Erkennbarkeit seitens des Antragsgegners notwendig, wie sich der im Mahnbescheidsantrag bezeichnete Gesamtbetrag aus den einzelnen Forderungen zusammensetzt.[417] Bei der Geltendmachung von Gewährleistungsansprüchen ist ferner dann eine genaue Bezeichnung des geltend gemachten Mangels notwendig, wenn mehrere Mängel bestehen. Dies folgt aus dem oben genannten Grundsatz, wonach verschiedene Mängel unterschiedliche prozessuale Ansprüche zur Folge haben,[418] weshalb die Geltendmachung eines Mangels die Verjährung der Ansprüche aus weiteren, nicht geltend gemachten Mängeln nicht hemmt.[419]

Im Gegensatz zur Klagschrift muss ein Mahnbescheidsantrag nicht unterschrieben sein, um verjährungshemmende Wirkung zu haben, obwohl § 690 Abs. 2 ZPO dies explizit vorschreibt. Der Bundesgerichtshof führte in seinem Grundsatzurteil vom 24.01.1983 diesbezüglich an, dass § 693 Abs. 2 ZPO a.F., wo

---

v. 08.05.1996 – XII ZR 8/95, juris, Rn. 22; Urt. v. 26.04.1967 – Ib ZR 52/65, juris, Rn. 31 f.

414 BGH, Urt. v. 23.01.2008 – VIII ZR 46/07, juris, Rn. 18.

415 BGH, Urt. v. 13.10.2015 – II ZR 281/14, juris, Rn. 18; Urt. v. 25.03.2015 – VIII ZR 243/13, juris, Rn. 64; Urt. v. 17.11.2010 – VIII ZR 211/09, juris, Rn. 12 f.; Urt. v. 06.12.2001 – VII ZR 183/00, juris, Rn. 11.

416 BGH, Urt. v. 13.10.2015 – II ZR 281/14, juris, Rn. 18; Urt. v. 25.03.2015 – VIII ZR 243/13, juris, Rn. 64; Urt. v. 15.01.2015 – I ZR 148/13, juris, Rn. 25; Urt. v. 17.11.2010 – VIII ZR 211/09, juris, Rn. 11; Urt. v. 14.07.2010 – VIII ZR 229/09, juris, Rn. 11; BGH, Urt. v. 23.01.2008 – VIII ZR 46/07, juris, Rn. 15; Urt. v. 12.04.2007 – VII ZR 236/05, juris, Rn. 46.

417 BGH, Urt. v. 21.10.2008 – XI ZR 466/07, NJW 2009, 56, 57; Urt. v. 12.04.2007 – VII ZR 236/05, juris, Rn. 45; Urt. v. 17.10.2000 – XI ZR 312/99, NJW 2001, 305, 306; Urt. v. 17.12.1992 – VII ZR 84/92, NJW 1993, 862, 863; BeckOGK BGB/*Meller-Hannich*, Stand: 01.12.2018, § 204 Rn. 138; NK BGB AT/*Mansel*, § 204 Rn. 62.

418 Siehe oben unter § 4 E.

419 Vgl. BGH, Urt. v. 12.04.2007 – VII ZR 236/05, juris, Rn. 45; OLG Celle, Urt. v. 20.03.2014 – 16 U 57/13, NJW 2015, 90, 92; *Grothe*, NJW 2015, 17, 20.

geregelt war, dass eine Verjährungsunterbrechung bereits mit der Einreichung des Mahnbescheidsantrags eintritt, wenn der Mahnbescheid dem Antragsgegner „*demnächst*" zugestellt wird, für die Verjährungsunterbrechung seinem Wortlaut nach keine Unterschrift des Mahnbescheidsantrages forderte. Auch Sinn und Zweck der Vorschrift spreche für dieses Ergebnis: So begründe ein nicht unterschriebener Mahnbescheidsantrag zwar einen Zurückweisungsgrund nach § 691 Abs. 1 ZPO. Erlässt das Mahngericht aber dennoch einen Mahnbescheid, ohne diesen Fehler zu bemerken, stelle dieser eine wirksame gerichtliche Entscheidung dar und nicht – wie bei der Klagschrift – einen bloßen Schriftsatz des Klägers. Nur an diesen Vorgang sei aber die Unterbrechung der Verjährung nach § 209 Abs. 2 Nr. 1 a.F. geknüpft, weshalb es nicht sachgerecht sei, die Verjährungsunterbrechung von der Einhaltung der Formvorschrift des § 690 Abs. 2 ZPO abhängig zu machen. Dieser Grundsatz müsse jedenfalls dann Anwendung finden, wenn die Identität des Antragstellers sowie sein Wille, das Mahnverfahren einzuleiten, feststehen. Als weiteres Argument nannte der Bundesgerichtshof die Vorschrift des § 690 Abs. 3 ZPO a.F., wonach ein Mahnbescheidsantrag auch in einer nur maschinell lesbaren Aufzeichnung – naturgemäß ohne Unterschrift – eingereicht werden kann, wenn die Aufzeichnung dem Gericht für seine maschinelle Bearbeitung geeignet erscheint. Beim Klageverfahren sei demgegenüber jedenfalls eine zu Protokoll der Geschäftsstelle gegebene Erklärung erforderlich.[420]

II. Formerfordernisse von Güteanträgen

1. Grundsatz

Im Gegensatz zu Klagschrift und Mahnbescheidsantrag existieren für Güteanträge keine gesetzlichen Formvorschriften. Nach h.M. in Literatur und Rechtsprechung sollen deshalb diesbezüglich die Formvorschriften der Verfahrensordnung der jeweils angerufenen Streitbeilegungsstelle erfüllt sein, damit eine Verjährungshemmung nach § 204 Abs. 1 Nr. 4 BGB in Gang gesetzt wird.[421]

---

420 BGH, Urt. v. 24.01.1983 – VIII ZR 178/81, NJW 1983, 1050, 1052 f.; zustimmend: MüKo BGB/*Grothe*, § 204 Rn. 33; Erman/*Schmidt-Räntsch*, § 204 Rn. 13; BeckOK BGB/*Henrich*, Stand: 01.11.2018, § 204 Rn. 23; BeckOGK BGB/*Meller-Hannich*, Stand: 01.12.2018, § 204 Rn. 130; Staudinger/*Peters/Jacoby*, § 204 Rn 54; NK BGB AT/*Mansel*, § 204 Rn. 65.

421 BGH, Urt. v. 06.12.2016 – XI ZR 257/15, BeckRS 2016, 113674 Rn. 40; Urt. v. 28.10.2015 – IV ZR 526/14, BKR 2016, 112, 113; Urt. v. 20.08.2015 – III ZR 373/14, juris, Rn. 16; Urt. v. 18.06.2015 – III ZR 198/14, juris, Rn. 21; Urt. v. 22.02.2008 – V ZR 86/07, juris, Rn. 10; Urt. v. 22.02.2008 – V ZR 87/07, juris, Rn. 10; Urt. v. 09.11.2007 – V

So hält der Bundesgerichtshof einen per E-Mail eingereichten Güteantrag für unwirksam, wenn die Verfahrensordnung der angerufenen Streitbeilegungsstelle Schriftform vorschreibt.[422] Nach Auffassung des Bundesgerichtshofes liege es dabei nahe, dass mit einer in einer Verfahrensordnung enthaltenen Regelung, die einen *„schriftlichen"* Antrag vorsieht, die sogenannte *„prozessrechtliche"* und nicht die in § 126 BGB geregelte Schriftform zu verstehen sei, so dass auch ein per Telefax eingereichter Güteantrag diesem Formerfordernis genügen würde.[423]

Die Unwirksamkeit eines Güteantrags soll darüber hinaus auch im Falle der Nichteinhaltung einer in einer Verfahrensordnung zu findenden Formvorschrift gegeben sein, wonach dem von einem Bevollmächtigten gestellten Güteantrag eine schriftliche Vollmacht beizufügen sei. Fügt der Bevollmächtigte dem Güteantrag lediglich eine Kopie der vom Antragsteller erteilten Vollmacht bei, soll der Güteantrag unwirksam sein. Dem liege das legitime Anliegen der Streitbeilegungsstelle zugrunde, die Frage einer Bevollmächtigung bereits im Zeitpunkt der Antragstellung unstrittig zu stellen. Ferner handele es sich in diesem Zusammenhang um verjährungsrechtliche Regelungen, bei denen die Belange von Rechtssicherheit und Rechtsklarheit besonders berücksichtigt werden müssten.[424] Diese strenge Sichtweise soll nach neuerer Rechtsprechung des Bundesgerichtshofes jedoch explizit nur in Fällen gelten, in denen die Verfahrensordnung der jeweiligen Gütestelle die Vorlage einer schriftlichen Vollmacht ausdrücklich vorsieht. Orientiere sich die Verfahrensordnung jedoch ersichtlich an den Regelungen der ZPO, lasse eine nicht erfolgende Einreichung einer Vollmachtsurkunde noch nicht auf einen Vollmachtsmangel schließen. Denn dann gelte der in der ZPO in § 88 Abs. 2 verankerte Grundsatz, dass bei Vertretung durch einen

---

ZR 25/07, juris, Rn. 12; OLG Karlsruhe, Urt. v. 30.12.2014 – 9a U 12/14, juris, Rn. 49; OLG Frankfurt, Urt. v. 09.07. 2014 – 17 U 172/13, juris, Rn. 31; NK BGB AT/*Mansel*, § 204 Rn. 82; Erman/*Schmidt-Räntsch*, § 204 Rn. 16; *Grüneberg*, BKR 2015, 485, 494; *Assies/Faulenbach*, BKR 2015, 89, 95; *May/Moeser*, NJW 2015, 1637, 1639; kritisch: *Wagner* BKR 2013, 108, 110.

422 BGH, Urt. v. 09.11.2007 – V ZR 25/07, juris, Rn. 12.

423 BGH, Urt. v. 09.11.2007 – V ZR 25/07, juris, Rn. 13; vgl. auch Urt. v. 22.02.2008 – V ZR 86/07, juris, Rn. 12; Urt. v. 22.02.2008 – V ZR 87/07, juris, Rn. 12.

424 BGH, Urt. v. 22.02.2008 – V ZR 86/07, juris, Rn. 11 f.; Urt. v. 22.02.2008 – V ZR 87/07, juris, Rn. 11 f. Die gegen die beiden Urteile erhobenen Verfassungsbeschwerden wurden jeweils wegen mangelnder Aussicht auf Erfolg vom Bundesverfassungsgericht mit Nichtannahmebeschlüssen vom 22.10.2008 – 1 BvR 1217/08 – bzw. – 1 BvR 1218/08 – nicht zur Entscheidung angenommen.

Rechtsanwalt dessen Bevollmächtigung nur auf Rüge des Antragsgegners von Amts wegen geprüft wird.[425]

Unerlässlich ist nach der Rechtsprechung des Bundesgerichtshofes ferner die Angabe der richtigen ladungsfähigen Anschrift des Antragsgegners im bei einer Streitbeilegungsstelle eingereichten Güteantrag. Nach Auffassung des Bundesgerichtshofes stelle § 204 Abs. 1 Nr. 4 BGB nur deshalb nicht auf die Bekanntgabe des Güteantrags, sondern auf die vorbereitende Verfügung der Streitbeilegungsstelle ab, weil der Antragsteller vor einem wahrheitswidrigen Bestreiten des Antragszugangs geschützt werden muss, den der Antragsteller kaum beweisen kann. Gibt der Antragsteller jedoch eine falsche Adresse des Antragsgegners an, könne dieser den eingereichten Güteantrag von vornherein nicht erreichen, so dass die Warnfunktion des Güteantrags nicht greife. Insofern brauche der Antragsteller auch nicht vor einer drohenden Beweisnot in Bezug auf den Zugang des Güteantrags geschützt werden. Ungeschriebene Voraussetzung des § 204 Abs. 1 Nr. 4 BGB sei es deshalb, dass der Güteantrag durch die in diesem enthaltenen Angaben die tatsächliche Bekanntgabe des Güteantrags gegenüber dem Antragsgegner ermöglicht.[426]

Im Übrigen müssen die für eine Klagschrift geltenden, strengen Anforderungen des § 253 ZPO jedenfalls dann nicht erfüllt sein, wenn die Verfahrensordnung der angerufenen Streitbeilegungsstelle diese nicht selbst aufstellt.[427]

2. Vergleich mit Mahnbescheidsantrag

Insofern wird ein Güteantrag vom Bundesgerichtshof in Bezug auf Formerfordernisse anders behandelt als ein Mahnbescheidsantrag, der – wie oben ausgeführt – keiner Unterschrift bedarf, um verjährungshemmende Wirkung zu entfalten, wenn trotz dieses Formfehlers ein Mahnbescheid ergeht. Diese Unterscheidung trägt dem Umstand Rechnung, dass ein dennoch erlassener Mahnbescheid eine wirksame gerichtliche Entscheidung (Beschluss)[428] darstellt, die ein

425 BGH, Beschl. v. 04.05.2016 – III ZR 100/15, NJOZ 2017, 16 f.

426 BGH, Urt. v. 10.09.2015 – IX ZR 255/14, NJW 2016, 151, 152. Im Urteil des Bundesgerichtshofes ist zwar ein Prozesskostenhilfeantrag i.S.d. § 204 Abs. 1 Nr. 14 BGB streitgegenständlich, der Bundesgerichtshof nimmt jedoch explizit auch auf Güteanträge und die Vorschrift des § 204 Abs. 1 Nr. 4 BGB Bezug.

427 Vgl. OLG Brandenburg, Urt. v. 03.03.2010 – 4 U 40/09, juris, Rn. 99; OLG Hamm, Urt. v. 26.04.2007 – 22 U 117/06, juris, Rn. 152; NK BGB AT/*Mansel*, § 204 Rn. 81.

428 MüKo ZPO/*Schüler*, § 692 Rn. 3.

Güteantrag naturgemäß nicht nach sich ziehen kann, weshalb die unterschiedliche Behandlung von derlei Formfehlern gerechtfertigt ist.

3. Vergleich mit Klagschrift

Demgegenüber sollten hinsichtlich der Wirksamkeit eines einen Formfehler aufweisenden Güteantrags dieselben Grundsätze gelten, die von Rechtsprechung und Literatur zur Klagschrift aufgestellt wurden, um eine – soweit möglich – einheitliche Anwendung der Hemmungstatbestände des § 204 Abs. 1 BGB zu gewährleisten. Die Heilung eines Formmangels – was entsprechend der Rechtsprechung zur Klagschrift[429] auch im Güteverfahren durch rügelose Einlassung, mithin durch das rügelose Führen von Güteverhandlungen, entsprechend § 295 Abs. 1 ZPO möglich sein muss – wirkt also stets ex nunc, so dass eine Hemmungsrückwirkung prinzipiell ausscheidet.[430] Ein nicht unterschriebener Güteantrag sollte darüber hinaus ebenfalls dann wirksam sein und die Verjährung unterbrechen, wenn die Urheberschaft des Antragstellers aufgrund anderer Anhaltspunkte in vergleichbarer Weise gewährleistet und der Wille des Antragstellers ersichtlich ist, den Güteantrag bei der angerufenen Streitbeilegungsstelle anzubringen.

Hinsichtlich des zuletzt genannten Grundsatzes fällt auf, dass weder der Bundesgerichtshof[431] noch das Bundesverfassungsgericht[432] in ihren Entscheidungen zu einem Güteantrag, dem – entgegen der Verfahrensordnung der Gütestelle – nur eine Kopie der dem Bevollmächtigten vom Antragsteller erteilten schriftlichen Vollmacht beigefügt war bzw. der nur per E-Mail gestellt wurde, zu dieser oben genannten, von der h.M. in der Rechtsprechung anerkannten Ausnahme[433] nicht Stellung genommen haben. Vielmehr wurde lediglich auf das Vorliegen

---

429 BGH, Urt. v. 25.06.1975 – VIII ZR 254/74, juris, Rn. 13 ff.; Urt. v. 29.11.1956 – III ZR 235/55, juris, Rn. 16.

430 Vgl. BGH, Urt. v. 28.10.2015 – IV ZR 405/14, juris, Rn. 12; Urt. v. 18.06.2015 – III ZR 198/14, juris, Rn. 17; KG, Urt. v. 08.01.2015 – 8 U 141/13, BeckRS 2015, 03316, Rn. 54 f.; OLG Hamm, Urt. v. 04.12.2014 – 34 U 30/14, BeckRS 2015, 3463, Rn. 63; OLG Frankfurt, Urt. v. 09.07.2014 – 17 U 172/13, BeckRS 2014, 15969, Rn. 31; *Grüneberg*, BKR 2015, 485, 496 jeweils hinsichtlich einer nur mit Wirkung ex nunc nachholbaren Individualisierung des geltend gemachten Anspruchs.

431 BGH, Urt. v. 22.02.2008 – V ZR 86/07, juris; Urt. v. 22.02.2008 – V ZR 87/07, juris; Urt. v. 09.11.2007 – V ZR 25/07, juris.

432 BVerfG, Nichtannahmebeschl. v. 22.10.2008 – 1 BvR 1217/08 – bzw. – 1 BvR 1218/08, juris.

433 Siehe oben unter § 4 G. I. 1.

eines formalen Mangels abgestellt, aus dem die Unwirksamkeit des Güteantrages folge. Gerade im Falle einer nur in Kopie beigelegten Vollmacht trat aber der Wille des Antragstellers, den Güteantrag bei der Gütestelle einzureichen, deutlich zutage. Zwar ist es durchaus möglich, dass dem konkret geprüften Güteantrag – trotz beigelegter Kopie der Bevollmächtigung – aufgrund anderer Umstände ein solcher Wille nicht entnommen werden konnte. Hierauf stellten jedoch weder das Bundesverfassungsgericht noch der Bundesgerichtshof noch das Berufungsgericht (Oberlandesgericht Hamm)[434] ab, sondern ausschließlich auf die Nichteinhaltung der in der Verfahrensordnung der Gütestellte enthaltenen Anforderungen. Diese Sichtweise steht jedoch im klaren Widerspruch zu den oben dargestellten und allgemein anerkannten Grundsätzen zum Unterschriftserfordernis bei einer Klagschrift, wonach anerkannt ist, dass Formvorschriften keinen Selbstzweck darstellen, sondern gewährleisten sollen, dass aus dem Schriftstück der Erklärungsinhalt sowie dessen Urheber hinreichend zuverlässig entnommen werden können und außerdem sichergestellt ist, dass es sich nicht lediglich um einen Entwurf handelt.[435] Hätte im Falle der dem Güteantrag nur in Kopie beigefügten Bevollmächtigungsurkunde demnach dem Güteantrag sowohl der Inhalt der abgegebenen Erklärung, deren Urheber als auch die Gewissheit, dass nicht lediglich ein Entwurf vorliegt, entnommen werden können, wäre es verfehlt gewesen, dem Güteantrag die verjährungshemmende Wirksamkeit zu versagen, da das ausschließliche Abstellen auf die Erfüllung der von der Gütestelle in ihrer Verfahrensordnung vorgegebenen Formerfordernisse nur deren Selbstzweck manifestiert. Ein solcher Formalismus ist aber – wie bereits oben dargestellt[436] – dem deutschen Verjährungs- und Prozessrecht fremd.[437] Wenn Ausnahmen von gesetzlichen Formvorschriften im Hinblick auf

434 OLG Hamm, Urt. v. 26.04.2007 – 22 U 117/06, juris, Rn. 154 ff.

435 Gemeinsamer Senat der obersten Gerichtshöfe des Bundes, Beschl. v. 05.04.2000 – GmS-OGB 1/98, juris, Rn. 10; Beschl. v. 30.04.1979 – GmS-OGB 1/78, juris, Rn. 31; BGH, Urt. v. 10.05.2005 – XI ZR 128/04, juris, Rn. 20; Beschl. v. 25.03.1986 – IX ZB 15/86, juris, Rn. 7.

436 Siehe oben unter § 4 G. I. 1.

437 Ebenso: *Schwintowski*, BKR 2009, 89, 98, der ferner moniert, dass es in den §§ 130, 130a ZPO „*soll*" und nicht „*muss*" heißt, woraus ebenfalls zu schließen sei, dass diese Formvorschriften keinen Selbstzweck verfolgen. Dies sei weder vom Bundesverfassungsgericht noch vom Bundesgerichtshof berücksichtigt worden; wohl auch MüKo BGB/*Grothe*, § 204 Rn. 36, der darauf abstellen will, ob der Güteantrag die geforderte Warnfunktion erfüllt und einen bestimmten Rechtsdurchsetzungswillen des Antragstellers erkennen lässt.

eine Klagschrift von der ganz h.M. in der Rechtsprechung nach Sinn und Zweck der jeweiligen Vorschrift zugelassen werden, muss dies im Übrigen erst recht hinsichtlich der Formvorschriften einer von einer Streitbeilegungsstelle sich selbst gegebenen Verfahrensordnung möglich sein.

Einer in der Literatur vertretenen Auffassung zufolge soll ein einen Formfehler aufweisender Güteantrag dann die Verjährung des geltend gemachten Anspruchs hemmen, wenn er von der angerufenen Streitbeilegungsstelle dennoch dem Antragsgegner bekannt gegeben wird.[438] Diese Sichtweise – die einen nicht sachgerechten Gleichlauf zwischen Mahnbescheidsantrag und Güteantrag zur Folge hätte – würde jedoch eine rückwirkende Heilung des Formmangels bedeuten und dem Grundsatz einer Heilung ausschließlich mit Wirkung ex nunc widersprechen, weshalb sie abzulehnen ist.

III. Bestimmtheit von Güteanträgen

1. Grundsatz

In Literatur und Rechtsprechung ist allgemein anerkannt, dass die verjährungshemmende Wirkung eines Güteantrags grundsätzlich nur dann eintreten kann, wenn der im Güteantrag geltend gemachte Anspruch hinreichend genau bezeichnet wird. Es muss für den Antragsgegner erkennbar sein, welcher Anspruch gegen ihn geltend gemacht wird, um prüfen zu können, ob er dem Güteverfahren beitreten möchte oder nicht. Dem Güteantrag muss insofern ein bestimmter Rechtsdurchsetzungswille des Antragstellers, die Darstellung des dem Rechtsstreit zugrunde liegenden Lebenssachverhalts sowie das diesbezüglich begehrte Rechtsschutzziel entnommen werden können.[439] Dies auch deshalb, weil die angerufene Streitbeilegungsstelle – neben dem Antragsgegner – ebenfalls in

---

438 MüKo BGB/*Grothe*, § 204 Rn. 36.

439 BGH, Urt. v. 06.12.2016 – XI ZR 257/15, BeckRS 2016, 113674 Rn. 40; Urt. v. 28.10.2015 – IV ZR 526/14, BKR 2016, 112, 113; Urt. v. 28.10.2015 – IV ZR 405/14, juris, Rn. 13; Urt. v. 15.10.2015 – III ZR 170/14, juris, Rn. 21; Urt. v. 03.09.2015 – III ZR 347/14, juris, Rn. 16; Urt. v. 20.08.2015 – III ZR 373/14, juris, Rn. 17; Urt. v. 18.06.2015 – III ZR 198/14, juris, Rn. 18, 22 f.; OLG Düsseldorf, Urt. v. 26.02.2016 – I-16 U 197/14, juris, Rn. 81; OLG Hamm, Beschl. v. 03.12.2015 – 34 U 122/15, BeckRS 2016, 19079, Rn. 33; OLG Karlsruhe, Urt. v. 11.11.2014 – 17 U 258/13, juris, Rn. 14, 16; OLG Frankfurt, Urt. v. 16.07.2014 – 19 U 2/14, BeckRS 2014, 15970, Rn. 17 ff.; OLG München, Urt. v. 06.11.2013 – 20 U 2064/13, juris, Rn. 38; *Duchstein*, NJW 2014, 342, 344; NK BGB AT/*Mansel*, § 204 Rn. 81; BeckOGK BGB/*Meller-Hannich*, Stand: 01.12.2018, § 204 Rn. 171; *Nobbe*, WuB 2015, 262, 266; *Thume*, WuB 2015, 290, 294.

ausreichender Weise über die vom Antragsteller an sie herangetragene Streitsache informiert werden muss, um eine erfolgversprechende Schlichtung betreiben zu können.[440] Ob der Antragsgegner durch eigene Nachforschungen in der Lage ist, den vom Antragsteller geltend gemachten Anspruch zu identifizieren, ist unerheblich. Es kommt ausschließlich auf den bei der jeweiligen Streitbeilegungsstelle eingereichten Güteantrag an.[441] Dabei kann der Antragsteller grundsätzlich auf zwischen den Parteien existierende schriftliche Korrespondenz Bezug nehmen. Hierzu müssen die Unterlagen jedoch zusammen mit dem Güteantrag bei der angerufenen Streitbelegungsstelle eingehen, ansonsten bleiben sie unberücksichtigt.[442]

Auf der anderen Seite sollen die Anforderungen an eine hinreichende Bestimmtheit des Güteantrags geringer sein als im Klage- oder Mahnverfahren, da das Güteverfahren auf eine außergerichtliche, einvernehmliche Streitbeilegung gerichtet sei und erst ein vor einer Gütestelle geschlossener Vergleich einen vollstreckbaren Titel nach § 794 Abs. 1 Nr. 1 ZPO darstelle.[443] Dementsprechend muss ein Güteantrag nach ganz h.M. auch keinen konkreten Antrag enthalten.[444]

---

440 BGH, Urt. v. 28.10.2015 – IV ZR 405/14, juris, Rn. 13; Urt. v. 15.10.2015 – III ZR 170/14, juris, Rn. 21; Urt. v. 03.09.2015 – III ZR 347/14, juris, Rn. 16; Urt. v. 20.08.2015 – III ZR 373/14, juris, Rn. 17; Urt. v. 18.06.2015 – III ZR 198/14, juris, Rn. 24; OLG Düsseldorf, Urt. v. 26.02.2016 – I-16 U 197/14, juris, Rn. 81; OLG Hamm, Beschl. v. 03.12.2015 – 34 U 122/15, BeckRS 2016, 19079, Rn. 33; OLG Karlsruhe, Urt. v. 11.11.2014 – 17 U 258/13, juris, Rn. 19; *Nobbe*, WuB 2015, 262, 266; *Thume*, WuB 2015, 290, 294.

441 OLG Hamm, Beschl. v. 03.12.2015 – 34 U 122/15, BeckRS 2016, 19079, Rn. 36; BeckOGK BGB/*Meller-Hannich*, Stand: 01.12.2018, § 204 Rn. 171; *Gilberg*, NJW 2015, 2410.

442 BGH, Hinweisbeschl. v. 07.09.2016 – IV ZR 238/15, BeckRS 2016, 21252 Rn. 16; Urt. v. 25.05.2016 – IV ZR 211/15, BeckRS 2016, 10334 Rn. 16; Urt. v. 28.10.2015 – IV ZR 526/14, BKR 2016, 112, 113; Urt. v. 15.10.2015 – III ZR 170/14, NJW-RR 2016, 372, 374; Urt. v. 03.09.2015 – III ZR 347/14, BeckRS 2015, 16019, Rn. 19; Beschl. v. 13.08.2015 – III ZR 380/14, BeckRS 2015, 15051 Rn. 15; Beschl. v. 16.07.2015 – III ZR 302/14, BeckRS 2015, 13231 Rn. 6; Beschl. v. 16.07.2015 – III ZR 164/14, BeckRS 2015, 13230 Rn. 4; Urt. v. 18.6.2015 – III ZR 198/14, NJW 2015, 2407, 2410.

443 OLG Hamm, Beschl. v. 03.12.2015 – 34 U 122/15, BeckRS 2016, 19079, Rn. 33; Urt. v. 26.04.2007 – 22 U 129/06, juris, Rn. 127; MüKo BGB/*Grothe*, § 204 Rn. 36; *May/Moeser*, NJW 2015, 1637, 1638 f.; *Assies/Faulenbach*, BKR 2015, 89, 91 geben zu bedenken, dass es auch einem nicht anwaltlich vertretenen Verbraucher möglich sein muss, einen hinreichend bestimmten Güteantrag stellen zu können, weshalb die diesbezüglichen Anforderungen gering sein müssten.

444 BGH, Urt. v. 28.10.2015 – IV ZR 405/14, BeckRS 2015, 18765 Rn. 13; Urt. v. 03.09.2015 – III ZR 347/14, BeckRS 2015, 16019 Rn. 16; Urt. v. 20.08.2015 – III

2. *Meinungsstreit in Literatur und Rechtsprechung*

Welche konkreten Bestimmtheitsanforderungen an einen Güteantrag zu stellen sind, war jedoch in der oberlandesgerichtlichen Rechtsprechung und der Literatur lange Zeit umstritten. Nachdem die Anforderungen an einen hinreichend genau bezeichneten Antrag nach h.M. im Güteverfahren geringer sind als im Klage- oder Mahnverfahren und die strengen Anforderungen des § 253 ZPO nicht in Gänze erfüllt werden müssen, wurde teilweise vertreten, dass die Wiedergabe des Lebenssachverhalts zur Feststellung der Identität des Streitgegenstandes jedenfalls dann ausreiche, soweit die Verfahrensordnung der jeweiligen Gütestelle keine konkrete Antragstellung oder eine Bezifferung der geltend gemachten Forderung vorschreibt.[445] Dem Oberlandesgericht Stuttgart genügte in einem Kapitalanlageberatungsfall bereits die Benennung des Vertragsgegenstandes und der Schadensursache. Weder müsse der (angeblich) eingetretene Schaden genau beziffert, noch der Zeitpunkt der vom Schuldner erbrachten Leistung, noch der Name der für den Antragsgegner handelnden Person angegeben werden, da aus der Verfahrensordnung der angerufenen Gütestelle keine entsprechenden Anforderungen zu entnehmen gewesen seien.[446]

Demgegenüber stellten andere Gerichte und Literaturvertreter höhere Bestimmtheitsanforderungen auf: So forderten eine Vielzahl an Gerichten neben der Darstellung des Lebenssachverhalts auch die bestimmte Bezeichnung der begehrten Rechtsfolge, mithin eine Bezifferung des vorgetragenen Anspruchs.[447] Zum einen sei dies notwendig, um eine Grundlage für Vergleichsgespräche zu

---

ZR 373/14, BeckRS 2015, 15316 Rn. 17; Urt. v. 18.06.2015 – III ZR 198/14, BeckRS 2015, 11751 Rn. 24; OLG Hamm, Urt. v. 26.04.2007 – 22 U 129/06, juris, Rn. 127; OLG Karlsruhe, Urt. v. 11.11.2014 – 17 U 258/13, juris, Rn. 18; OLG Brandenburg, Urt. v. 03.03.2010 – 4 U 40/09, juris, Rn. 99.

445 OLG Brandenburg, Urt. v. 03.03.2010 – 4 U 40/09, juris, Rn. 99; OLG Nürnberg, Urt. v. 12.08.2014 – 4 U 1766/13, juris, Rn. 30 f.; zustimmend: *May/Moeser*, NJW 2015, 1637, 1638 f.

446 OLG Stuttgart, Urt. v. 04.02.2015 – 3 U 126/13, juris, Rn. 27 f.

447 OLG Bamberg, Urt. v. 27.10.2014 – 4 U 191/13, BeckRS 2015, 17176; Urt. v. 21.05.2014 – 3 U 205/13, BeckRS 2015, 15075; OLG Hamm, Beschl. v. 24.07.2014 – 34 U 113/13, BeckRS 2015, 8554, Rn. 38; OLG München, Urt. v. 06.11.2013 – 20 U 2064/13, juris, Rn. 38; Beschl. v. 12.11.2007 – 19 U 4170/07, juris, Rn. 22; LG Baden-Baden, Urt. v. 30.12.2013 – 1 O 187/12, juris, Rn. 58; LG Berlin, Urt. v. 23.10.2013 – 10 O 43/13, juris, Rn. 38; *Nobbe*, WuB 2015, 262, 266, für den kein Grund ersichtlich ist, an die Bestimmtheit von Güteanträgen geringere Anforderungen zu stellen als an die Bestimmtheit von Mahnbescheidsanträgen.

schaffen (und zwar auch im Hinblick auf den Streitschlichter, dessen Tätigkeit auf einen Vergleichsvorschlag gerichtet ist), zum anderen könne der Antragsgegner nur so beurteilen, ob er dem Güteverfahren überhaupt beitreten möchte.[448]

Einer Bezifferung des geltend gemachten Anspruchs bedürfe es laut Urteil des Oberlandesgerichts Karlsruhe vom 11.11.2014 - 17 U 258/13 - (in dem ebenfalls ein Kapitalanlageberatungsvertrag streitgegenständlich war) zwar nicht, allerdings sei ein formularmäßiger Musterantrag, der neben der Angabe des Antragsgegners und des Vertragsgegenstandes lediglich allgemeine, beliebig austauschbare Vorwürfe enthalte, nicht bestimmt genug. Vielmehr müssten auch das Datum der Beratung und der Zeichnung der Anlage sowie die Höhe der Zeichnungssumme genannt werden.[449]

3. *Rechtsprechung des Bundesgerichtshofes*

Die Rechtsprechung des Bundesgerichtshofes zu den Anforderungen an die Individualisierung eines Güteantrages ist davon geprägt, dass es sich in sämtlichen Entscheidungen um Kapitalanlagefälle handelt. Dies lässt sich darauf zurückführen, dass gerade in solchen Fallkonstellationen Verbraucheranwälte dazu übergegangen waren, in einer Vielzahl von Fällen standardisierte Musteranträge zur Verjährungshemmung zu stellen, um den Arbeitsaufwand für den jeweiligen Güteantrag möglichst gering zu halten. Dies auch deshalb, weil sie teilweise tausende Mandanten in ein und derselben Angelegenheiten vertreten hatten.[450]

Erstmals äußerte sich der XI. Zivilsenat des Bundesgerichtshofs im Beschluss vom 21.10.2014 - XI ZB 12/12 - konkret über den für die Einhaltung des Bestimmtheitsgrundsatzes notwendigen Inhalt eines Güteantrags und stellte fest, dass den Individualisierungsanforderungen genügt sei, wenn der Güteantrag den Zeitpunkt des Erwerbs der Kapitalanlage unter Benennung des angeblich fehlerhaften Prospekts enthält. Die einzelnen Prospektfehler müssten demgegenüber nicht benannt werden, da der Prospektverantwortliche auch ohne eine solche

---

448 OLG Bamberg, Urt. v. 27.10.2014 - 4 U 191/13, BeckRS 2015, 17176; Urt. v. 21.05.2014 - 3 U 205/13, BeckRS 2015, 15075; vgl. auch *Assies/Faulenbach*, BKR 2015, 89, 94; *Müller*, GWR 2015, 212.

449 OLG Karlsruhe, Urt. v. 11.11.2014 - 17 U 258/13, juris, Rn. 18, 23; zustimmend: OLG München, Urt. v. 25.02.2015 - 7 U 2611/14, juris, Rn. 15 f.

450 Vgl. etwa OLG Celle, Urt. v. 24.09.2015 - 11 U 89/14, BeckRS 2015, 16743 Rn. 46 (ca. 12.000 Anträge).

Benennung beurteilen könne, ob er sich gegen den geltend gemachten Anspruch des Anlegers verteidigen möchte.[451]

Wesentlich umfangreicher äußerte sich der III. Zivilsenat in seinen Grundsatzurteilen vom 18.06.2015 – III ZR 189/14, III ZR 191/14, III ZR 198/14[452] und III ZR 227/14: So seien in Anlageberatungsfällen regelmäßig die konkrete Kapitalanlage, die Zeichnungssumme sowie der ungefähre Beratungszeitraum zu bezeichnen. Des Weiteren müsse der Hergang der Beratung mindestens grob wiedergegeben und außerdem das vom Antragsteller angestrebte Verfahrensziel jedenfalls in einem solchen Umfang umschrieben werden, dass sowohl dem Antragsgegner als auch der Gütestelle ein Rückschluss auf Art und Umfang der geltend gemachten Forderung ermöglicht wird. Einer exakten Bezifferung der Forderung bedürfe der Güteantrag entsprechend seiner Funktion allerdings nicht.[453]

Der im konkreten Fall gestellte Musterantrag genüge diesen Anforderungen nicht, da er keinen Bezug zum damaligen Beratungshergang aufweise und als individuelle Angaben lediglich die Namen der Antragsteller und den Anlagefonds benannt hatte. Dem Antragsgegner wäre es deshalb nur unter größten Mühen möglich gewesen zu ermitteln, um welche Anlageberatung es sich gehandelt hatte, da er im Rahmen seines Geschäftsbetriebes eine große Zahl von Kapitalanlagen unter Zuhilfenahme einer Vielzahl von Beratern und Vermittlern vertreibe. Außerdem sei der Antragsgegner um den Jahreswechsel 2011/2012 mit etlichen Güteanträgen konfrontiert gewesen, während die handelsrechtlichen Aufbewahrungspflichten nach § 257 HGB in diesen Fällen zumeist abgelaufen waren. Hinsichtlich des angestrebten Verfahrensziels hieß es im vom Bundesgerichtshof geprüften Güteantrag „*Schadensersatz aus fehlerhafter Anlageberatung*“, weshalb die Antragsteller anstrebten, „*so gestellt zu werden, als hätte/n ich/wir die Beteiligung nie getätigt*“. Laut Bundesgerichtshof sei anhand dieser Formulierung nicht ersichtlich gewesen, ob die Antragsteller den vollständigen Zeichnungsschaden inklusive oder exklusive ggf. entstandener Darlehenskosten oder lediglich einen Differenzschaden (bspw. nach zwischenzeitlicher Veräußerung der Beteiligung) geltend machen wollten. Demgemäß sei auch die Größenordnung der streitgegenständlichen Forderung für den Antragsgegner nicht im

451 BGH, Beschl. v. 21.10.2014 – XI ZB 12/12, NJW 2015, 236, 249.

452 Verfassungsbeschwerde ohne Begründung nicht angenommen, BVerfG, Beschl. v. 10.09.2015 – 1 BvR 1817/15, juris.

453 BGH, Urt. v. 18.06.2015 – III ZR 189/14, BeckRS 2015, 11749 Rn. 24 ff.; – III ZR 191/14, BeckRS 2015, 11750 Rn. 25 ff.; – III ZR 198/14, NJW 2015, 2407, 2409 f.; – III ZR 227/14, BeckRS 2015, 11752 Rn. 25 ff.

Ansatz erkennbar gewesen. Im Übrigen hätte es der Güteantrag der angerufenen Gütestelle unter diesen Umständen nicht ermöglicht, einen Vergleichsvorschlag zur außergerichtlichen Beilegung der Streitigkeit auszuarbeiten.[454]

Im Beschluss vom 13.08.2015 – III ZR 358/14 – hielt der Bundesgerichtshof im Hinblick auf das mit einem Güteantrag angestrebte Verfahrensziel eine Formulierung nicht für ausreichend, wonach „*das eingesetzte Eigenkapital abzüglich etwaiger Ausschüttungen zurückgefordert*", ein „*entgangener Gewinn*" geltend gemacht, „*die Freistellung von steuerlichen und wirtschaftlichen Nachteilen im Zusammenhang mit der Beteiligung*" verlangt sowie „*die für die jeweilige Anteilsfinanzierung erbrachten Zins- und Tilgungsleistungen*" als Schadensersatz gefordert werde, wenn der Antragsteller lediglich die Zeichnungssumme nebst Agio im Güteantrag bezeichnet. Der Umfang des entgangenen Gewinns, angefallener Kreditkosten und abzuziehender Ausschüttungen sei dem Güteantrag nicht zu entnehmen gewesen, weshalb weder die Gütestelle noch der Antragsgegner die Größenordnung der geltend gemachten Forderung hätten abschätzen können.[455] Diese Ansicht bestätigte der Bundesgerichtshof kurz darauf im Urteil vom 20.08.2015 – III ZR 373/14 –, in dem er feststellte, dass es zur ausreichenden Beschreibung des Verfahrensziels nicht ausreiche, „*Schadensersatz- und Rückabwicklungsansprüche*" geltend zu machen und „*entgangenen Gewinn*" zu fordern mit der Begründung, der Antragsteller hätte den investierten Betrag „*jederzeit festverzinslich zu einem Zinssatz von mindestens 4 %*" anlegen können, wobei „*Ausschüttungen und Steuervorteile*" in Abzug zu bringen seien. Denn dem Güteantrag hätte nicht entnommen werden können, ob das eingesetzte Nominalkapital fremdfinanziert war, wodurch ein entstandener Schaden vorwiegend in den geleisteten Zins- und Tilgungszahlungen gelegen hätte. Auch sei im Güteantrag kein Hinweis auf Freistellungsansprüche hinsichtlich der Darlehensverbindlichkeit gegen den Kreditgeber enthalten gewesen.[456] Im Beschluss vom 28.01.2016 – III ZB 88/15 – forderte der Bundesgerichtshof zusätzlich, dass

454 A.a.O.

455 BGH, Beschl. v. 13.08.2015 – III ZR 358/14, BKR 2015, 527 f.

456 BGH, Urt. v. 20.08.2015 – III ZR 373/14, NJW 2015, 3297, 3299; ebenso: Beschl. v. 04.05.2016 – III ZR 90/15, BeckRS 2016, 10333 Rn. 6; Beschl. v. 25.02.2016 – III ZB 79/15, BeckRS 2016, 5145 Rn. 17; Beschl. v. 28.01.2016 – III ZB 88/15, NZG 2016, 355, 356; Urt. v. 15.10.2015 – III ZR 170/14, NJW-RR 2016, 372, 373.

ein Güteantrag in einem Kapitalanlagefall auch die Nennung des Namens des Beraters enthalten müsse.[457]

Hinsichtlich einer (angeblich fehlerhaften) Aufklärung über die Besonderheiten eines Lebensversicherungsvertrages vertrat der Bundesgerichtshof im Urteil vom 28.10.2015 – IV ZR 526/14 – die Auffassung, dass für die Darstellung des Streitgegenstandes in einem Güteantrag die Policennummer, die Zeichnungssumme sowie Art und Umfang der behaupteten Aufklärungspflichtverletzungen sowie des hieraus folgenden Schadensersatzanspruches wesentlich sei. Nicht im Güteantrag enthaltene Angaben zum konkreten Beratungsgespräch seien zudem dann unerheblich, wenn der Antragsteller Schadensersatzansprüche wegen ungenügender Aufklärung über das angebotene Versicherungsprodukt geltend mache und nicht wegen fehlerhafter Anlageberatung. Im entschiedenen Fall sei der Schadensersatzanspruch nicht unmittelbar vom Verlauf des Beratungsgesprächs abhängig und werde auch nicht allein hierauf gestützt. Soweit im Güteantrag kein Zeitpunkt des Vertragsschlusses genannt war, sei dies unerheblich gewesen, da der Antragsgegner diesen Zeitpunkt anhand der Policennummer unschwer hätte ermitteln können.[458]

Mit Urteil vom 06.12.2016 – XI ZR 257/15 – stellte der Bundesgerichtshof außerdem fest, dass ein Güteantrag auch dann nicht hinreichend individualisiert sei, wenn das in diesem enthaltene Begehren nicht auf dasjenige Verfahrensziel gerichtet sei, welches dem vom Antragsteller in einem späteren Klageverfahren verfolgten Ziel entspricht. So hatte der Antragsteller im Güteantrag die „*Entlassung aus Darlehensverpflichtungen und die Rückübertragung seiner Lebensversicherung*" begehrt, während er im Klageverfahren schließlich die Rückzahlung von Zins- und Tilgungsleistungen forderte.[459]

4. *Zusammenfassung der Rechtsprechung des Bundesgerichtshofes*

Nach Auffassung des Bundesgerichtshofes muss ein Güteantrag in Kapitalanlagefällen mithin folgende Angaben enthalten, um ausreichend individualisiert zu sein:

---

457 BGH, Beschl. v. 28.01.2016 – III ZB 88/15, NZG 2016, 355, 356; ebenso: Beschl. v. 25.02.2016 – III ZB 79/15, BeckRS 2016, 5145 Rn. 17; vgl. auch Beschl. v. 04.05.2016 – III ZR 90/15, BeckRS 2016, 10333 Rn. 6.

458 BGH, Hinweisbeschl. v. 07.09.2016 – IV ZR 238/15, BeckRS 2016, 21252 Rn. 16; Urt. v. 28.10.2015 – IV ZR 526/14, BKR 2016, 112, 113; ebenso: Urt. v. 25.05.2016 – IV ZR 211/15, BeckRS 2016, 10334 Rn. 16.

459 BGH, Urt. v. 06.12.2016 – XI ZR 257/15, BeckRS 2016, 113674 Rn. 43.

- Die konkrete Kapitalanlage;
- die Zeichnungssumme;
- den ungefähren Beratungszeitraum (ein Fehlen dieser Angabe soll dann unerheblich sein, wenn eine Vertragsnummer angegeben ist und sich der Antragsgegner auf diese Weise Informationen über den fraglichen Zeitraum selbst verschaffen kann);
- den Hergang der Beratung mindestens im Groben (ist streitgegenständlich jedoch nicht eine erfolgte Anlageberatung sondern lediglich eine Aufklärung über gewisse Besonderheiten einer Anlage und ist der geltend gemachte Schadensersatzanspruch vom Verlauf des geführten Aufklärungsgesprächs nicht abhängig und auch nicht allein hierauf gestützt, kann auf diese Angabe verzichtet werden);
- den Namen des Beraters, mit dem der Antragsteller die maßgeblichen Beratungsgespräche geführt hat;
- das Verfahrensziel in einer Weise, dass sowohl dem Antragsgegner als auch der Gütestelle ein Rückschluss auf Art und Größenordnung der streitgegenständlichen Forderung ermöglicht wird (einer exakten Bezifferung des Anspruchs soll es nicht bedürfen);

sowie im Falle einer entsprechenden Erwähnung im Rahmen des Verfahrensziels

- die Angabe, ob das eingesetzte Kapital eigen- oder fremdfinanziert war;
- die Angabe, ob Freistellungsansprüche gegen Dritte bestehen;
- Ausführungen zum Umfang des angeblich entgangenen Gewinns;
- Ausführungen zu vereinnahmten Ausschüttungen.

In der Literatur dürfte anerkannt sein, dass die vom Bundesgerichtshof aufgestellten Grundsätze unproblematisch auf bei Verbraucherschlichtungsstellen nach dem VSBG gestellte Güteanträge übertragbar sind.[460]

5. *Bewertung in der Literatur*

Die Grundsatzentscheidung des Bundesgerichtshofs, oberflächliche Mustergüteanträge für den Eintritt der Verjährungshemmung nach § 204 Abs. 1 Nr. 4 BGB nicht genügen zu lassen, traf in der Literatur erwartungsgemäß auf

---

460 *Gössl* NJW 2016, 838, 839; BeckOGK BGB/*Raab-Gaudin*, Stand: 01.11.2018, § 634a Rn. 400.

Zustimmung,[461] war es schließlich bereits vor der o.g. Rechtsprechung des Bundesgerichtshofes h.M., dass ein Güteantrag bestimmt genug sein müsse, um die Verjährung des geltend gemachten Anspruchs zu hemmen[462] – auch wenn dies zur Folge hat, dass im Hinblick auf die in einem Güteantrag vorzunehmende Anspruchsindividualisierung im Grunde höhere Anforderungen gelten als im Rahmen eines Mahnbescheidsantrags und nicht – wie eigentlich von der h.M. gefordert[463] – umgekehrt. Diese höheren Anforderungen sind freilich bedingt durch den Umstand, dass in einem Güteantrag nicht nur dem Antragsgegner gegenüber der Streitgegenstand zu verdeutlichen ist, sondern auch gegenüber der Streitbeilegungsstelle.[464]

Demgegenüber wird teilweise vertreten, die Rechtsprechung des Bundesgerichtshofes sorge für Rechtsunsicherheit.[465] Auch wird kritisiert, dass der Bundesgerichtshof die von ihm aufgestellten Anforderungen unklar formuliert habe, weshalb die Gefahr bestehe, dass viele Anwälte in der Praxis sicherheitshalber eine – nicht notwendige – Bezifferung des streitgegenständlichen Anspruchs vornehmen würden.[466] Dies würde jedoch dem Zweck des Streitbeilegungsverfahrens zuwider laufen, der in einer ergebnisoffenen Verhandlung und einvernehmlichen Beilegung der Streitigkeit liege.[467] Des Weiteren verkenne der Bundesgerichtshof, dass es im Falle eines Kapitalanlagefalles gerade der Antragsgegner sei, der sich eines bundesweit tätigen Vertriebsnetzwerkes bediene. Insofern treffe das Risiko, den konkreten Fall intern zuzuordnen, nicht den Antragsteller, sondern den Antragsgegner.[468] Ferner wird vertreten, dass im Rahmen der Angabe des Verfahrensziels eine angestrebte Rechtsfolge nicht bezeichnet werden müssen sollte. Diese könne schließlich auch von der Streitbeilegungsstelle vorgeschlagen werden.[469] Auch solle sich der Antragsteller nicht bereits im Güteantrag zwischen verschiedenen Schadensberechnungsmethoden entscheiden müssen, da es verfahrensrechtlich ohne Weiteres zulässig sei, das

461 Vgl. BeckOGK BGB/*Meller-Hannich*, Stand: 01.12.2018, § 204 Rn. 171; *Riehm*, NJW 2017, 113, 116; *Harnos*, BKR 2015, 386, 387 f.; *Fuxman*, GWR 2015, 324; *Grüneberg*, BKR 2015, 485, 495; *Martens*, WuB 2015, 556, 560 f.

462 Siehe oben unter § 4 G. III. 1.

463 Siehe a.a.O.

464 *Grüneberg*, BKR 2015, 485, 494.

465 *Fries*, JZ 2016, 723, 728.

466 *Riehm*, NJW 2017, 113, 116 mit Verweis auf *Harnos*, BKR 2015, 386, 389.

467 *Riehm*, NJW 2017, 113, 116.

468 Borowski/Röthemeyer/Steike/*Borowski/Steike*, Teil III, Art. 6, § 204 BGB Rn. 18.

469 *Riehm*, NJW 2017, 113, 116.

Verfahrensziel im Laufe der Verhandlungen zwischen dem „*kleinen*“ und dem „*großen*“ Schadensersatz zu wechseln,[470] und im vergleichbaren Mahnverfahren eine derartige Konkretisierung nicht erforderlich sei.[471] Darüber hinaus sei eine solche Eingrenzung des Verfahrensziels schon deshalb nicht notwendig, weil der Schuldner bereits aus der in Kapitalanlagefällen zu nennenden Beteiligungshöhe die maximale Forderungshöhe erkennen könne.[472] Weiß ein Kapitalanlageberater, dass der Anleger die gezeichnete Anlage fremdfinanziert hat, müsse er zudem auch mit der Geltendmachung eines diesbezüglichen Schadens rechnen. Bei fehlender Kenntnis hierüber gelte die Hemmungswirkung jedenfalls hinsichtlich des bekannten Zeichnungsschadens.[473] Im Übrigen leide ein wesentlicher Aspekt der Attraktivität des Streitbeilegungsverfahrens unter der o.g. Rechtsprechung des Bundesgerichtshofes, der darin liege, dass auch Laien, die weder über Rechtskenntnisse verfügen noch kostenverursachende anwaltliche Leistungen in Anspruch nehmen wollen, zur Verfahrenseinleitung fähig sind.[474]

6. *Stellungnahme*

Mit Blick auf die oben vorgenommene Aufzählung der vom Bundesgerichtshof hinsichtlich der Individualisierung eines Güteantrags als maßgeblich erachteten Kriterien kann von einer unklaren Formulierung nicht die Rede sein. Vielmehr betreffen die meisten Anforderungen reine Formalien wie die Zeichnungssumme oder den Namen des Beraters. Auch der Hergang der in Kapitalanlagefällen erfolgten Beratungsgespräche sollte ohne Weiteres (wenigstens „*im Groben*“) rekonstruierbar sein. Hinsichtlich des Verfahrensziels stellt es darüber hinaus eine Selbstverständlichkeit dar, dass sowohl der Streitbeilegungsstelle als auch dem Antragsgegner in ausreichender Weise verdeutlicht werden muss, was der Antragsteller mit dem Güteantrag eigentlich bezwecken möchte. Anders ist der Versuch einer Streitbeilegung nicht sinnvoll möglich. Erwähnt der Antragsteller ferner z.B. erhaltene, in Abzug zu bringende Ausschüttungen, muss er diese freilich auch beziffern (was den Antragsteller ebenfalls nicht vor große Herausforderungen stellen sollte), damit alle Beteiligten die ungefähre Höhe der geltend gemachten Forderung nachvollziehen können. Übergroße Hürden scheinen die

470 *Harnos*, BKR 2015, 386, 388; *Riehm*, NJW 2017, 113, 116; *Martens*, WuB 2015, 556, 560; *Lindner*, jurisPR-BGHZivilR 20/2015 Anm. 1.

471 *Martens*, WuB 2015, 556, 560.

472 *Lindner*, jurisPR-BGHZivilR 20/2015 Anm. 1; *Fuxman* GWR 2015, 324.

473 *Lindner*, jurisPR-BGHZivilR 20/2015 Anm. 1.

474 *Riehm*, NJW 2017, 113, 118.

vom Bundesgerichtshof aufgestellten Kriterien – jedenfalls für Rechtsanwälte – mithin nicht darzustellen.

Aber auch im Hinblick auf Laien, die in Kapitalanlagefällen (und nur um solche ging es in den vom Bundesgerichtshof entschiedenen Verfahren) eine Streitbeilegungsstelle anrufen möchten, ist die Auffassung des Bundesgerichtshofes grundsätzlich nachvollziehbar. Schließlich liegt der laut Bundesgerichtshof maßgebliche Grund für das Erfordernis einer ausreichenden Anspruchsindividualisierung – anerkannterweise[475] – nicht in der Person des Antragstellers bzw. seines Vertreters, sondern in derjenigen der Streitbeilegungsstelle und des Antragsgegners. So müsse die Streitbeilegungsstelle in die Lage versetzt werden, einen Vergleichsvorschlag zu unterbreiten,[476] was naturgemäß nur bei Kenntnis des genauen Streitstoffes und des Verfahrensziels des Antragstellers möglich ist. Dem Antragsgegner, der – wie in Kapitalanlagefällen üblich – eine große Anzahl an Kapitalanlagen vermittelt und insofern über eine Vielzahl von Kunden verfügt, müsse die Feststellung ermöglicht werden, um welchen konkreten Anlageberatungsfall es sich handelt.[477] Von dieser grundsätzlichen Erwägung kann selbstverständlich nicht deshalb abgewichen werden, weil der einen Güteantrag stellende Laie in einem regelmäßig rechtlich anspruchsvollen Kapitalanlagefall auf eine Beratung durch einen Rechtsanwalt verzichtet. Das Risiko, dass sein selbst erstellter Güteantrag den Anforderungen des Bundesgerichtshofes möglicherweise nicht genügt, geht der Laie in diesem Fall bewusst ein – wie auch in sämtlichen anderen Fällen, in denen Laien unter Verzicht auf eine Rechtsberatung selbst tätig werden. Insofern kann dies jedenfalls kein Argument für weniger strenge Anforderungen an die Anspruchsindividualisierung sein. Liegt das Erfordernis einer ausreichenden Individualisierung des Anspruchs (jedenfalls auch) in der Person des Antragsgegners, kann diesem im Übrigen selbstverständlich auch nicht das Risiko auferlegt werden, den streitgegenständlichen Vorgang intern zuordnen zu können.

---

475 Vgl. bereits vor den aktuellen Entscheidungen des Bundesgerichtshofes: OLG Karlsruhe, Urt. v. 11.11.2014 – 17 U 258/13, BKR 2015, 128, 129; OLG Frankfurt, Urt. v. 16.07.2014 – 19 U 2/14, BeckRS 2014, 15970, Rn. 17 f.; *Duchstein*, NJW 2014, 342, 344; *Grüneberg*, WM 2014, 1109, 1112; *May/Moeser*, NJW 2015, 1637, 1639; *Assies/Faulenbach*, BKR 2015, 89, 90.

476 BGH, Urt. v. 18.06.2015 – III ZR 189/14, BeckRS 2015, 11749 Rn. 24 ff.; – III ZR 191/14, BeckRS 2015, 11750 Rn. 25 ff.; – III ZR 198/14, NJW 2015, 2407, 2409 f.; – III ZR 227/14, BeckRS 2015, 11752 Rn. 25 ff.

477 A.a.O.

7. Problem: Vereinbarkeit mit der ADR-Richtlinie

Weitaus problematischer erscheinen die vom Bundesgerichtshof aufgestellten Individualisierungsanforderungen demgegenüber, wenn man sich die in der ADR-Richtlinie festgelegten Vorgaben vor Augen führt.

a) Anwendbarkeit der ADR-Richtlinie

aa) Anwendung auch auf von der Landesjustizverwaltung eingerichtete oder aner-kannte Gütestellen?

(1) Gebot der richtlinienkonformen Auslegung

Bei der Auslegung von Rechtsnormen sind deutsche Gerichte aufgrund des Prinzips der Unionstreue (Art. 4 Abs. 3 EUV) sowie der Umsetzungspflicht des nationalen Gesetzgebers gemäß Art. 288 Abs. 3 AEUV mit Ablauf der Umsetzungsfrist[478] grundsätzlich zu richtlinienkonformer Auslegung verpflichtet.[479] Das Gebot der richtlinienkonformen Auslegung stellt dabei einen Unterfall des Gebots der unionsrechtskonformen Auslegung dar,[480] das dem EG- bzw. AEU-Vertrag „*immanent*" ist.[481] Die Unterschiede dieser beiden Prinzipien liegen in deren Einwirkung auf das nationale Recht: Die unionsrechtskonforme Auslegung beruht auf dem Vorrang des Unionsrechts und führt u.U. im Einzelfall zur Unanwendbarkeit einer nationalen Rechtsnorm.[482] Die richtlinienkonforme

---

478 EuGH, Urt. v. 27.06.2000 – verb. Rs. C-240/98 bis C-244/98 – *Océano Grupo*, NJW 2000, 2571, 2573. Dies gilt auch im Falle einer verspäteten Umsetzung durch den nationalen Gesetzgeber, EuGH, Urt. v. 04.07.2006 – Rs. C-212/04 – *Adeneler*, NJW 2006, 2465, 2468.

479 EuGH, Urt. v. 10.04.1984 – Rs. 14/83, NJW 1984, 2021, 2022; Urt. v. 19.01.2010 – Rs. C-555/07, NJW 2010, 427, 429; BVerfG, Beschl. v. 26.09.2011 – 2 BvR 2216/06, NJW 2012, 669, 670; Riesenhuber/*Roth/Hopen*, § 13 Rn. 10; MüKo BGB/*Säcker*, Bd. 1, Buch 1. Allgemeiner Teil, Einleitung Rn. 146; *Tonikidis*, JA 2013, 598; *Mittwoch*, JuS 2017, 296.

480 EuGH, Urt. v. 30.04.2014 – Rs. C-26/13 – *Kasler u.a.*, EuZW 2014, 506, 509; Riesenhuber/*Roth/Hopen*, § 13 Rn. 9; MüKo EuWettbR/*Jaeger*, Bd. 3, 1. Teil, Rn. 204.

481 EuGH, Urt. v. 10.10.2013 – Rs. C-306/12 – *Spedition Welter*, EuZW 2013, 913, 915; Urt. v. 24.01.2012 – Rs. C-282/10 – *Dominguez*, NZA 2012, 139, 141; Urt. v. 05.10.2004 – Rs. C-397/01 bis C-403/01 – *Pfeiffer*, NJW 2004, 3547, 3549; Riesenhuber/*Roth/Hopen*, § 13 Rn. 10.

482 EuGH, Urt. v. 16.12.2010 – Rs. C-239/09 – *Seydaland Vereinigte Agrarbetriebe*, BeckRS 2010, 91440 Rn. 52; Urt. v. 19.01.2010 – Rs. C-555/07 – *Kücükdeveci*, EuZW 2010, 177, 180; Urt. v. 09.09.2003 – Rs. C-198/01 – *CIF*, EuR 2004, 439, 443 f.; Riesenhuber/*Roth/Hopen*, § 13 Rn. 9.

Auslegung gründet demgegenüber nicht auf dem Vorrang des Unionsrechts und vermag abseits einer unmittelbaren Richtlinienanwendbarkeit nicht die Unanwendbarkeit nationaler Bestimmungen zu bewirken.[483]

Nach der Rechtsprechung des Europäischen Gerichtshofes verlangt das Gebot der richtlinienkonformen Auslegung von nationalen Gerichten, dass sie „*unter Berücksichtigung des gesamten nationalen Rechts und unter Anwendung ihrer Auslegungsmethoden alles tun, was in ihrer Zuständigkeit liegt, um die volle Wirksamkeit der fraglichen Richtlinie zu gewährleisten und zu einem Ergebnis zu gelangen, das mit dem von der Richtlinie verfolgten Ziel übereinstimmt*".[484] Die Pflicht zur richtlinienkonformen Auslegung gilt insofern nicht lediglich in Bezug auf Normen, die der Richtlinienumsetzung dienen, sondern hinsichtlich des gesamten nationalen Rechts, und zwar unabhängig davon, ob die jeweilige Vorschrift bereits vor der Umsetzung der Richtlinie in Kraft war oder erst danach.[485] Erfährt die Auslegung einer Richtlinie eine Konkretisierung oder Änderung durch die Rechtsprechung des Europäischen Gerichtshofes, sind die nationalen Gerichte nach Art. 288 Abs. 3 AEUV verpflichtet, auch dies bei ihrer Rechtsanwendung zu berücksichtigen.[486]

(2) Keine Vorgaben der ADR-Richtlinie für Gütestellen

Zu differenzieren ist vorliegend jedoch zunächst, ob die in der ADR-Richtlinie enthaltenen Regelungen lediglich für Verfahren vor Verbraucherstreitbeilegungsstellen Berücksichtigung finden oder auch im Hinblick auf Verfahren vor von der Landesjustizverwaltung eingerichteten oder anerkannten Gütestellen zu berücksichtigen sind.[487] Schließlich ist Regelungsinhalt der ADR-Richtlinie

---

483 EuGH, Urt. v. 15.01.2014 – Rs. C-176/12 – *Association de médiation sociale*, NZA 2014, 193, 195; Urt. v. 27.02.2014 – Rs. C-351/12 – *OSA*, EuZW 2014, 435, 437; Urt. v. 05.10.2004 – Rs. C-397/01 bis C-403/01 – *Pfeiffer*, NJW 2004, 3547, 3549; Riesenhuber/*Roth/Hopen*, § 13 Rn. 9.

484 EuGH, Urt. v. 04.07.2006 – Rs. C-212/04 – *Adeneler*, NJW 2006, 2465, 2467 f.; Urt. v. 05.10.2004 – C-397/01 bis C-403/01 – *Pfeiffer*, NJW 2004, 3547, 3549; vgl. auch Riesenhuber/*Roth/Hopen*, § 13 Rn. 5; *Schäfers*, JuS 2015, 875, 879 f.; *Herresthal*, JuS 2014, 289, 290.

485 EuGH, Urt. v. 27.06.2000 – Rs. C-240/98 bis C-244/98 – *Océano Grupo*, NJW 2000, 2571, 2572 f.; MüKo BGB/*Basedow*, Vorb. zu §§ 305 ff. Rn. 35.

486 Riesenhuber/*Roth/Hopen*, § 13 Rn. 5.

487 Vom Bundesgerichtshof offen gelassen in den Beschlüssen vom 28.02.2016 – III ZB 88/15, juris, Rn. 18 und vom 25.2.2016 – III ZB 79/15, BeckRS 2016, 5145 Rn. 18. Für eine einheitliche Auslegung des § 204 Abs. 1 Nr. 4 unter Berücksichtigung der ADR-Richtlinie offenbar (ohne Begründung) Borowski/Röthemeyer/Steike/*Borowski/Steike*,

die Schaffung von Verbraucherstreitbeilegungsstellen, vor denen gemäß Art. 2 Abs. 1 der ADR-Richtlinie („*Geltungsbereich*") „*über vertragliche Verpflichtungen aus Kaufverträgen oder Dienstleistungsverträgen zwischen einem in der Union niedergelassenen Unternehmer und einem in der Union wohnhaften Verbraucher*" der Versuch einer außergerichtlichen Streitbeilegung unternommen werden können soll. Unabhängig davon, dass durch die Landesjustizverwaltung eingerichtete oder anerkannte Gütestellen bereits lange vor Inkrafttreten der ADR-Richtlinie in Deutschland existierten, spielt es für Verfahren vor solchen Gütestellen keinerlei Rolle, ob der Antragsteller oder der Antragsgegner Verbraucher oder Unternehmer ist. Auch besteht keine Einschränkung auf Kauf- und Dienstleistungsverträge. Zweifellos betrifft die ADR-Richtlinie Verfahren vor durch die Landesjustizverwaltung eingerichtete oder anerkannte Gütestelle deshalb nicht unmittelbar. Insofern wurde die ADR-Richtlinie durch Schaffung des VSBG umgesetzt und § 204 Abs. 1 Nr. 4 BGB nur in seinem Anwendungsbereich im Hinblick auf die neu eingeführten Verbraucherschlichtungsstellen erweitert.[488] An der Gesetzeslage in Bezug auf Gütestellen änderte sich indes nichts.

Somit könnte erwogen werden, § 204 Abs. 1 Nr. 4 BGB und die diesbezüglichen Anforderungen an die Individualisierung des Güteantrags hinsichtlich Verfahren vor Verbraucherschlichtungsstellen und vor durch die Landesjustizverwaltung eingerichteten oder anerkannten Gütestellen insoweit unterschiedlich zu bewerten, als dass für Verbraucherschlichtungsstellen die Regelungen der ADR-Richtlinie zu beachten wären, im Hinblick auf Gütestellen demgegenüber nicht.

bb) Pflicht zur einheitlichen Anwendung der ADR-Richtlinie aufgrund Unionsrechts?

Eine Pflicht zur einheitlichen Anwendung des § 204 Abs. 1 Nr. 4 BGB auf Anträge bei Verbraucherschlichtungsstellen nach dem VSBG und bei durch die Landesjustizverwaltung eingerichteten oder anerkannten Gütestellen aufgrund europarechtlicher Vorgaben besteht jedenfalls nicht. Anerkannterweise besteht das Gebot der richtlinienkonformen Auslegung nur im Anwendungsbereich der jeweiligen Richtlinie und nicht im Bereich der überschießenden Umsetzung,

Teil III, Art. 6, § 204 BGB Rn. 15; BeckOGK BGB/*Meller-Hannich*, Stand: 01.12.2018, § 204 BGB Rn. 171.1.

488 Vgl. Gesetzentwurf vom 09.06.2015, BT-Drs. 18/5089, S. 2, 80.

da die Mitgliedstaaten europarechtlich lediglich zur Umsetzung der Richtlinie innerhalb der von ihr gesteckten Grenzen verpflichtet sind.[489]

cc) Pflicht zur einheitlichen Anwendung der ADR-Richtlinie aufgrund nationalen Rechts?

Fraglich ist demnach, ob eine einheitliche Anwendung des § 204 Abs. 1 Nr. 4 BGB aufgrund nationalen Rechts geboten ist, was sich aus den Grundsätzen der Rechtsklarheit und Bestimmtheit ergeben könnte, die Elemente des Rechtsstaatsprinzips darstellen.[490] Als Grundlage dieser Untersuchung kann der in der Literatur und Rechtsprechung geführte Meinungsstreit in Bezug auf richtlinienüberschießende Umsetzungen innerhalb derselben Rechtsnorm herangezogen werden. Zwar handelt es sich vorliegend nicht um eine richtlinienüberschießende Umsetzung seitens des Gesetzgebers, da in § 204 Abs. 1 Nr. 4 BGB nicht mehr geregelt wird, als von der ADR-Richtlinie vorgegeben wurde. Hinzu kommt, dass das Erfordernis der Bestimmtheit des Güteantrags nach § 204 Abs. 1 Nr. 4 BGB nicht aus der Norm selbst hervorgeht, sondern aus von Literatur und Rechtsprechung entwickelten prozessrechtlichen Grundsätzen. Das Problem einer einheitlichen Anwendung des hinsichtlich § 204 Abs. 1 Nr. 4 BGB anerkannten Bestimmtheitsgrundsatzes auf verschiedene Fälle ist jedoch mit solchen richtlinienüberschießenden Umsetzungen vergleichbar: Entweder man spaltet die Rechtsanwendung in Bezug auf die unterschiedlichen – aber doch sehr ähnlichen – Fälle auf oder man favorisiert eine einheitliche Rechtsanwendung. Insofern erscheint es angebracht, die zur Problematik der richtlinienüberschießenden Umsetzung geführte Diskussion und diesbezüglichen Argumente auch hier zurate zu ziehen.

---

489 Vgl. EuGH, Urt. v. 16.07.1998 – Rs. C-264/96 – EuZW 1999, 20, 23; Riesenhuber/*Habersack/Mayer*, § 14 Rn. 26; *Staudinger*, NJW 2002, 653, 655; *Mayer/Schürnbrand*, JZ 2004, 545, 548 f.; *Tonikidis*, JA 2013, 598, 600; *Stürner*, JURA 2018, 35, 39. Nach Auffassung des EuGH bestehe jedoch *„ein klares Interesse der Gemeinschaft"*, dass aus dem Gemeinschaftsrecht stammende Bestimmungen und Begriffe ohne Rücksicht darauf einheitlich ausgelegt werden, unter welchen Voraussetzungen sie angewandt werden sollen, um künftige Auslegungsunterschiede zu verhindern, EuGH, Urt. v. 17.07.1997 – Rs. C-28/95 – *Leur-Bloem*, BeckRS 2004, 75946 Rn. 32.

490 Maunz/Dürig/*Grzeszick*, Art. 20 VII. Rn. 51 ff., 58 ff.

(1) Meinungsstreit zur einheitlichen Anwendung bei richtlinienüberschießender Umsetzung

So wird in der Literatur in Bezug auf eine überschießende Umsetzung etwa der Haustürwiderrufsrichtlinie 85/577/EWG bezüglich § 5 Abs. 2 HWiG a.F. oder der Verbrauchsgüterkaufrichtlinie 1999/44/EG innerhalb des § 439 Abs. 1 BGB durch den Gesetzgeber teilweise vertreten, dass in solchen Fällen aufgrund nationalen Rechts eine Pflicht zur einheitlichen Anwendung gegeben sei. Nur auf diese Weise könne das aus dem Rechtsstaatsprinzip folgende Gebot der Rechtsklarheit und Bestimmtheit Beachtung finden und eine gegen das Rechtsstaatsprinzip verstoßende Normspaltung verhindert werden.[491] Es könne nicht davon ausgegangen werden, dass der Gesetzgeber für eine gespaltene Auslegung Systembrüche in Kauf nimmt.[492] Eine grundsätzliche Pflicht zur richtlinienorientierten Auslegung solle aber ausnahmsweise dann nicht bestehen, wenn dem Gesetzgeber die Richtlinienproblematik bei der Umsetzung bewusst war oder etwa verbraucherspezifische Erwägungen eine gespaltene Auslegung gebieten.[493]

Nach der Gegenmeinung seien Wertungswidersprüche in der Anwendung einer Norm nicht zwingend zu vermeiden, zumal die Methode der gespaltenen Auslegung dem deutschen Recht geläufig sei.[494] Auch lasse der Umstand, dass der nationale Gesetzgeber den Regelungsgehalt der Richtlinienbestimmungen auf „*richtlinienneutrales*" Recht erstreckt hat, nicht zwingend darauf schließen, dass die Auslegung dieser Richtlinienbestimmungen betreffend den nicht von der Richtlinie erfassten Bereich stets verbindlich sein soll. Der Akt der überschießenden Umsetzung könne zwar einen Willen des Gesetzgebers zur einheitlichen Anwendung zeigen, da es Sinn und Zweck der überschießenden Umsetzung sei, Kohärenz und Systematik der eigenen nationalen Rechtsordnung aufrechtzuerhalten und Widersprüche zum Unionsrecht zu vermeiden. Daher sei es einleuchtend, in diesen Fällen eine einheitliche Auslegung nationaler Regelungen zu verlangen, wofür überdies das Gebot der systemgerechten Rechtsanwendung spreche. Allerdings sei ein solches Ergebnis nicht in jedem Fall zwingend. Schließlich könne nicht generell ausgeschlossen werden, dass sich der Wille des nationalen Gesetzgebers zur Einheitlichkeit und sein Wille zur Verbindlichkeit der Richtlinienbestimmungen auch im überschießenden

---

491 Vgl. *Bärenz*, DB 2003, 375 f.; *Tonikidis*, JA 2013, 598, 600.

492 *Staudinger*, NJW 2002, 653, 655; in diese Richtung auch BGH, Urt. v. 09.04.2002 – XI ZR 91/99, NJW 2002, 1881, 1884.

493 *Tonikidis*, JA 2013, 598, 600.

494 *Mittwoch*, JuS 2017, 296, 299.

Bereich widersprechen.[495] Im Übrigen könne aus der gesetzgeberischen Entscheidung für eine überschießende Umsetzung nicht gefolgert werden, dass die Richtlinienbestimmungen in der Weise, wie sie später vom Europäischen Gerichtshof ausgelegt werden, auch im überschießenden Bereich verbindlich sein sollen. In diesen Fällen sei insofern eine gespaltene Auslegung grundsätzlich zulässig und eine allgemeine Pflicht zur einheitlichen Auslegung deshalb abzulehnen.[496] Vielmehr sei in jedem Einzelfall zu untersuchen, ob der Wille des Gesetzgebers dahin ging, eine Norm einheitlich anzuwenden oder nicht.[497] Der Gesetzgeberwille sei bei der Auslegung der jeweiligen Norm allerdings nicht allein entscheidend, sondern nur eines von mehreren Elementen im Rahmen der Gesamtabwägung bei der historischen Auslegung.[498] Es sei sorgfältig zu prüfen, ob der Wille des nationalen Gesetzgebers tatsächlich in Richtung einer einheitlichen Anwendung ging oder ob nicht etwa verbraucherspezifische Erwägungen für eine gespaltene Auslegung sprechen,[499] wobei nach teilweise in der Literatur vertretener Meinung eine Vermutung für eine einheitliche Anwendung gelte.[500] Entscheidend sei insbesondere, ob der nationale Gesetzgeber eine entsprechende Auslegung der Norm nicht nur nicht in Erwägung gezogen, sondern ersichtlich eine abweichende rechtspolitische Entscheidung getroffen hat. In diesem Fall sei die für eine einheitliche Auslegung sprechende Vermutung widerlegt und eine vom Gesetzgeber gewollte gespaltene Auslegung zu akzeptieren.[501]

Andere Literaturvertreter wollen zwar ebenfalls auf den Gesetzgeberwillen abstellen, halten die Entscheidung zwischen einheitlicher und gespaltener Anwendung im Ausgangspunkt jedoch für vollkommen offen.[502] Insofern sei

495 *Weiss*, EuZW 2012, 733, 734; *Mittwoch*, JuS 2017, 296, 299.

496 *Mayer/Schürnbrand*, JZ 2004, 545, 549 f.; *Lorenz*, NJW 2013, 207, 208; *Mittwoch*, JuS 2017, 296, 299.

497 *Kuhn*, EuR 2015, 216, 236; *Mittwoch*, JuS 2017, 296, 299 f.; *Stürner*, JURA 2018, 35, 40 f.

498 *Mayer/Schürnbrand*, JZ 2004, 545, 551; *Lorenz*, NJW 2013, 207, 208; *Herresthal*, JuS 2014, 289, 294; MüKo BGB/*Lorenz*, Vor § 474 Rn. 4; *Mittwoch*, JuS 2017, 296, 300.

499 *Mayer/Schürnbrand*, JZ 2004, 545, 551; *Lorenz*, NJW 2013, 207, 208; *Herresthal*, JuS 2014, 289, 294; MüKo BGB/*Lorenz*, Vor § 474 Rn. 4.

500 *Lorenz*, NJW 2013, 207, 208; Riesenhuber/*Habersack/Mayer*, § 14 Rn. 41; a.A. *Stürner*, JURA 2018, 35, 41. Von einer Vermutung soll nach *Habersack/Mayer* aber dann nicht ausgegangen werden, wenn der Gesetzgeber für den der Richtlinie unterfallenden Bereich Sondernormen geschaffen hat, wie etwa die auf der Verbrauchsgütekaufrichtlinie fußenden §§ 474 ff. BGB, vgl. a.a.O.

501 *Lorenz*, NJW 2013, 207, 208; vgl. auch *Mayer/Schürnbrand*, JZ 2004, 545, 552.

502 *Kuhn*, EuR 2015, 216, 236; *Stürner*, JURA 2018, 35, 41.

maßgeblich, welche Bedeutung der Gesetzgeber einer Gleichbehandlung der von der Richtlinie erfassten und nicht erfassten Fallkonstellationen beigemessen hat, was sich am deutlichsten durch nur für eine Fallkonstellation geltende Sondernormen zeige. So spreche bspw. für eine gespaltene Anwendung des § 439 Abs. 5 BGB die Existenz der §§ 474 ff. BGB, während der Verbraucherbegriff nach § 13 BGB, der über die Richtlinienvorgaben hinausgeht, einheitlich anzuwenden sei, nachdem das deutsche Recht hinsichtlich des Verbraucherbegriffs keine Differenzierungen vornimmt.[503]

Der Ansicht, dass eine Pflicht zur einheitlichen Anwendung aufgrund nationalen Rechts nicht besteht, sondern eine Einzelfallprüfung stattzufinden hat, hat sich der Bundesgerichtshof im Ergebnis angeschlossen.[504]

(2) Anwendung auf § 204 Abs. 1 Nr. 4 BGB

Diese Diskussion auf § 204 Abs. 1 Nr. 4 BGB und die diesbezüglich entwickelten Anforderungen an die Individualisierung von Güteanträgen angewendet, müssten nach erstgenannter Ansicht somit die Regelungen der ADR-Richtlinie nicht nur in Bezug auf Verfahren vor Verbraucherschlichtungsstellen Berücksichtigung finden, sondern auch zwingend auf Verfahren vor durch die Landesjustizverwaltung eingerichteten oder anerkannten Gütestellen, um eine einheitliche Auslegung der Verjährungshemmungsnorm zu gewährleisten. Letztgenannte Auffassung würde demgegenüber eine Auslegung unter Berücksichtigung des Gesetzgeberwillens anstellen. Ginge der Wille des Gesetzgeber dahin, für Verfahren vor Verbraucherschlichtungsstellen und vor von der Landesjustizverwaltung eingerichteten oder anerkannten Gütestellen dieselben Verjährungshemmungsvoraussetzungen gelten zu lassen, kämen beide Ansichten mithin zum gleichen Ergebnis.

Für eine vom Gesetzgeber vorgesehene gespaltene Anwendung spricht zunächst, dass die ADR-Richtlinie grundsätzlich mit den bereits seit langer Zeit existierenden von der Landesjustizverwaltung eingerichteten und anerkannten Gütestellen nichts zu tun hat und diese in keiner Weise betrifft. Eine Änderung der Gesetzeslage in Bezug auf Verfahren vor solchen Gütestellen ist nicht erfolgt. Auch könnte der Umstand, dass vor Verbraucherschlichtungsstellen geschlossene Vergleiche – anders als Vergleiche vor Gütestellen – keinen Vollstreckungstitel darstellen, der Gesetzgeber also eine Ergänzung des § 794 Abs. 1 Nr. 1 ZPO nicht vorgenommen hat, zeigen, dass eine vollständige Gleichbehandlung nicht

503 *Kuhn*, EuR 2015, 216, 236; *Stürner*, JURA 2018, 35, 40 f.

504 Vgl. BGH, Urt. v. 07.05.2014 – IV ZR 76/11, NJW 2014, 2646, 2648 f.; Urt. v. 17.10.2012 – VIII ZR 226/11, NJW 2013, 220, 221 f.

gewollt war. Insofern könnte die Änderung des § 204 Abs. 1 Nr. 4 BGB vom Gesetzgeber ausschließlich aus dem Grunde vollzogen worden sein, dass bei Verfahren vor Verbraucherschlichtungsstellen ebenfalls eine Verjährungshemmung einsetzen soll, wie es von Art. 12 Abs. 1 der ADR-Richtlinie vorgeschrieben wird. Die Verortung dieser Verjährungshemmung innerhalb des bestehenden § 204 Abs. 1 Nr. 4 BGB könnte lediglich der thematischen Nähe zu den Gütestellenverfahren geschuldet gewesen sein.

Gegen diese Sichtweise spricht jedoch, dass der Gesetzgeber, wenn er eine unterschiedliche Behandlung der verschiedenen Güteanträge gewollt hätte, § 204 Abs. 1 BGB schlicht um eine weitere Nummer hätte ergänzen können. Er entschied sich jedoch bewusst für eine einheitliche Regelung. So heißt es im Gesetzentwurf vom 09.06.2015:

> *„§ 204 Absatz 1 Nummer 4 BGB regelt, unter welchen Voraussetzungen die Durchführung eines Verfahrens zur außergerichtlichen Streitbeilegung die Verjährung hemmt. Nach Artikel 12 der Richtlinie 2013/11EU muss sichergestellt werden, dass Parteien, die an einem Verfahren vor einer Verbraucherschlichtungsstelle teilnehmen, deren Ergebnis unverbindlich ist, nicht durch Ablauf von Verjährungsfristen während des Verfahrens daran gehindert werden, ihren Anspruch gerichtlich durchzusetzen. Das kann für alle Parteien von Verfahren vor Verbraucherschlichtungsstellen nur erreicht werden, wenn die Regelungen, die bisher nur für Gütestellen, die von einer Landesjustizverwaltung eingerichtet oder anerkannt wurden, auch auf alle eingerichteten oder anerkannten Verbraucherschlichtungsstellen erstreckt werden. Das soll mit der Neufassung des § 204 Absatz 1 Nummer 4 BGB geschehen.“*[505]

Im Gesetzentwurf spricht der Gesetzgeber mithin ausdrücklich von der Erstreckung der bisher nur für von der Landesjustizverwaltung eingerichteten oder anerkannten Gütestellen geltenden „*Regelungen*“ auf „*alle eingerichteten oder anerkannten Verbraucherschlichtungsstellen*“. Dabei differenziert der Gesetzgeber in der neuen Formulierung der § 204 Abs. 1 Nr. 4 BGB nicht nach Gütestellen und Verbraucherschlichtungsstellen, sondern verwendet den einheitlichen Begriff der „*Streitbeilegungsstelle*“. Darüber hinaus stellt der Gesetzgeber im Gesetzentwurf vom 09.06.2015 klar, dass Verbraucherschlichtungsstellen zwar keine von einer Landesjustizverwaltung eingerichtete oder anerkannte Gütestelle im Sinne des § 15a Abs. 1 EGZPO seien, da bei diesen eine Verknüpfung mit der dem jeweiligen Landesgesetzgeber ermöglichten Einführung der Klagevoraussetzung eines obligatorischen Einigungsversuchs bestehe. Es handele sich jedoch um eine „*sonstige Gütestelle*“ nach § 15a Abs. 3 S. 1 EGZPO, weshalb die Anrufung

505 Gesetzentwurf vom 09.06.2015, BT-Drs. 18/5089, S. 80.

einer durch die Landesjustizverwaltung eingerichteten oder anerkannten Gütestelle in Fällen der obligatorischen Streitschlichtung vor Klageerhebung (§ 15a Abs. 1 EGZPO) entbehrlich sei, wenn bereits ein Verbraucherstreitbeilegungsverfahren durchgeführt wurde.[506] Auch insoweit behandelt der Gesetzgeber die beiden Verfahren mithin gleich. Vor der Neufassung des § 204 Abs. 1 Nr. 4 BGB lag der einzige Unterschied zwischen Verfahren vor Gütestellen, die von der Landesjustizverwaltung eingerichtet oder anerkannt sind, zu Verfahren vor den *„sonstigen Gütestellen"* verjährungsrechtlich zudem lediglich in der zusätzlichen Voraussetzung, dass bei letzteren die Parteien den Einigungsversuch einvernehmlich unternehmen mussten, um die Hemmungswirkung der Norm herbeizuführen. Unterschiedliche Anforderungen an die Bestimmtheit der jeweiligen Güteanträge bestanden hingegen nicht. Hinzu kommt, dass bei Güteanträgen vor Verbraucherschlichtungsstellen ein Einvernehmen der Parteien für die Verjährungshemmungswirkung nach § 204 Abs. 1 Nr. 4 a) BGB nicht erforderlich ist, Verfahren vor Verbraucherschlichtungsstellen in dieser Beziehung – im Gegensatz zu Verfahren vor *„sonstigen Gütestellen"* – keinen Unterschied zu Verfahren vor von der Landesjustizverwaltung eingerichteten oder anerkannten Gütestellen aufweisen.

Ebenso muss unbeachtlich sein, dass § 794 Abs. 1 Nr. 1 ZPO als Sondernorm ausschließlich für von der Landesjustizverwaltung eingerichtete oder anerkannte Gütestellen gilt, da diese Vorschrift keinerlei verjährungsrechtliche Bedeutung hat.

Die letztgenannten Umstände dürften eindeutig dafür sprechen, dass der Gesetzgeber mit der Erstreckung der bislang nur für Verfahren vor von der Landesjustizverwaltung eingerichteten und anerkannten Gütestellen geltenden Regelungen auch auf Verfahren vor Verbrauchschlichtungsstellen einen Gleichlauf in der Anwendung des § 204 Abs. 1 Nr. 4 a) BGB und der hierzu entwickelten Grundsätze beabsichtigte. Es handelte sich bei der Neufassung des § 204 Abs. 1 Nr. 4 BGB somit nicht nur um eine sprachliche, sondern vor allem auch um eine inhaltliche Gleichstellung der beiden Verfahrensarten. Einer Entscheidung zwischen den beiden oben genannten Meinungen bedarf es folglich nicht, § 204 Abs. 1 Nr. 4 BGB und die hierzu von Rechtsprechung und Literatur entwickelten Grundsätze sind einheitlich anzuwenden. Somit sind die in der ADR-Richtlinie enthaltenen Vorgaben auch für Verfahren vor von der Landesjustizverwaltung eingerichteten und anerkannten Gütestellen zu beachten.[507]

---

506 Gesetzentwurf vom 09.06.2015, BT-Drs. 18/5089, S. 79.

507 Wohl auch *Fries*, JZ 2016, 723, 726, nach dem der Bundesgerichtshof in einem *„Altfall"* aus dem Jahr 2015 (Urt. v. 28.10.2015 – IV ZR 526/14; dort ging es um

Dies gilt im Übrigen unabhängig davon, ob die Parteien Verbraucher und/ oder Unternehmer sind, da dies für die Anwendung des § 204 Abs. 1 Nr. 4 BGB und die einzelnen Voraussetzungen für dessen Hemmungswirkung nicht die geringste Rolle spielt. Besteht ein diesbezüglicher Gleichlauf zwischen Gütestellenverfahren, die unter Beteiligung sowohl eines Verbrauchers als auch eines Unternehmers durchgeführt werden, mit Gütestellenverfahren, in denen nur Verbraucher oder nur Unternehmer vertreten sind, müssen letztgenannte Verfahren konsequenterweise auch in verjährungsrechtlicher Hinsicht mit Verfahren vor Verbraucherschlichtungsstellen gleichgestellt sein.[508] Insofern ist § 204 Abs. 1 Nr. 4 BGB in allen denkbaren Varianten und unter Berücksichtigung der Regelungen der ADR-Richtlinie stets einheitlich anzuwenden.

b) Vereinbarkeit mit Art. 8 b) der ADR-Richtlinie

Problematisch an der Rechtsprechung des Bundesgerichtshofes zur Bestimmtheit von Güteanträgen ist, dass aufgrund der Fülle an zu beachtenden Konkretisierungsvoraussetzungen ein durchschnittlicher Verbraucher ohne anwaltliche Hilfe sich äußerst schwer tun dürfte, den aufgestellten Anforderungen gerecht zu werden – auch wenn dies kein prinzipielles Argument für geringere Bestimmtheitsanforderungen sein kann, da es grundsätzlich in der Verantwortungssphäre jedes Verbrauchers liegt, sich bei komplexen Fragestellungen und Rechtsunsicherheiten rechtlich beraten zu lassen oder eben nicht.[509] In Art. 8 b) der ADR-Richtlinie wird allerdings positiv vorgeschrieben, dass ein Verbraucher auch ohne die Beauftragung eines Rechtsanwalts ein Streitbeilegungsverfahren einleiten können soll. Dort heißt es:

> *„Die Mitgliedstaaten sorgen dafür, dass AS-Verfahren effektiv sind und die folgenden Anforderungen erfüllen:*
> *[…]*
>
> b) *die Parteien haben Zugang zu dem Verfahren, ohne einen Rechtsanwalt oder einen Rechtsberater beauftragen zu müssen, aber das Verfahren nimmt den Parteien nicht das Recht auf unabhängige Beratung oder darauf, sich in jedem Verfahrensstadium von einem Dritten vertreten oder unterstützen zu lassen;“*

Rechtsmissbrauch, siehe hierzu § 4 G. IV.), bei dem ein Güteantrag bei einer von der Landesjustizverwaltung anerkannten Gütestelle streitgegenständlich war, Art. 12 Abs. 1 der ADR-Richtlinie nur deshalb außer Acht lassen durfte, weil die Umsetzungsfrist der ADR-Richtlinie noch nicht abgelaufen gewesen sei.

508 Für eine gespaltene Anwendung im Hinblick auf Verbraucher und Unternehmer demgegenüber offenbar *Fries*, JZ 2016, 723, 726, ohne dies jedoch zu begründen.

509 Siehe oben unter § 4 G. III. 6.

Zwar herrscht kein formaler Anwaltszwang im Sinne des § 78 Abs. 1 S. 1 ZPO bei der Stellung eines Güteantrags vor einer Verbraucherschlichtungsstelle oder einer von der Landesjustizverwaltung eingerichteten oder anerkannten Gütestelle. Ein Großteil der Bevölkerung wird jedoch faktisch einen Rechtsanwalt benötigen, um die vom Bundesgerichtshof aufgestellten Bestimmtheitshürden überwinden zu können,[510] weshalb in der genannten Rechtsprechung des Bundesgerichtshofes ein Verstoß gegen Art. 8 b) der ADR-Richtlinie liegen könnte.

Ein solches Ergebnis wäre jedoch im Vergleich zur Erhebung einer Klage vor dem Amtsgericht oder der Stellung eines Mahnantrags nicht sachgerecht. Denn eine amtsgerichtliche Klage kann ebenfalls einen komplexen Sachverhalt oder komplizierte Rechtsfragen zum Inhalt haben, so dass ein Laie ohne die Hinzuziehung eines Rechtsanwalts womöglich nicht in der Lage ist, eine hinreichend bestimmte Klagschrift zu verfassen. Auch die Erstellung eines Mahnantrags über das Online-Portal des jeweiligen Mahngerichts dürfte nicht für wenige Laien eine (zu) große Herausforderung darstellen. Eine Sonderstellung des Güteverfahrens gegenüber der amtsgerichtlichen Klageerhebung sowie dem Mahnverfahren ist insoweit nicht gerechtfertigt. Denn dort wird ebenfalls nicht nach der individuellen Erschwernis für den Verbraucher differenziert, vielmehr gilt formal kein Anwaltszwang. Insofern muss dieses formale Verständnis über den Anwaltszwang auch bezüglich Art. 8 b) der ADR-Richtlinie gelten, dem sowohl die geltende Gesetzeslage als auch die Rechtsprechung des Bundesgerichtshofes gerecht wird.

Für dieses formale Verständnis spricht im Übrigen eindeutig auch der Wortlaut der Vorschrift, wo vom „*Zugang*" zu Streitbeilegungsverfahren die Rede ist. Der Zugang eines nicht anwaltlich vertretenen Verbrauchers zu Streitbeilegungsverfahren wird von der Rechtsprechung des Bundesgerichtshofes jedoch nicht tangiert. Selbst wenn ein vom Verbraucher gestellter Güteantrag den Bestimmtheitsanforderungen des Bundesgerichtshofes nicht gerecht werden sollte, bedeutet dies nicht, dass das Streitbeilegungsverfahren von vornherein nicht betrieben werden könnte bzw. dürfte – unabhängig davon, dass die jeweilige Streitbeilegungsstelle, wenn sie der Auffassung ist, vom Verbraucher zu wenige Informationen über den Streitgegenstand erhalten zu haben, dem Verbraucher sicherlich aufgeben würde, seinen Anspruch genauer zu bezeichnen. Vielmehr könnte der Verbraucher in diesem Fall sogar ohne Weiteres mit der Gegenpartei eine den Streit beilegende Vergleichsvereinbarung treffen, ohne dass die Unbestimmtheit seines Güteantrags dem im Wege stehen würde. Schließlich ist die Frage der

510 So auch *Riehm*, NJW 2017, 113, 118.

Anspruchsindividualisierung allein für die verjährungshemmende Wirkung des Güteantrags entscheidend, nicht für das Streitbeilegungsverfahren selbst bzw. für den Zugang zu diesem.

Mit anderen Worten: Die Vorschrift in Art. 8 b) der ADR-Richtlinie hat mit dem Aspekt der Verjährungshemmung eines Güteantrags ihrem Wortlaut und ihrem Sinn und Zweck nach überhaupt nichts zu tun, sondern soll lediglich sicherstellen, dass dem Verbraucher prinzipiell der Zugang zu einem Streitbeilegungsverfahren bzw. dessen Betreiben auch ohne Rechtsanwalt möglich sein soll.

c) Vereinbarkeit mit Art. 12 Abs. 1 der ADR-Richtlinie

Anders ist es bei Art. 12 Abs. 1 der ADR-Richtlinie, der vorschreibt:

> *„Die Mitgliedstaaten stellen sicher, dass die Parteien, die zur Beilegung einer Streitigkeit AS-Verfahren in Anspruch nehmen, deren Ergebnis nicht verbindlich ist, im Anschluss daran nicht durch den Ablauf der Verjährungsfristen während des AS-Verfahrens daran gehindert werden, in Bezug auf dieselbe Streitigkeit ein Gerichtsverfahren einzuleiten."*

aa) Auffassung des Bundesgerichtshofes

Der Bundesgerichtshof sieht in seinen o.g. Urteilen zur Bestimmtheit von Güteanträgen keinen Widerspruch zu dieser Regelung. Vorgaben für den im Hinblick auf die Anspruchsindividualisierung erforderlichen Inhalt eines Güteantrags seien in Art. 12 Abs. 1 der ADR-Richtlinie ohnehin nicht enthalten, so dass eine Vorlage an den Gerichtshof der Europäischen Union nach Art. 267 AEUV nicht erforderlich sei. Die vom Bundesgerichtshof getroffenen Erwägungen zum Europarecht würden sich unproblematisch aus dem Wortlaut der ADR-Richtlinie ergeben, weshalb die korrekte Anwendung des Unionsrechts *„derart offenkundig"* sei, *„dass für vernünftige Zweifel kein Raum mehr bleibt"*.[511] Auch ergebe sich aus dem Erwägungsgrund Nr. 45 der ADR-Richtlinie, dass Art. 12 Abs. 1 darauf abziele, dem Antragsteller auch für den Fall des Scheiterns des von ihm eingeleiteten Streitbeilegungsverfahrens die Möglichkeit einzuräumen, seine Ansprüche gerichtlich geltend zu machen. Diesen von der ADR-Richtlinie aufgestellten Bestimmungen genüge § 204 Abs. 1 Nr. 4 BGB, was aber nicht ausschließe, die Gewährleistung, im Nachgang zu einem gescheiterten Streitbeilegungsverfahren, den Gerichtsweg zu beschreiten, daran zu knüpfen, bestimmte formelle und

---

511 BGH, Beschl. v. 28.01.2016 – III ZB 88/15, juris Rn. 18; Beschl. v. 25.2.2016 – III ZB 79/15, BeckRS 2016, 5145 Rn. 18; Beschl. v. 24.03.2016 – III ZB 75/15, BeckRS 2016, 06815 Rn. 18.

inhaltliche Anforderungen an den Güteantrag zu stellen, welche sich sowohl aus dem erforderlichen Schutz des Anspruchsgegners als auch aus dem Zweck des außergerichtlichen Streitbeilegungsverfahrens ergeben.[512]

bb) Meinungen in der Literatur

Auch ein Teil der Literatur hält die oben behandelte Rechtsprechung des Bundesgerichtshofes zur erforderlichen Anspruchsindividualisierung für richtlinienkonform. Der BGH berufe sich bei seiner Begründung für die Notwendigkeit von Individualisierungsvoraussetzungen im Wesentlichen auf zwei Kriterien: So müssen einerseits die von der jeweiligen Streitbeilegungsstelle aufgestellten formalen Anforderungen erfüllt sein. Andererseits müsse es dem Schuldner möglich sein zu erkennen, welcher Anspruch seitens des Antragstellers gegen ihn geltend gemacht wird. Diese beiden Erwägungen des Bundesgerichthofes seien auch in der ADR-Richtlinie zu finden. Denn nach der ADR-Richtlinie müsse der Anspruch des Antragstellers jedenfalls in der Weise individualisiert werden, dass die Streitbeilegungsstelle ggf. von der in Art. 5 Abs. 4 der ADR-Richtlinie genannten Möglichkeit Gebrauch machen kann, den gestellten Güteantrag abzuweisen. Darüber hinaus schreibe die ADR-Richtlinie in Art. 8 d) vor, dass die Streitbeilegungsstelle die Parteien benachrichtigen solle, „*sobald sie alle Unterlagen mit den erforderlichen Informationen zur Beschwerde erhalten hat*“. Art. 9 Abs. 1 a) der ADR-Richtlinie könne entnommen werden, welche Informationen erforderlich sind, da diese Norm vorschreibe, dass die Parteien die Möglichkeit haben müssen, zu dem Vortrag der Gegenpartei Stellung zu nehmen. Eine solche Stellungnahme des Antragsgegners könne naturgemäß aber nur dann erfolgen, wenn der Antragsteller seinen Anspruch im Güteantrag ausreichend individualisiert hat.[513]

Eine Meinung in der Literatur fasst Art. 12 Abs. 1 der ADR-Richtlinie derweil so auf, dass hiernach die Anforderungen an das Verfahren vor Streitbeilegungsstellen nicht zu hoch anzusetzen seien, weshalb die oben dargestellte Rechtsprechung des Bundesgerichtshofes zur Bestimmtheit von Güteanträgen nicht weiter aufrecht erhalten werden könne. Denn diese Rechtsprechung orientiere sich an derjenigen zum Mahnverfahren, berücksichtige aber nicht, dass das Güteverfahren größere Gemeinsamkeiten mit dem Klageverfahren aufweise. So müsse der Antragsteller im Mahnverfahren bereits im Antrag den geltend gemachten Anspruch individualisieren. Der Kläger könne seine verjährungshemmende

512 BGH, Beschl. v. 07.12.2016 – IV ZR 238/15, BeckRS 2016, 21253 Rn. 6.
513 BeckOGK BGB/*Meller-Hannich*, Stand: 01.12.2018, § 204 Rn. 171.1.

Klage nach Ablauf der eigentlichen Verjährungsfrist nachbessern und erst nach Einreichung substantiieren. Diese Nachbesserungsmöglichkeit versage der Bundesgerichtshof dem Antragsteller eines Güteantrags. Der Bundesgerichtshof lasse außerdem unberücksichtigt, dass Verfahren vor Streitbeilegungsstellen von Verbrauchern selbst eingeleitet werden können müssen, so dass keine hohen und erst recht keine höheren Anforderungen an den Güteantrag gestellt werden dürften als an häufig von Rechtsanwälten verfassten Klagschriften.[514]

cc) Stellungnahme

Der letztgenannten Auffassung ist entgegenzuhalten, dass der Bundesgerichtshof die Möglichkeit einer noch im Streitbeilegungsverfahren nachträglich vorgenommenen Anspruchsindividualisierung nicht ausgeschlossen hat. In den vom Bundesgerichtshof entschiedenen Fällen war eine solche Nachholung durch den Antragsteller gar nicht streitgegenständlich. Insoweit ist es – wie auch im Klage- und Mahnverfahren – ohne Weiteres möglich, seinen Güteantrag im Laufe des Streitbeilegungsverfahrens mit Wirkung ex nunc nachträglich noch zu individualisieren.[515] Auch ist nicht zu erkennen, in wie fern die vom Bundesgerichtshof an Güteanträge gestellten Individualisierungsanforderungen höher sein sollen als diejenigen, die im Klageverfahren gelten.[516]

Auf der anderen Seite greift das Argument des Bundesgerichtshofes zu kurz, die Regelungen der ADR-Richtlinie verbieten es nicht, die verjährungshemmende Wirkung eines Güteantrags an bestimmte formelle und inhaltliche Voraussetzungen zu knüpfen. Dem mag zwar im Ergebnis zuzustimmen sein, auch wenn sich dies aus dem Wortlaut des Art. 12 Abs. 1 der ADR-Richtlinie nicht unmittelbar ergibt, der vielmehr ausdrücklich von der „*Sicherstellung*" der Verjährungshemmung im Falle einer Güteantragstellung spricht. Schließlich muss es irgendwelche Mindestanforderungen an den Inhalt von Güteanträgen zwangsläufig geben, damit ein Streitbeilegungsverfahren überhaupt sinnvoll betrieben werden kann. Doch dürften die vom Bundesgerichtshof aufgestellten inhaltlichen Individualisierungsanforderungen, welche gesetzlich nicht normiert sind, für einen laienhaften Verbraucher wesentliche Hürden darstellen, so dass die Gefahr besteht, dass ein Verbraucher diese nicht wird erfüllen können und ihm dann nach Verjährungseintritt der Weg zu den Gerichten versperrt ist, obwohl

---

514 Borowski/Röthemeyer/Steike/*Borowski/Steike*, Teil III, § 204 BGB, Art. 6 Rn. 15.

515 BeckOGK BGB/*Meller-Hannich*, Stand: 01.12.2018, § 204 Rn. 171.1.

516 Siehe zur Gegenüberstellung der jeweiligen Anforderungen oben unter § 4 G. I. 1. u. III. 1.

er rechtzeitig ein Streitbeilegungsverfahren eingeleitet hat. Die vom Bundesgerichtshof zu beantwortende Frage wäre mithin nicht gewesen, ob Art. 12 Abs. 1 der ADR-Richtlinie der grundsätzlichen Notwendigkeit einer Anspruchsindividualisierung entgegensteht, sondern vielmehr, ob Art. 12 Abs. 1 der ADR-Richtlinie die Strenge der Anforderungen an die Anspruchsindividualisierung begrenzt.

Letztere Frage muss aber bejaht werden. Denn wenn einerseits zwangsläufig inhaltliche Mindestanforderungen an Güteanträge gestellt werden müssen, müssen auf der anderen Seite freilich auch Anforderungsgrenzen bestehen, bei deren Überschreiten ein Verstoß gegen Art. 12 Abs. 1 der ADR-Richtlinie anzunehmen ist, da überhöhte Individualisierungsanforderungen einem Verbraucher faktisch den Gerichtsweg versperren, wenn solche Anforderungen von ihm nur schwer oder gar nicht zu erfüllen sind und die Verjährung seines in einem Güteantrag geltend gemachten Anspruchs deshalb womöglich nicht gehemmt wird. Dies gilt erst recht mit Blick auf den Wortlaut der Regelung, der eine für die Verjährungshemmung notwendige Anspruchsindividualisierung überhaupt nicht erwähnt, weshalb nicht davon ausgegangen werden kann, dass Art. 12 Abs. 1 der ADR-Richtlinie hohe Individualisierungsanforderungen zulässt. Hierfür spricht im Übrigen auch das diesbezügliche Verständnis des Gesetzgebers, der im Gesetzentwurf zum VSBG vom 09.06.2015 ausdrücklich ausführt:

> „*Das Verfahren ist leicht zugänglich; die formalen Anforderungen an die Antragstellung und die Darlegung des Sachverhalts sind gering.*“[517]

Ob der Bundesgerichtshof diese Höchstgrenze an Individualisierungsanforderungen mit seiner Rechtsprechung überschritten hat, lässt sich entgegen der o.g. Meinung in der Literatur nicht aus den genannten Regelungen der ADR-Richtlinie entnehmen. So ergibt sich aus Art. 5 Abs. 4 der ADR-Richtlinie kein Erfordernis einer Anspruchsindividualisierung im Güteantrag und erst recht kein diesbezüglicher Anforderungsmaßstab. Vielmehr ist dort nur geregelt, in welchen Fällen die Streitbeilegungsstelle einen Güteantrag zurückweisen kann. Die meisten der dort genannten Fälle haben mit der inhaltlichen Präzisierung eines Anspruchs aber nichts zu, sondern betreffen rein formelle Aspekte: Stellung eines Güteantrags ohne vorherige Kontaktaufnahme mit dem Unternehmer (Lit. a); die Streitigkeit wird oder wurde bereits von einer anderen Streitbeilegungsstelle oder einem Gericht behandelt (Lit. c); der Streitwert liegt unter oder über einem im Voraus festgelegten Schwellenbetrages (Lit. d); die Frist zur Erhebung

517 Gesetzentwurf vom 09.06.2015, BT-Drs. 18/5089, S. 37 f.

eines Güteantrags ist abgelaufen (Lit. e). Lediglich für die Fragen, ob die Streitigkeit mutwillig oder schikanös ist (Lit. b) und ob die Behandlung dieser Art von Streitigkeit den effektiven Betrieb der Streitbeilegungsstelle ernsthaft beeinträchtigen würde (Lit. f), benötigt eine Streitbeilegungsstelle genauere Angaben über den Streitgegenstand. Diese haben aber mit der maßgeblichen Begründung des Bundesgerichtshofes für seine aufgestellten Individualisierungsanforderungen nichts zu tun, wonach dem Antragsgegner mitgeteilt werden müsste, welcher Anspruch im Einzelnen gegen ihn geltend gemacht wird. Zwar schreibt Art. 8 d) der ADR-Richtlinie vor, dass die Streitbeilegungsstelle die Parteien benachrichtigen solle, wenn bei ihr Unterlagen mit den erforderlichen Informationen zur Beschwerde eingegangen sind. Dies spricht jedoch nur für die Existenz eines auch von der ADR-Richtlinie vorausgesetzten Mindestindividualisierungserfordernisses, lässt jedoch weder einen Rückschluss darauf zu, welche Informationen erforderlich sind, noch, wie genau diese im Güteantrag bezeichnet werden müssen. An dieser Stelle hilft auch nicht Art. 9 Abs. 1 a) der ADR-Richtlinie weiter, wonach die Gegenpartei zum Vortrag des Antragstellers Stellung beziehen können muss. Unabhängig davon, dass diese Vorschrift dem Antragsgegner wohl eher ein grundsätzliches Vortragsrecht einräumen und weniger eine Aussage über den notwendigen Vortrag des Antragstellers treffen möchte, ist die Regelung ebenfalls lediglich ein weiteres Indiz für das prinzipielle Bedürfnis von Mindestindividualisierungsanforderungen, wenn sie von vom Antragsteller vorgebrachten „*Argumenten, Beweisen, Unterlagen und Fakten*“ spricht. Über den konkret erforderlichen Inhalt des Antragstellervortrags sagt Art. 9 Abs. 1 a) der ADR-Richtlinie wiederum nichts aus.

Wenn aber der ADR-Richtlinie keine Vorgaben für den Grad der erforderlichen Anspruchsindividualisierung in einem Güteantrag entnommen werden können, ist die Rechtsprechung des Bundesgerichtshofes und das Festhalten an dieser insofern nachvollziehbar, als dass die vom Bundesgerichtshof aufgestellten Individualisierungsanforderungen und deren Begründung im Hinblick auf vergleichbare Individualisierungszwänge im Mahn- und Klageverfahren systemgerecht sein und sowohl in Streitbeilegungsverfahren als auch in Mahn- und Klageverfahren dieselben Individualisierungshürden bestehen sollen. Unberücksichtigt bleibt dabei auf der anderen Seite jedoch, dass die Regelung in Art. 12 Abs. 1 ADR-Richtlinie zum einen explizit den Antragsteller beim Stellen eines Güteantrags vor einer drohenden Anspruchsverjährung schützen will, zum anderen für Mahn- und Klageverfahren aber naturgemäß nicht anwendbar ist, weshalb eine derartige Gleichbehandlung der genannten Verfahren nicht gerechtfertigt sein könnte.

Unabhängig hiervon lässt sich ohne konkrete Angaben in der ADR-Richtlinie nicht trennscharf bestimmen, welche nationalen Individualisierungsanforderungen an einen Güteantrag noch im Rahmen der von Art. 12 Abs. 1 der ADR-Richtlinie vorgegebenen Gewährleistung für den Verbraucher liegen, nach einem erfolglosen Streitbeilegungsverfahren seinen nicht verjährten Anspruch noch gerichtlich geltend machen zu können, und wann solche Anforderungen dem von der ADR-Richtlinie intendierten hohen Verbraucherschutz (vgl. nur Erwägungsgründe 1 und 2 sowie Art. 1 S. 1 der ADR-Richtlinie) zuwiderlaufen. Wenn aber eine solche Bestimmung nicht möglich ist und sowohl die ADR-Richtlinie als auch das Gesetz in § 204 Abs. 1 Nr. 4 BGB keine Individualisierungsanforderungen explizit benennen, erscheint es im Hinblick auf die Regelung des Art. 12 Abs. 1 der ADR-Richtlinie und den von dieser bezweckten Verbraucherschutz angezeigt, in jedem Einzelfall konkret zu prüfen, ob ein Güteantrag vom Antragsteller ausreichend individualisiert wurde oder nicht. Maßstab müsste insofern – den allgemeinen Grundsätzen folgend – jeweils sein, ob der Antragsgegner den Streitgegenstand durch die Beschreibung des Antragstellers erkennen und zuordnen kann, ohne dass dabei sämtliche vom Bundesgerichtshof geforderten Angaben notwendig im Güteantrag enthalten sein müssen. An die Erfassbarkeit des Streitstoffes durch die Streitbeilegungsstelle sollten dabei keine großen Anforderungen zu stellen sein, da einerseits die Verjährungshemmung des streitgegenständlichen Anspruchs ausschließlich die Parteien betrifft und die Streitbeilegungsstelle andererseits ohne Weiteres beim Antragsteller hinsichtlich unklarer Punkte nachfassen kann.

Der Bundesgerichtshof hätte deshalb gut daran getan, die von ihm in Kapitalanlagefällen aufgestellten Individualisierungsvoraussetzungen nur als Richtschnur oder als Beispielsangaben zu bezeichnen, mithilfe derer eine Individualisierung erfolgen kann, und nicht starre Bestimmtheitsanforderungen aufzustellen.[518] Dies wäre zwar einer für den Rechtsverkehr notwendigen Rechtssicherheit freilich nicht zuträglich gewesen, hätte jedoch einen größeren Verbraucherschutz bedeutet. Gerade aber die Schaffung eines hohen Verbraucherschutzniveaus war vom EU-Richtliniengeber mit der ADR-Richtlinie bezweckt worden (vgl. Erwägungsgründe 1 und 2 sowie Art. 1 S. 1 der ADR-Richtlinie), weshalb dem Verbraucherschutz an dieser Stelle der Vorrang hätte eingeräumt werden müssen.

518 Für ein Senken der Individualisierungsanforderungen im Ergebnis ebenfalls *Riehm*, NJW 2017, 113, 118.

d) *Fazit zur Vereinbarkeit der BGH-Rechtsprechung mit der ADR-Richtlinie*

Die Rechtsprechung des Bundesgerichtshofes zu Individualisierungserfordernissen für bei von der Landesjustizverwaltung eingerichteten und anerkannten Gütestellen sowie bei Verbraucherschlichtungsstellen angebrachten Güteanträge stellt keinen Verstoß gegen Art. 8 b) der ADR-Richtlinie dar, wonach der Zugang zu einem Streitbeilegungsverfahren für den Verbraucher auch ohne die Beauftragung eines Rechtsanwalts möglich sein soll. Dies ergibt sich bereits aus dem Wortlaut der Vorschrift, der nur den formalen Zugang zu Streitbeilegungsstellen betrifft und keine Aussage zu Fragen der Verjährungshemmung enthält.

Demgegenüber spricht vieles dafür, dass die Rechtsprechung des Bundesgerichtshofes mit der Regelung des Art. 12 Abs. 1 der ADR-Richtlinie nicht vereinbar ist, nachdem die Mitgliedstaaten eine Verjährungshemmung in Bezug auf den im Streitbeilegungsverfahren geltend gemachten Anspruch „*sicherstellen*" müssen, wohingegen Art. 12 Abs. 1 der ADR-Richtlinie ein Anspruchsindividualisierungserfordernis nicht entnommen werden kann. Zwar folgt aus den Regelungen der ADR-Richtlinie, dass auch sie von Individualisierungsmindestanforderungen ausgeht, um überhaupt ein Streitbeilegungsverfahren sinnvoll begehen und durchführen zu können. Die vom Bundesgerichtshof aufgestellten Individualisierungsvorgaben scheinen die von Art. 12 Abs. 1 der ADR-Richtlinie insofern gesteckten Grenzen jedoch zu überschreiten, wenn man sich vor Augen führt, dass ein Verbraucher diese Anforderungen ohne Rechtsberatung in der Regel nicht selbst erfüllen kann.

Folglich sollte der Bundesgerichtshof von seiner Rechtsprechung in der Weise abrücken, dass die von ihm gemachten Vorgaben lediglich als Richtschnur aufzufassen sind, wie eine Anspruchsindividualisierung durch den Antragsteller erfolgen kann, ohne dass das Fehlen einer der genannten Angaben schädlich für die Verjährungshemmung des geltend gemachten Anspruchs wäre, auch wenn dies einen gewissen Verlust an Rechtssicherheit zur Folge hätte.

8. *Anwendbarkeit auf andere Rechtsgebiete*

Unabhängig von der Vereinbarkeit der Rechtsprechung des Bundesgerichtshofes mit den Vorgaben der ADR-Richtlinie stellt sich die Frage, inwiefern die vom Bundesgerichtshof aufgestellten und auf Kapitalanlageberatungsfälle zugeschnittenen Bestimmtheitsanforderungen verallgemeinerungsfähig und auf Güteanträge anwendbar sind, die Ansprüche aus anderen Rechtsgebieten beinhalten.

Wie oben dargelegt, ist für eine Anspruchsindividualisierung entscheidend, dass einerseits dem Antragsgegner zu erkennen gegeben wird, welcher Anspruch gegen ihn geltend gemacht wird, damit dieser prüfen kann, ob er dem

Streitbeilegungsverfahren beitreten möchte oder nicht. Dem Güteantrag muss außerdem ein Rechtsdurchsetzungswille des Antragstellers, die Darstellung des dem Anspruch zugrunde liegenden Lebenssachverhalts sowie das vom Antragsteller angestrebte Rechtsschutzziel entnommen werden können. Andererseits muss die Streitbeilegungsstelle in die Lage versetzt werden, den an sie herangetragenen Fall beurteilen und einen Schlichtungsvorschlag ausarbeiten zu können.[519]

Zwar wird in Rechtsprechung und Literatur vertreten, dass die jeweiligen Individualisierungserfordernisse nicht abstrakt festgelegt werden können, sondern diese einzelfallbezogen unter Berücksichtigung des konkreten Rechtsverhältnisses und des geltend gemachten Anspruchs zu bestimmen seien.[520] Führt man sich jedoch die oben genannten, vielfältigen Anforderungen des Bundesgerichtshofes an Güteanträge im Bereich der Kapitalanlageberatung vor Augen, so dürfte eine jedenfalls teilweise Übertagung dieser Rechtsprechungsgrundsätze auf andere Fallgestaltungen ohne Weiteres möglich sein. Allgemeingültig dürfte etwa das Erfordernis einer Nennung der Parteien des Rechtsstreits sein, sowie die für sie handelnden Personen, jeweils mit Namen. Auch sollten Angaben über das streitgegenständliche Rechtsverhältnis gemacht werden. Es sollte ferner der genaue Zeitraum bzw. Zeitpunkt der erheblichen Handlungen bezeichnet sowie der Handlungshergang jedenfalls im Groben umrissen werden. Existieren Rechnungs-, Kunden- oder sonstige Vorgangsnummern, die für die interne Zuordnung beim Antragsgegner von Nutzen sein können, sollten diese stets angegeben werden. Überdies sollte genau beschrieben werden, welches Verfahrensziel angestrebt wird. Diesbezüglich muss insbesondere zwischen großem und kleinem Schadensersatz differenziert werden. Sicherheitshalber bietet sich hier – auch wenn es der Bundesgerichtshof nicht für erforderlich hält – eine Bezifferung des Anspruchs an.[521] Weitere, für eine Anspruchsindividualisierung nötige Inhalte können sich aus dem jeweiligen Rechtsverhältnis ergeben. Handelt es sich bspw. um eine Wohnungsmietstreitigkeit, ist naturgemäß die streitgegenständliche Wohnung mitzuteilen.

---

519 Siehe oben unter § 4 G. III. 1.

520 BGH, Urt. v. 18.06.2015 – III ZR 198/14, BKR 2015, 383, 385; OLG Karlsruhe, Urt. v. 11.11.2014 – 17 U 258/13, BeckRS 2015, 03995 Rn. 16; *Grüneberg*, WM 2014, 1109, 1111; *Nobbe*, WuB 2015, 262, 266.

521 Vgl. *Lindner*, jurisPR-BGHZivilR 20/2015 Anm. 1.

9. *Fazit zur Bestimmtheit von Güteanträgen*

Die Rechtsprechung des Bundesgerichtshofes ist mit Blick auf die bei der Klageeinreichung und beim Mahnbescheidsantrag geltenden Individualisierungsanforderungen konsequent und schafft jedenfalls in Kapitalanlagefällen für eine erhöhte Rechtssicherheit, nachdem die Instanzgerichte in der Vergangenheit unterschiedliche Anforderungen an die Bestimmtheit von Güteanträgen gestellt hatten.

Problematisch und vom Bundesgerichtshof nicht ausreichend gewürdigt ist jedoch, dass Art. 12 der ADR-Richtlinie, der hinsichtlich sämtlicher Anwendungsfälle des § 204 Abs. 1 Nr. 4 BGB zu beachten ist, in Bezug auf Güteanträge keine Individualisierungsanforderungen stellt, damit eine Hemmungswirkung überhaupt in Betracht kommt. Auch Art. 12 der ADR-Richtlinie dürfte zwar von gewissen Mindestanforderungen ausgehen, andernfalls kann ein Streitbeilegungsverfahren schließlich nicht sinnvoll eingeleitet werden. Auf der anderen Seite dürften die vom Bundesgerichtshof aufgestellten Erfordernisse unter Berücksichtigung des von der ADR-Richtlinie forcierten hohen Verbraucherschutzes und des Wortlauts der Vorschrift den Rahmen des nach Art. 12 der ADR-Richtlinie Zulässigen sprengen.

IV. Missbräuchliche Stellung eines Güteantrags

Sucht man im Internet nach von der Landesjustizverwaltung anerkannten Streitbeilegungsstellen, trifft man vielfach auf Hinweise der folgenden Art:

> „*Rechtsanwalt […] bietet unter* http://kreditbearbeitungsgebuehren.ra-[…].de *die Dienste einer Staatlich anerkannten Gütestelle auch für Kreditnehmer an, die Kreditbearbeitungsgebühren in Fällen zurückfordern wollen, in denen zum 31.12.2014 die Verjährung der Ansprüche eintritt. Mit einem Telefax an die Gütestelle, kurzfristiger Zahlung der Gebühr und Zustellung beim Kreditinstitut durch die Gütestelle per Einschreiben wird der Verjährungseintritt um die Verfahrensdauer des Güteverfahrens plus 6 Monate hinausgeschoben. Die Kosten des Einsatzes der Gütestelle können unter Umständen von einer bestehenden Rechtschutzversicherung erstattet werden. Der Antrag wird von der Gütestelle nicht auf seine Erfolgsaussichten geprüft. Rechtsanwalt […] empfiehlt, bei Fragen einen Anwalt vor Ort zu konsultieren. Mehr Infos unter* http://kreditbearbeitungsgebuehren.ra-[…].de“[522]

Wie der Beschreibung dieser Gütestelle anschaulich entnommen werden kann, wird die Regelung des § 204 Abs. 1 Nr. 4 BGB in der Praxis – vor allem in Kapitalanlagefällen – in vielen Fällen lediglich zur Verjährungshemmung genutzt.

522 https://www.anwalt24.de/kanzleinews/37212, letzter Abruf: 06.01.2019.

Ein ernsthafter Einigungswille ist seitens des Antragstellers oft nicht gegeben.[523] Auch ist jedenfalls den jeweiligen Anwälten der Antragsteller aus vergleichbaren Fällen in der Vergangenheit häufig genauestens bekannt, welche Antragsgegner einem Streitbeilegungsverfahren offen gegenüber stehen und welche sich in keinem Fall an einem Güteverfahren beteiligen werden. Die Frage, ob ein solcher Güteantrag, der nur der Verjährungshemmung dienen soll, rechtsmissbräuchlich sein kann mit der Folge, dass eine Verjährungshemmung des geltend gemachten Anspruchs ausscheidet, war in der jüngeren Vergangenheit deshalb Gegenstand etlicher instanzgerichtlicher Entscheidungen. Dies vor allem auch vor dem Hintergrund, dass einige Verbraucheranwälte dazu übergingen, unzählige gleichgelagerte Güteanträge verschiedener Verbraucher bei ein und derselben Streitbeilegungsstelle einzureichen.[524] Auch der Bundesgerichtshof musste sich im Jahr 2015 erneut mit dieser Thematik beschäftigen, nachdem er bereits im Jahr 1993 ein diesbezügliches Grundsatzurteil gefällt hatte.

In der Rechtsprechung wird mittlerweile zwischen zwei Fallgruppen differenziert: Der Kenntnis des Antragstellers über die mangelnde Bereitschaft des Antragsgegners, an einem außergerichtlichen Streitbeilegungsverfahren mitzuwirken, und die gleichzeitige, massenhafte Einreichung gleichgelagerter Güteanträge bei ein und derselben Streitbeilegungsstelle.

1. Grundsatzurteil des Bundesgerichtshofes

a) Motivlage des Antragstellers unbeachtlich

Nach dem Urteil des Bundesgerichtshofes vom 06.07.1993 – VI ZR 306/92 – soll es für die verjährungshemmende Wirkung eines Güteantrags unschädlich sein, wenn dieser ausschließlich zur Hemmung der Verjährung des geltend gemachten Anspruchs gestellt wird und eine gütliche Einigung von vornherein gar nicht gewollt ist. Der Bundesgerichtshof zieht dabei einen Vergleich mit dem 1924 eingeführten obligatorischen Güteverfahren, das ebenfalls lediglich mit dem Ziel einer Verjährungsunterbrechung eingeleitet werden konnte. Die Verjährungsunterbrechung sei dabei ungeachtet dessen eingetreten, ob das Verfahren von den Parteien ernsthaft betrieben wurde und der Antragsteller innerhalb eines Jahres nach dem Scheitern des Güteverfahrens Klage erhob. Nach gegenwärtigem Recht würden die Rechte des Antragsgegners bei einer derartigen Güteantragsstellung genauso wenig unangemessen verkürzt, da der Schuldner Kenntnis

523 Vgl. *Fries*, JZ 2016, 723, 725.

524 Siehe oben unter § 4 D. II. 3.

von den Absichten des Gläubigers erlange, seinen im Güteantrag bezeichneten Anspruch durchsetzen zu wollen. Auch sei es dem Schuldner unbenommen, eine negative Feststellungsklage zu erheben und den Gläubiger so in einen Rechtsstreit zu zwingen, so dass die Stellung eines Güteantrags für den Gläubiger ebenfalls risikobehaftet sei. Der Bundesgerichtshof ließ sich jedoch eine Hintertür offen: Es möge Fälle des Missbrauchs geben, denen im Einzelfall im Rahmen des § 242 BGB begegnet werden könne.[525]

Diese Entscheidung des Bundesgerichtshofes war nicht ohne Widerspruch: So nahm der Bundesgerichtshof in seiner Entscheidung Bezug auf ein Urteil des Reichsgerichts aus dem Jahre 1907, in welchem der Antragsteller eines Beweissicherungsantrages diesen nur mit der Intention eingelegt hatte, die Verjährung seines Anspruchs zu hemmen. Nach dem Reichsgericht sei dem Antrag dann aber dessen Bedeutung als Beweissicherungsantrag genommen. Der Antrag stelle vielmehr eine bloße „*Anmeldung*" der Forderung dar. Dies reiche zur Unterbrechung der Verjährung nicht aus.[526] Der Bundesgerichtshof hat sich in seinem Urteil vom 06.07.1993 nicht etwa gegen die Entscheidung des Reichsgerichts gewannt, sondern diese als „*Ausnahmefall*" bezeichnet.[527] Einziges Motiv des Antragstellers war beim vom Reichsgericht zu beurteilenden Antrag jedoch ebenfalls lediglich die Hemmung der Verjährung, so dass unklar blieb, worin nach Auffassung des Bundesgerichtshofes eine solche Ausnahme gelegen haben soll.

b) *Rechtsprechung der Instanzgerichte*

In instanzgerichtlichen Urteilen war in der Folgezeit eine Bestätigung der Rechtsprechung des Bundesgerichtshofes zu finden, die sich allerdings größtenteils in einem bloßen Verweis auf dessen oben genanntes Urteil erschöpfte.[528] Das Oberlandesgericht Frankfurt am Main führte in seinem Urteil vom 19.03.2015 – 7 U 134/13 – als weitere Begründung für die Auffassung des Bundesgerichtshofes an, dass die Motivation des Antragstellers allenfalls in „*ganz ungewöhnlichen Fällen*" ein Grund sein könne, die vom Gesetz ohne Einschränkung vorgesehene Möglichkeit zur Verjährungshemmung zu beschneiden. Dem Schuldner stehe kein

525 BGH, Urt. v. 06.07.1993 – VI ZR 306/92, juris, Rn. 22.

526 RG, Urt. v. 26.10.1907 – V 58/07, RGZ 66, 412, 414 f.

527 Vgl. BGH, Urt. v. 06.07.1993 – VI ZR 306/92, juris, Rn. 22.

528 Vgl. etwa OLG Brandenburg, Urt. v. 03.03.2010 – 4 U 40/09, juris, Rn. 108; OLG Brandenburg, Urt. v. 09.03.2011 – 4 U 95/10, juris, Rn. 103; OLG Frankfurt, Beschl. v. 16.05.2012 – 23 Kap 1/06, juris, Rn. 1348; offen gelassen von OLG Hamm, Urt. v. 04.12.2014 – I-34 U 30/14, 34 U 30/14, juris, Rn. 80.

„*Recht auf Verjährung*" zu. Für ihn sei nur entscheidend, dass er von der Geltendmachung des Anspruchs durch den Gläubiger Kenntnis erlangt. Außerdem sei die Motivlage des Antragstellers auch nicht zuverlässig feststellbar, zumal diese sich auch ändern könne. Eine große Anzahl gleichartiger Güteanträge könne dem Schuldner darüber hinaus Anlass geben, eine außergerichtliche Einigung anzustreben oder die Erhebung der Verjährungseinrede bis zur Entscheidung eines „*Pilotfalles*" zurückzuhalten.[529]

c) Meinungen in der Literatur

Die Rechtsprechung des Bundesgerichtshofes wurde in der Literatur ebenfalls teilweise begrüßt.[530] *Peters* merkte hierzu etwa an, dass dieses Ergebnis umso mehr überzeuge, als auch die Streitverkündung oder die Aufrechnung im Prozess verjährungshemmend wirkten, ohne dass der Gläubiger dadurch einen Titel erhalte. Selbst unzulässige Klagen führten zu einer Verjährungsunterbrechung. Er schloss allerdings nicht aus, dass es Gründe für die Unzulässigkeit einer Klage geben könne, die derart ins Gewicht fielen, dass eine Unterbrechungswirkung nicht mehr in Frage kommen könne.[531]

Derweil stand ein anderer Teil der Literatur der Rechtsprechung des Bundesgerichtshofes (und der Vorschrift des § 204 Abs. 1 Nr. 4 BGB generell) eher kritisch gegenüber: *Staudinger/Eidenmüller* sahen einem Missbrauch des § 204 Abs. 1 Nr. 4 BGB zur reinen Verjährungshemmung „*Tür und Tor geöffnet*".[532] *Wagner* hielt einen Güteantrag jedenfalls dann für missbräuchlich, wenn Anwälte von Antragstellern gezielt eine so große Zahl an Güteanträgen bei einer bestimmten Gütestelle einreichen, dass diese nicht mehr in der Lage ist, alle Güteanträge zeitnah zu bearbeiten und erst nach erheblichen Verzögerungen die Bekanntgabe der Güteanträge veranlassen kann. Denn einer Beschleunigung der Veranlassung der Bekanntgabe werde durch eine solche Praxis gerade entgegengewirkt.[533] Außerdem sei Rechtsmissbrauch dann anzunehmen, wenn der Antragsteller positiv weiß, dass der Antragsgegner sich in etlichen Parallelverfahren nie auf den jeweils gestellten Güteantrag eingelassen hat, da die Rechtsanwendung sich stets am Gesetzeszweck orientieren müsse. Zweck der Anrufung

---

529 OLG Frankfurt, Urt. v. 19.03.2015 – 7 U 134/13, juris, Rn. 33; in der Sache bestätigt von BGH, Urt. v. 25.05.2016 – IV ZR 211/15, NJOZ 2016, 1560.

530 jurisPK-BGB/*Lakkis*, Stand: 19.01.2018, § 204 Rn. 86; NK BGB AT/*Mansel*, § 204 Rn. 79; BeckOGK BGB/*Meller-Hannich*, Stand: 01.11.2015, § 204 Rn. 181.

531 *Peters*, JR 1994, 244.

532 *Staudinger/Eidenmüller*, NJW 2004, 23, 25.

533 *Wagner*, BKR 2013, 108, 110, 112.

einer Gütestelle sei nämlich das Bestreben, die Beilegung einer Streitigkeit im Einvernehmen zu erreichen. Die Verjährungshemmung nach § 204 Abs. 1 Nr. 4 BGB sei nur eine begleitende Folge der Güteantragsstellung, nicht deren Primärzweck. *Wagner* spricht insofern von einer „*verjährungsrechtlichen Zweckentfremdung*", da der vom Gesetzgeber vorgesehene Zweck von Gütestellen primär in der einvernehmlichen Streitbeilegung liege. Er gab u.a. ferner zu bedenken, dass das Bundesverfassungsgericht die im Zivilprozess geltenden Grundsätze des effektiven Rechtsschutzes aus dem Rechtsstaatsprinzip herleite. Dieses Grundrecht der beklagten Partei werde aber beeinträchtigt, wenn ihre Verteidigungsmöglichkeiten auf diese Weise beschnitten werden.[534]

2. *Rechtsmissbrauch in Bezug auf andere Hemmungstatbestände des § 204 Abs. 1 Nr. 4 BGB*

Hinsichtlich eines Antrags auf Erlass eines Mahnbescheids ist in Literatur und Rechtsprechung anerkannt, dass die Berufung auf die durch diesen ausgelöste Verjährungshemmung (§ 204 Abs. 1 Nr. 3 BGB) rechtsmissbräuchlich ist, wenn der Antragsteller den Erlass des Mahnbescheids durch die bewusst falsche Angabe herbeigeführt hat, eine geschuldete Gegenleistung sei bereits erbracht (§ 688 Abs. 2 Nr. 2 ZPO), da das Mahngericht den Mahnantrag bei wahrheitsgemäßen Angaben des Antragstellers als unzulässig nach § 691 Abs. 1 S. 1 Nr. 1 hätte zurückweisen müssen. Der Antragsteller hätte somit nur durch die Erhebung einer Klage die Verjährung seines Anspruchs hemmen können. Wenn er aber mit dem gestellten Mahnbescheid die Absicht verfolgt, seine Klage nicht unmittelbar begründen zu müssen, stelle die Berufung auf die verjährungshemmende Wirkung des Mahnbescheids eine formale Rechtsposition dar, die er treuwidrig ausnutze.[535] In diesem Fall überspiele der Antragsteller zielgerichtet

---

534 *Wagner*, BKR 2013, 108, 112; zweifelnd auch *May/Moeser*, NJW 2015, 1637, 1640.

535 BGH, Urt. v. 16.07.2015 – III ZR 238/14, NJW 2015, 3162, 3163 f.; Urt. v. 23.06.2015 – XI ZR 536/14, BKR 2015, 392, 393; Urt. v. 05.08.2014 – XI ZR 172/13, BKR 2015, 75; Urt. v. 21.12.2011 – VIII ZR 157/11, NJW 2012, 995, 996; OLG München, Urt. v. 25.02.2015 – 7 U 2611/14, BKR 2015, 260, 262; Urt. v. 04.12.2007 – 5 U 3479/07, juris, Rn. 86; OLG Hamm, Urt. v. 19.11.2014 – I-31 U 67/14, 31 U 67/14, juris, Rn. 14; OLG Stuttgart, Beschl. v. 06.11.2014 – 9 U 145/14, BeckRS 2015, 03996 Rn. 18 ff.; OLG Bamberg, Urt. v. 04.06.2014 – 3 U 244/13, BKR 2014, 334, 338; BeckOGK BGB/*Meller-Hannich*, Stand: 01.12.2018, § 204 Rn. 155.1; MüKo BGB/*Grothe*, 7. Aufl. 2015, § 204 Rn. 33; Palandt/*Ellenberger*, § 204 Rn. 18; *Regenfus*, NJW 2016, 2977, 2979; *Kähler*, NJW 2015, 3164; *Sujecki*, NJW 2014, 3436; *Aurich*, GWR 2014, 352; *Thume*, WuB 2015, 290, 293 f.

die Sicherungen, welche das Mahnverfahren als Ausgleich für die lediglich begrenzte Schlüssigkeitsprüfung zu Gunsten des Antragsgegners bereithält.[536] Die in der Literatur vertretene Gegenmeinung wendet ein, dass auch ein Mahnbescheid, der wahrheitswidrige Angaben enthält, dem Schuldner verdeutliche, dass er Antragsteller seinen Anspruch ernsthaft verfolge. Außerdem würden Verfahrensfehler auch ansonsten nicht dazu führen, dass eine Verjährungshemmung ausscheidet.[537] Ferner sei die Wirkung der Verjährungshemmung weder von der Zulässigkeit noch von der Begründetheit des Mahnbescheidsantrages abhängig.[538]

Auch hinsichtlich eines Prozesskostenhilfeantrages wird in der Literatur und Rechtsprechung vertreten, dass ein solcher dann nicht verjährungshemmend nach § 204 Abs. 1 Nr. 14 BGB wirke, wenn der Antragsteller offensichtlich nicht bedürftig ist, sondern den Antrag bewusst missbräuchlich unter unvollständiger oder falscher Angabe seiner Vermögensverhältnisse stellt.[539]

3. *Erste Fallgruppe: Kenntnis des Antragstellers über die Ablehnung des Antragsgeg-ners*

a) *Änderung der Rechtsprechung des Bundesgerichtshofes*

Mit seinem Urteil vom 28.10.2015 – IV ZR 526/14 – schränkte der Bundesgerichtshof seine vormals vertretene Auffassung ein: Mit Verweis auf das o.g. Urteil sei es zwar grundsätzlich legitim und begründe regelmäßig keinen Rechtsmissbrauch, wenn ein Streitbeilegungsverfahren lediglich zum Zwecke der Verjährungshemmung eingeleitet wird. Von diesem Grundsatz müsse allerdings – wie es *Wagner* bereits im Jahr 2013 forderte – dann eine Ausnahme gemacht werden, wenn bereits vor der Stellung des Güteantrags feststeht, dass der Antragsgegner an der Durchführung eines Streitbeilegungsverfahrens bzw. an einer außergerichtlichen Einigung kein Interesse hat und dies gegenüber dem Gläubiger vor

536 BGH, Urt. v. 16.07.2015 – III ZR 238/14, NJW 2015, 3162, 3163 f.; Urt. v. 23.06.2015 – XI ZR 536/14, BKR 2015, 392, 393. Demgegenüber soll kein Rechtsmissbrauch vorliegen, wenn der Antragsteller im Mahnverfahren wegen der Vorschrift des § 688 Abs. 2 Nr. 2 ZPO lediglich den „*kleinen*" Schadenersatz geltend macht, weil es sich hierbei nur um eine Frage der Schadensberechnung handele, die keine Klageänderung darstelle, vgl. BGH, Urt. v. 05.08.2014 – XI ZR 172/13, BKR 2015, 75.

537 Staudinger/*Peters/Jacoby*, § 204 Rn. 54; *Corzelius*, EWiR 2014, 763, 764.

538 *Schultz*, NJW 2014, 827, 828 f.

539 OLG Oldenburg, Urt. v. 03.04.2009 – 6 U 149/08, juris, Rn. 20; Palandt/*Ellenberger*, § 204 Rn. 30; a.A. Staudinger/*Peters/Jacoby*, *§ 204* Rn. 114.

der Antragstellung auch eindeutig erklärt hat. Denn dann sei von vornherein klar, dass der Zweck des außergerichtlichen Streitbeilegungsverfahrens – die Entlastung der Justiz und ein dauerhafter Rechtsfrieden durch konsensuale Lösungen – nicht erfüllt werden kann. Deshalb erweise sich eine dennoch erfolgte Anrufung einer Streitbeilegungsstelle als rechtsmissbräuchlich, wodurch es dem Antragsteller nach § 242 BGB verwehrt sei, sich auf eine vom Güteantrag bewirkte Verjährungshemmung zu berufen.[540]

b) Rechtsprechung der Instanzgerichte

Dieser Rechtsprechung schlossen sich die Instanzgerichte in der Folgezeit an.[541] Unterschiedlich behandeln die Gerichte derweil die vom Bundesgerichtshof aufgestellte Voraussetzung der Kenntnis des Antragstellers von der Weigerung des Antragsgegners, sich an einem außergerichtlichen Streitbeilegungsverfahren zu beteiligen, und der diesbezüglichen Erklärung des Antragsgegners gegenüber dem Antragsteller. So vertreten einige Oberlandesgerichte die Meinung, aus dem genannten Urteil des Bundesgerichtshofes ergebe sich nicht, dass die Ausnahme im Hinblick auf eine mögliche Rechtsmissbräuchlichkeit nur dann gelten soll, wenn dem Antragsteller bzw. dessen anwaltlichem Bevollmächtigen im konkreten Fall mitgeteilt worden ist, dass der Antragsgegner sich an einem Streitbeilegungsverfahren nicht beteiligen wolle. Von der notwendigen Kenntnis über die Beteiligungsverweigerung des Antragsgegners auf Seiten des Antragstellers könne vielmehr bereits dann ausgegangen werden, wenn diese Verweigerungshaltung generell besteht und sie dem Antragsteller gegenüber in der Vergangenheit eindeutig zum Ausdruck gebracht worden ist. Denn auch dann stehe im Sinne der Rechtsprechung des Bundesgerichthofes fest, dass die Durchführung eines Streitbeilegungsverfahrens zwecklos ist.[542] Das Landgericht Dortmund

---

540 BGH, Urt. v. 28.10.2015 – IV ZR 526/14, BKR 2016, 112, 114; bestätigt im Beschl. v. 17.02.2016 – IV ZR 374/14, NJOZ 2016, 1648, 1649.

541 Vgl. etwa OLG Schleswig, Urt. v. 20.12.2018 – 5 U 279/18, BeckRS 2018, 33561 Rn. 117; OLG München, Urt. v. 20.11.2017 – 21 U 3798/16, BeckRS 2017, 131721 Rn. 48; Urt. v. 19.01.2017 – 23 U 2839/16, BKR 2017, 345, 352; Urt. v. 20.11.2017 – 21 U 3798/16, BeckRS 2017, 131721 Rn. 48; OLG Hamm, Urt. v. 11.02.2016 – I-34 U 122/15, BeckRS 2016, 18270 Rn. 8 f.; Beschl. v. 09.02.2016 – 34 U 69/15, BeckRS 2016, 18505; Beschl. v. 09.02.2016 – 34 U 78/15, BeckRS 2016, 18503; Beschl. v. 19.01.2016 – 34 U 206/15, BeckRS 2016, 20261; Beschl. v. 13.01.2016 – 34 U 208/15, BeckRS 2016, 18092; Beschl. v. 22.12.2015 – I-34 U 65/15, BeckRS 2016, 18557.

542 OLG Düsseldorf, Urt. v. 11.08.2016 – 16 U 125/15, BeckRS 2016, 19417 Rn. 95 f.; OLG Stuttgart, Hinweisbeschl. v. 23.09.2016 – 6 U 90/16, BeckRS 2016, 115351 Rn. 13 ff.; OLG Hamm, Urt. v. 11.02.2016 – I-34 U 122/15, BeckRS 2016, 18270 Rn. 9.

legt die Rechtsprechung des Bundesgerichtshofes noch ein Stück weiter aus: In einem Fall, in dem der Gläubiger einen Güteantrag nicht einmal einen Monat nach Beendigung der Vergleichsgespräche durch den Schuldner gestellt hat, sei es ihm nach § 242 BGB verwehrt, sich auf die Verjährungshemmung des bekanntgegebenen Güteantrages zu berufen.[543]

Nach gegenteiliger Ansicht des Landgerichts Hamburg lasse der Umstand, dass sich der Anspruchsgegner in der Vergangenheit in gleich gelagerten Parallelfällen an einem vom Antragsteller eingeleiteten Streitbeilegungsverfahren nicht beteiligt hat, nicht den sicheren Schluss zu, dass er sich auch in einem weiteren Fall – der im Einzelnen anders gelagert sein könne – einer außergerichtlichen Streitbeilegung verschließe.[544]

c) *Meinungen in der Literatur*

Die jüngste Rechtsprechung des Bundesgerichtshofes zu missbräuchlichen Güteanträgen traf in der Literatur auf ein geteiltes Echo: So wurde teilweise auch schon vor der oben genannten Entscheidung vertreten, dass dem Antragsteller in Fällen missbräuchlicher Stellung eines Güteantrags die Verjährungshemmungswirkung nach § 204 Abs. 1 Nr. 4 BGB gemäß § 242 BGB zu versagen sei. Hierfür genüge es für sich gesehen noch nicht, wenn der Antragsteller lediglich eine „*Schwäche im System der Hemmungsgründe*" ausnutze. Vielmehr müsse der Antragsgegner den Nachweis führen können, dass der gestellte Güteantrag ausschließlich dem Zweck dienen sollte, die Verjährung des geltend gemachten Anspruchs zu hemmen.[545] Andere wollten nur bei „*krassen Ausnahmefällen*" einen Rechtsmissbrauch annehmen,[546] etwa dann, wenn der Antragsteller von der ablehnenden Haltung des Antragsgegners zur Durchführung einer außergerichtlichen Streitbeilegung positiv weiß.[547]

Die Auffassung des Bundesgerichtshofes, wonach bei positiver Kenntnis des Antragstellers über die nicht gegebene Bereitschaft des Antragsgegners, an einem außergerichtlichen Streitbeilegungsverfahren teilzunehmen, eine Verjährungshemmung ausscheiden soll, wurde demgemäß in Teilen der Literatur begrüßt.[548] *Hannöver/Walz* vertreten in Bezug auf Kapitalanlagefälle etwa die Meinung, dass

543 LG Dortmund, Urt. v. 29.07.2016 – 3 O 429/15, BeckRS 2016, 15413.

544 LG Hamburg, Urt. v. 19.02.2016 – 329 O 213/15, BeckRS 2016, 124124.

545 MüKo BGB/*Grothe*, 7. Aufl. 2015, § 204 Rn. 35.

546 JurisPK/*Lakkis*, Stand: 19.01.2018, § 204 BGB, Rn. 79; *Klose*, NZBau 2012, 80, 83.

547 *Wagner*, BKR 2013, 108, 112; *Nobbe*, WuB 2015, 262, 267; *Thume*, WuB 2015, 290, 295.

548 Vgl. etwa BeckOK BGB/*Henrich*, Stand: 01.11.2018, § 204 Rn. 30; Schulze/*Dörner*, § 204 Rn. 4; Erman/*Schmidt-Räntsch*, § 204 Rn. 16; Palandt/*Ellenberger*, § 204 Rn. 19;

in Fällen, in denen dem antragstellenden Anleger bekannt sei, dass der überwiegende Teil der Kreditinstitute sich prinzipiell nur an Streitbeilegungsverfahren beteilige, die von Verbänden eingerichtet wurden, die Stellung eines Güteantrags bei einer nicht diesen Verbänden angehörenden Streitbeilegungsstelle rechtsmissbräuchlich sei, wodurch eine Verjährungshemmung ausscheide. Dabei müsse sich der Antragsteller die Kenntnis seines anwaltlichen Bevollmächtigten zurechnen lassen.[549] Nach Auffassung von *Regenfus* beruhe die Einstufung als rechtsmissbräuchlich in derlei Fällen auch darauf, dass der Antragsteller nicht von einem weiteren Zeitgewinn für die Erhebung einer Klage profitieren soll. Ein Verfahren, welches eine aktive Mitwirkung des Antragsgegners zur Voraussetzung hat, dürfe ausschließlich dann eingeleitet werden, wenn die Beteiligung des Antragsgegners jedenfalls nicht ausgeschlossen erscheint, da eine ohnehin notwendige Klärung in diesem Fall nur hinausgezögert würde. Hierin liege keine Diskriminierung des Verfahrens vor Streitbeilegungsstellen nach § 204 Abs. 1 Nr. 4 BGB, die sich insofern erheblich von den anderen Rechtsverfolgungsmaßnahmen des § 204 Abs. 1 BGB unterscheide, als dass dort ein Vollstreckungstitel nur unter positiver Beteiligung des Schuldners zustande kommen kann.[550] Auch *Kähler* ist mit dem Bundesgerichtshof der Ansicht, ein Antragsteller handele rechtsmissbräuchlich, wenn er aufgrund einer unzweideutigen Mitteilung des Antragsgegner genau weiß, dass der Antragsgegner an einem Streitbeilegungsverfahren nicht teilnehmen möchte. Hierfür genüge allerdings in der Regel nicht bereits die bloße Mitteilung seitens des Antragsgegners, zu einer Einigung oder Zahlung nicht bereit zu sein. Derlei Erklärungen seien oft taktischer Natur und würden zurückgenommen, sobald seitens eines unabhängigen Dritten die Nachteile eines Gerichtsverfahrens erläutert werden. Insofern stehe die Aussichtslosigkeit eines Güteverfahrens zumeist erst dann fest, wenn die Absage an eine gütliche Einigung eindeutig und als letztes Wort zu verstehen ist. Die Eindeutigkeit, dass die Stellung eines Güteantrags bei einer neutralen Streitbeilegungsstelle ohne Aussicht auf Erfolg ist, liege demgegenüber nicht vor, wenn die Verhandlungen zwischen den Parteien fortgeführt werden. Denn ansonsten würde der Sinn von Streitbeilegungsstellen infrage gestellt, die erst dann tätig werden, wenn die Parteien keine Einigung erzielen konnten. Andererseits sei die Berufung auf die Nichtdurchführung eines Streitbeilegungsverfahrens

---

Borowski/Röthemeyer/Steike/*Borowski/Steike*, Teil III, Art. 6, § 204 BGB Rn. 12; *Nobbe*, WM 2016, 337, 343.

549 Bankrechts-Hdb./*Hannöver/Walz*, § 110 Rn. 108a.

550 *Regenfus*, NJW 2016, 2977, 2979 f.

rechtsmissbräuchlich, wenn dessen Scheitern feststeht und ein streitiges Verfahren unumgänglich ist. Dies soll jedoch nicht schon dann der Fall sein, wenn intensive Vergleichsverhandlungen der Parteien erfolglos geblieben sind, da nicht ausgeschlossen werden könne, dass mit Hilfe eines professionellen Streitmittlers eine außergerichtliche Streitbeilegung doch noch erzielt werden kann. Insoweit würde der Sinn einer Mediationsklausel unterhöhlt, würde man sich einem solchen Streitbeilegungsverfahren dadurch entziehen, dass man ohne professionelle Begleitung versucht, den Konflikt zu lösen. Ansonsten werde auch der fragwürdige Anreiz gesetzt, sich Vergleichsverhandlungen zu verschließen, da mit deren Scheitern auch die vereinbarte Mediation nicht durchgeführt werden müsste.[551] *Grys* argumentiert derweil mit dem Willen des Gesetzgebers, welcher bereits im Gesetzentwurf vom 31.08.2001[552] explizit auf die Gefahr des Missbrauchs hingewiesen habe. Im Falle einer aussichtslosen Einleitung eines Streitbeilegungsverfahrens realisiere sich diese Gefahr. Es sei die Besonderheit des Streitbeilegungsverfahrens zu berücksichtigen, dass ein Vollstreckungstitel seitens des Gläubigers nur für den Fall erwirkt werden kann, wenn sich der Schuldner aktiv am Verfahren beteiligt, mithin ein Vergleich zustande kommt. Werde in Kenntnis der Ablehnung einer außergerichtlichen Streitbeilegung ein Güteantrag gestellt, fehle es an dem für den Tatbestand des § 204 Abs. 1 BGB erforderlichen Rechtsverfolgungswillen des Gläubigers, da dieser von vornherein wisse, dass das Streitbeilegungsverfahren nicht zum Erfolg führen kann und ein Vollstreckungstitel nicht zu erreichen ist.[553]

Nicht wenige Autoren stehen der Rechtsprechung des Bundesgerichtshofes indessen kritisch gegenüber und halten die Argumentation des Bundesgerichtshofes, der vom Gesetzgeber mit der Vorschrift des § 204 Abs. 1 Nr. 4 BGB verfolgte Zweck (Entlastung der Justiz und dauerhafter Rechtsfriede durch außergerichtliche Streitbeilegung) könne bei der Kenntnis des Antragstellers über die Verfahrensablehnung des Antragsgegners nicht erreicht werden, weshalb eine dennoch erfolgende Güteantragsstellung rechtsmissbräuchlich sei, nicht für überzeugend. Sie befürchten vielmehr eine Verwässerung des Verjährungsrechts. Das Verjährungsrecht benötige rechtliche Klarheit, da es auf rechtliche Klarheit abziele. Ab einem gewissen Zeitpunkt solle eine Anspruchsdurchsetzung nicht mehr möglich sein, wofür dieser Zeitpunkt aber bestimmt sein müsse. Damit der Gläubiger sich vor der für ihn nachteiligen Anspruchsverjährung schützen kann, biete ihm

551 BeckOGK BGB/*Kähler*, Stand: 01.10.2018, § 242 Rn. 1106.1 f.

552 BT-Drs. 14/6857.

553 *Grys*, BKR 2016, 114 ff.

das Gesetz verschiedene Hemmungsmöglichkeiten an. Diese müssten eindeutig definiert sein, wie es auch in § 204 BGB der Fall sei. Die Anwendung des § 242 BGB in Bezug auf Güteanträge schaffe insofern nur Rechtsunsicherheit.[554] *May/Röder* sprechen insofern von einer „*Diskriminierung*" des Streitbeilegungsverfahrens gegenüber den gerichtlichen Verfahren. Keiner würde auf die Idee kommen, einem Mahnbescheid seine verjährungshemmende Wirkung zu versagen, nur weil der Schuldner vor Stellung des Mahnbescheidsantrages geäußert hat, in keinem Fall zahlen zu wollen. Wenn aufgrund einer solchen Ankündigung feststehe, dass der Schuldner Widerspruch gegen einen Mahnbescheid einlegen wird, bedeute dies eine zusätzliche Belastung für die Gerichte, wenn der Gläubiger nicht unmittelbar Klage erhebt. Güteanträge könnten demgegenüber bestenfalls eine Entlastung, keinesfalls aber eine zusätzliche Belastung der Gerichte zur Folge haben, weshalb Streitbeilegungsverfahren gestärkt und die eindeutigen Hemmungstatbestände des § 204 Abs. 1 Nr. 4 BGB nicht entgegen dem Gesetzgeberwillen aufgeweicht werden sollten.[555] Ebenso führt *Meller-Hannich* an, dass das Verjährungsrecht objektiv konzipiert sei, um seine Funktion zu gewährleisten, nämlich die Schaffung von Rechtssicherheit. Letztere dürfe nicht einer Erfolgsprognose für das Streitbeilegungsverfahren zum Opfer fallen, da das Treffen einer solchen Prognose dem Gläubiger Schwierigkeiten bereite, die ihm faktisch den Zugang zur außergerichtlichen Konfliktlösung versperren. Als rechtssichere Wege zur Anspruchsdurchsetzung blieben dem Gläubiger nur die Erhebung einer Klage oder die Beantragung eines Mahnbescheids.[556]

Anknüpfend an letztere Argumentation ist *Riehm* der Auffassung, der Bundesgerichtshof gebe dem Schuldner mit seiner Rechtsprechung die Möglichkeit, den Gläubiger faktisch in die Klage zu zwingen, wenn dieser die Verjährung seines Anspruchs hemmen möchte.[557] Der Rechtsschutz des Gläubigers werde hierdurch in der Praxis wesentlich verkürzt, da die Schwelle zur Klageerhebung allein schon wegen des dieser inhärenten Kostenrisikos erheblich höher liege als die Schwelle zur Stellung eines Güteantrags. Es sei zu besorgen, dass viele Gläubiger deshalb die Rechtsverfolgung aufgeben werden, wenn die Güteantragsstellung keine verjährungshemmende Wirkung mehr habe und deshalb faktisch nicht zum Erfolg führen könne. Insbesondere übersehe der Bundesgerichtshof

554 *Nassall*, jurisPR-BGHZivilR 1/2016 Anm. 2, der die Rechtsprechung des Bundesgerichtshofes in diesem Zusammenhang für „*Gift für ein anständiges Verjährungsrecht*" hält; im Ergebnis ebenso *Fries*, JZ 2016, 723, 725.

555 *May/Röder*, NJW 2016, 235.

556 BeckOGK BGB/*Meller-Hannich*, Stand: 01.12.2018, § 204 Rn. 189.

557 *Riehm*, NJW 2017, 113, 117; ähnlich *Fries*, JZ 2016, 723, 725.

jedoch, dass die Ablehnung eines außergerichtlichen Streitbeilegungsverfahrens nicht endgültig sein müsse. Gerade eine vorläufige Einschätzung der Sachlage seitens einer Streitbeilegungsstelle könne die Bereitschaft zur gütlichen Einigung beeinflussen.[558] Mit derselben Argumentation hält *Nassall* der Rechtsprechung des Bundesgerichtshofes ferner entgegen, dass es typisches Merkmal jeder Streitsituation sei, wenn die Beteiligten sich einer Einigung verweigern. Andernfalls gebe es überhaupt keinen Streit. Die Einleitung eines Streitbeilegungsverfahren könne jedoch „*auch bei Widerspenstigen*" zu einer Konfliktlösung führen, weshalb solche Verfahren nicht durch den Rückgriff auf § 242 BGB entwertet werden sollten. Dies mache das Streitbeilegungsverfahren uninteressant und riskant.[559] Auch *May/Röder* geben zu bedenken, dass Verhandlungen trotz kategorischer Ablehnung seitens einer Partei häufig dennoch fortgesetzt werden und eine gütliche Einigung schlussendlich doch erzielt wird. Denn hinter einer solchen Ablehnung könne auch schlicht Verhandlungstaktik oder Frust stecken. Begünstigt würden solche Kehrtwendungen durch Änderungen des „*Verhandlungssystems*", z.B., wenn die Entscheidungsträger oder deren Berater ausgetauscht oder Dritte als Streitmittler hinzugezogen werden. Die einfache Formel des Bundesgerichtshofes laute demgegenüber „*einmal nein, immer nein*".[560]

Gegen diese Argumentation wendet *Grys* ein, dass das Gesetz an die ernsthafte und endgültige Verweigerung bspw. in § 286 Abs. 3 oder § 323 Abs. 2 Nr. 1 BGB klare Rechtsfolgen knüpfe, was nicht mit dem Verweis auf „*kommunikationspsychologische Erkenntnisse*" ignoriert werden könne, wonach eine Verfahrensablehnung des Antragsgegners nicht ernstlich oder endgültig gemeint sein könne. Wenn der Antragsgegner mithin ernstlich und endgültig ein Streitbeilegungsverfahren ablehnt, könne der Antragsteller nicht einfach vom Gegenteil ausgehen. Soweit eine der mündlichen Verhandlung vorausgehende Güteverhandlung entbehrlich sei, wenn eine solche erkennbar keine Aussicht auf Erfolg bietet (§ 278 Abs. 2 S. 1 Alt. 2 ZPO), sei auch ein von Anfang an aussichtsloses Streitbeilegungsverfahren entbehrlich, da in beiden Konstellationen eine konsensuale Streitbeilegung nicht erzielt werden könne.[561]

Als weiteres Gegenargument zur Rechtsprechung des Bundesgerichtshofes wird angeführt, diese hätte keinesfalls den Schutz eines anderen Rechtsguts zur Folge: Denn durch die Entscheidung des Bundesgerichtshofes, welche eine vom Gesetzeswortlaut nicht gedeckte richterliche Rechtsfortbildung darstelle,

---

558 *Riehm*, NJW 2017, 113, 117; *Nassall*, jurisPR-BGHZivilR 1/2016 Anm. 2.

559 *Nassall*, jurisPR-BGHZivilR 1/2016 Anm. 2.

560 *May/Röder*, NJW 2016, 235; zustimmend Greger/Unberath/Steffek/*Greger*, D. Rn. 117.

561 *Grys*, BKR 2016, 114, 115.

würden die Gerichte stärker in Anspruch genommen, während Streitbeilegungsstellen eine „*Entlastung*“ erfahren. Das Gegenteil werde von § 204 Abs. 1 Nr. 4 BGB aber bezweckt.[562] Darüber hinaus verlagere die Rechtsprechung des Bundesgerichtshofes die Möglichkeit zur Einflussnahme auf die Verjährungshemmung zweckwidrig zu sehr auf den Schuldner. Unabhängig davon sei die tatsächliche Durchführung des Streitbeilegungsverfahrens keine Voraussetzung für die Hemmungswirkung, so dass deren Eintritt nicht von der jeweiligen Motivation der Parteien abhängig sein dürfe, das Verfahren zu betreiben.[563]

Peters/Jacoby stehen der Annahme eines Rechtsmissbrauchs in Bezug auf sämtliche Hemmungstatbestände des § 204 Abs. 1 BGB grundsätzlich kritisch gegenüber. Ihrer Auffassung nach dürften alle Hemmungstatbestände ohne Einschränkung ausgeschöpft werden, da Missbrauchsfälle nicht klar abgegrenzt werden könnten.[564] Die Motivation des Gläubigers, ein Verfahren nicht durchführen zu wollen, sondern nur die Verjährung zu hemmen, sei insofern unerheblich.[565] Dementsprechend lehnen sie auch im o.g. Fall einen Rechtsmissbrauch ab, in dem der Antragsteller eines Mahnbescheidsantrages bewusst wahrheitswidrig erklärt, der geltend gemachte Anspruch hänge nicht von einer Gegenleistung ab.[566] Schließlich erfülle ein auf diese Weise erlassener Mahnbescheid dennoch den Zweck des § 204 Abs. 1 Nr. 3 BGB, den Antragsgegner davor zu warnen, dass der Antragsteller seinen Anspruch weiter verfolgen möchte.[567]

d) *Stellungnahme*

aa) Vorbemerkung

Die verschiedentlich vertretenen Literaturmeinungen haben allesamt etwas für sich, wobei die einen Autoren dem Schuldnerschutz und die anderen einer Stärkung außergerichtlicher Schlichtungsverfahren mehr Gewicht beimessen. Die geführte Diskussion, in der zum großen Teil rechtspolitische Argumente angeführt werden, sollte allerdings nicht den Blick auf das versperren, worum es in der Rechtsprechung des Bundesgerichtshofes im Kern geht. Der Bundesgerichtshof gewährt dem Schuldner unter den oben genannten Voraussetzungen eine – da bereits der Erwerb der Rechtsposition missbilligt wird – rechtshindernde

562 *May/Röder*, NJW 2016, 235.

563 BeckOGK BGB/*Meller-Hannich*, Stand: 01.12.2018, § 204 Rn. 189.

564 Staudinger/*Peters/Jacoby*, § 204 Rn. 4, 114.

565 Staudinger/*Peters/Jacoby*, § 204 Rn. 4.

566 Siehe oben unter § 4 G. IV. 2.

567 Staudinger/*Peters/Jacoby*, § 204 Rn. 54.

Einwendung[568] gegenüber dem Gläubiger, der sich auf eine Hemmung der Anspruchsverjährung beruft. Dies stellt einen massiven Eingriff in das Verjährungsrecht dar, bei dem – wie manche Literaturvertreter zu Recht anmerken – der Grundsatz der Rechtsklarheit eine besonders große Rolle spielt.[569]

Insofern muss erst recht gelten, was beim Rechtsmissbrauchseinwand ohnehin gilt: Die Hürden für die Annahme eines Rechtsmissbrauchs sind äußerst hoch.[570] Dementsprechend stellte der Bundesgerichtshof in einem Urteil aus dem Jahr 1987 auch fest, dass es der Zweck der Verjährungsregelungen gebiete, hinsichtlich eines Rechtsmissbrauchs *„strenge Maßstäbe anzulegen und diesen Einwand nur gegenüber einem wirklich groben Verstoß gegen Treu und Glauben durchgreifen zu lassen*“. Als Beispiele nennt der Bundesgerichtshof das Abhalten des Berechtigten von der rechtzeitigen Klageerhebung durch den Verpflichteten sowie dessen Veranlassung zur Annahme des Berechtigten, es werde auch ohne Rechtsstreit zu einer vollständigen Befriedigung seiner Forderung kommen.[571] In beiden genannten Fällen verhindert der Verpflichtete mithin, dass der Berechtigte ihm zur Verfügung stehende Verjährungshemmungsmöglichkeiten ausschöpft. In diesem Zusammenhang sei zudem auf eine in der Literatur vertretene Meinung hingewiesen, wonach im Vergleich zur treuwidrigen Berufung auf einen Anspruch für die treuwidrige Berufung auf eine Einwendung erhöhte Voraussetzungen gelten sollen. Im ersten Fall führe dies nämlich lediglich dazu, dass ein existierender Anspruch nicht geltend gemacht werden darf, im zweiten aber, dass ein nicht existentes Recht geltend gemacht werden kann.[572]

Dies bedeutet freilich nicht, dass – wie es teilweise in der Literatur vertreten wird – eine Anwendung dieser Rechtsfigur im Verjährungsrecht allgemein bzw. hinsichtlich Güteanträgen nach § 204 Abs. 1 Nr. 4 BGB im Speziellen prinzipiell ausscheiden müsste.[573] Denn auch hier gibt es naturgemäß Fälle

---

568 Vgl. BAG, Urt. v. 11.08.2016 – 8 AZR 4/15, NZA 2017, 310, 314; BeckOK BGB/*Sutschet*, Stand: 01.11.2018, § 242 Rn. 52. Im Prozess von Amts wegen zu berücksichtigen, vgl. BGH, Urt. v. 23.05.1962 – V ZR 123/60, NJW 1962, 1344.

569 Siehe oben unter § 3 A. III.

570 Vgl. BGH, Urt. v. 12.11.2014 – VIII ZR 42/14, NJW 2015, 548, 549 („*besondere Ausnahmefälle*“); Urt. v. 27.04.1977 – IV ZR 143/76, NJW 1977, 1234, 1235; MüKo BGB/*Schubert*, § 242 Rn. 511; BeckOK BGB/*Sutschet*, Stand: 01.11.2018, § 242 Rn. 94; Staudinger/*Looschelders/Olzen*, § 242 Rn. 219, 221.

571 BGH, Urt. v. 01.10.1987 – IX ZR 202/86, NJW 1988, 265, 266.

572 BeckOGK BGB/*Kähler*, Stand: 01.10.2018, § 242 Rn. 1426.

573 Vgl. BGH, Urt. v. 27.04.1977 – IV ZR 143/76, NJW 1977, 1234, 1235, wonach eine Anwendung des § 242 BGB unter dem Gesichtspunkt der unzulässigen

der Rechtsausübung, die als solche zu missbilligen[574] sind, was der Bundesgerichtshof in seinem Grundsatzurteil vom 06.07.1993 zu Recht festgestellt hat.[575] In derlei Ausnahmefällen muss die im Verjährungsrecht bedeutsame Rechtsklarheit zum Schutz des Schluderns im Zweifel weichen. Ob ein solcher Ausnahmefall im Stellen eines Güteantrags trotz Kenntnis über die Verfahrensablehnung des Antragsgegners liegen kann, soll im Folgenden geprüft werden. Dies gilt umso mehr, als dass der Bundesgerichtshof in seinen Urteilen auf eine ausführliche Begründung für den von ihm angenommenen Rechtsmissbrauch verzichtet hat und die meisten Literaturvertreter mit („*weichen*") Billigkeitserwägungen argumentieren, die nicht ausreichen, einen Rechtsmissbrauch nachzuweisen.[576]

bb) Voraussetzungen des Rechtsmissbrauchseinwandes

Rechtsmissbrauch bedeutet, ein existierendes Recht treuwidrig auszuüben (hier: der Verjährungseinrede des Schuldners die Hemmungswirkung des § 204 Abs. 1 Nr. 4 BGB entgegenzuhalten). Vorsatz ist hierfür nicht erforderlich, eine objektive Treuwidrigkeit genügt.[577] Treuwidrigkeit der Rechtsausübung ist insofern besonders rechtfertigungsbedürftig, als dass man mit subjektiven Rechten prinzipiell nach Belieben und ohne dies begründen zu müssen verfahren darf,[578] so dass die Ausübung eigener Rechte prinzipiell kein Unrecht gegenüber dem Betroffenen darstellt.[579] Hat der Rechtsinhaber ein schutzwürdiges Interesse an

---

Rechtsausübung in keinem Rechtsbereich ausgeschlossen werden könne; ebenso BSG, Urt. v. 25.06.2009 – B 10 EG 3/08 R, NJW 2010, 1485, 1486.

574 Vgl. MüKo BGB/*Schubert*, § 242 Rn. 239.

575 Vgl. BGH, Urt. v. 06.07.1993 – VI ZR 306/92, juris, Rn. 22.

576 Vgl. BeckOGK BGB/*Kähler*, Stand: 01.10.2018, § 242 Rn. 983.

577 BGH, Urt. v. 12.06.2002 – VIII ZR 187/01, NJW 2002, 3110, 3111 (unabsichtliches Verhalten genügt); BeckOGK BGB/*Kähler*, Stand: 01.10.2018, § 242 Rn. 990, 1047.

578 BGH, Urt. v. 17.08.2011 – I ZR 148/10, NJW 2012, 1514, 1516 bzgl. der Entscheidung, bei Wettbewerbsverstößen nicht gegen alle, sondern nur gegen bestimmte Verletzer gerichtlich vorzugehen. Anderes könne aber beim Vorliegen besonderer Umstände gelten, insbesondere bei sachfremden Erwägungen; Urt. v. 22.01.1991 – XI ZR 342/89, NJW 1991, 1289 bzgl. der Auswahl eines Gesamtschuldners. Rechtsmissbrauch sei aber dann anzunehmen, wenn der Gläubiger aus missbilligenswerten Motiven die Absicht hat, gerade den ausgewählten Schuldner zu belasten; BeckOGK BGB/*Kähler*, Stand: 01.10.2018, § 242 Rn. 979, der das Eigentumsrecht nach § 903 S. 1 BGB als gesetzliches Beispiel nennt.

579 *Heinrich*, S. 407; BeckOGK BGB/*Kähler*, Stand: 01.10.2018, § 242 Rn. 990.

der Ausübung seines Rechts, kommt ein Rechtsmissbrauch dementsprechend regelmäßig schon gar nicht in Betracht.[580]

In der Literatur werden verschiedene Gründe angeführt, die eine Missbilligung der Rechtsausübung zur Folge haben sollen, wobei eine allgemein anerkannte Fallgruppeneinteilung nicht existiert.[581] Als Fallgruppen werden in der Literatur etwa genannt die Ungehörigkeit der Rechtsausübung als solche, eine anderweitige Pflichtverletzung oder das Nichtvorhandensein eines schutzwürdigen Interesses des Rechtsinhabers, sein Recht auszuüben, weshalb der einzig mögliche Zweck der Ausübung in der Benachteiligung der Gegenpartei liegt.[582] Genannt wird darüber hinaus der Fall, in dem die Rechtsausübung deshalb missbilligt wird, weil das vom Rechtsinhaber verfolgte Interesse in einer atypischen Interessenkonstellation weniger Schutz genießt als die Interessen der Gegenpartei.[583] *Kähler* differenziert hinsichtlich des Rechtsmissbrauchseinwandes zwischen den Missbrauchsgründen *„treuwidriger Zweck"*, *„treuwidriges Mittel"*[584], *„treuwidriges Ergebnis"* und *„treuwidrige Zweck-Mittel-Relation"* (Übermaßverbot)[585].[586] *Looschelders/Olzen* teilen in *„früheres Verhalten"*, *„gegenwärtiges Verhalten"*[587] und *„Widerspruch zwischen früherem und gegenwärtigem Verhalten"*[588] ein.[589] Zur Fallgruppe des *„früheren Verhaltens"* soll dabei u.a. der unredliche Erwerb der eigenen Rechtsposition gehören.[590]

---

580 BAG, Urt. v. 25.04.2001 – 7 AZR 376/00, NZA 2001, 1384, 1386; BeckOGK BGB/*Kähler*, Stand: 01.10.2018, § 242 Rn. 990.

581 BeckOK BGB/*Sutschet*, Stand: 01.11.2018, § 242 Rn. 57; Palandt/*Grüneberg*, § 242 Rn. 42.

582 MüKo BGB/*Schubert*, § 242 Rn. 240; ebenso BeckOK BGB/*Sutschet*, Stand: 01.11.2018, § 242 Rn. 57; *Gansel/Huth/Knorr*, BKR 2014, 353, 356.

583 MüKo BGB/*Schubert*, § 242 Rn. 240. Da allerdings jedes Recht eine Typisierung beinhaltet, sollen Härten im Einzelfall hinzunehmen sein. Ein Rechtsmissbrauch soll mithin erst dann vorliegen, wenn der Typisierungsspielraum so weit überschritten wird, dass eine gravierende Belastung für die Gegenpartei vorliegt, vgl. BeckOGK BGB/*Kähler*, Stand: 01.10.2018, § 242 Rn. 1325 f.

584 Wichtigster Fall: venire contra factum proprium, BeckOGK BGB/*Kähler*, Stand: 01.10.2018, § 242 Rn. 1133.

585 BeckOGK BGB/*Kähler*, Stand: 01.10.2018, § 242 Rn. 1364.

586 BeckOGK BGB/*Kähler*, Stand: 01.10.2018, § 242 Rn. 988.

587 In diese Fallgruppe sei u.a. das fehlende Eigeninteresse einzuordnen, Staudinger/*Looschelders/Olzen*, § 242 Rn. 258.

588 Hierzu sollen Fälle des venire contra factum proprium und der Verwirkung gehören, Staudinger/*Looschelders/Olzen*, § 242 Rn. 289, 300.

589 Staudinger/*Looschelders/Olzen*, § 242 Rn. 233.

590 Staudinger/*Looschelders/Olzen*, § 242 Rn. 237.

Nachdem der Bundesgerichtshof in seiner Rechtsprechung maßgeblich auf den Zweck des § 204 Abs. 1 Nr. 4 BGB sowie offenbar auch auf die Interessen der beteiligten Parteien abstellt, kommen in Bezug auf eine Güteantragstellung trotz Kenntnis der Ablehnung des Antragsgegners als Missbrauchsvarianten das mangelnde schutzwürdige Eigeninteresses des Antragstellers sowie eine atypische Interessenkonstellation betreffend den dem Recht zugrundeliegenden Gesetzeszwecks in Frage. Die Abgrenzung zwischen diesen beiden Fallgruppen ist fließend,[591] so dass es vorliegend im Grunde keiner Festlegung bedarf, zumal eine einheitliche Fallgruppeneinteilung in der Rechtsprechung und Literatur ohnehin nicht besteht. Gleichwohl erscheint die Fallgruppe des nicht schutzwürdigen Eigeninteresses die auf die zu prüfende Fallgestaltung passendere zu sein. Schließlich liegt die Atypik hier lediglich in der von vornherein bestehenden und dem Antragsteller bekannten Aussichtslosigkeit eines außergerichtlichen Streitbeilegungsverfahrens. Prinzipiell ist im Übrigen auch an die Fallgruppe des unredlichen Erwerbs der eigenen Rechtsposition zu denken.

(1) Kein schutzwürdiges Eigeninteresse des Rechtsinhabers

Da es sich bei der Fallgruppe des nicht schutzwürdigen Eigeninteresses um eine Wertung der Missbilligung handelt, sind sowohl die objektiven als auch die subjektiven Interessen der Parteien gegeneinander abzuwägen.[592] Zu beachten ist hierbei, dass es bei dieser Abwägung maßgeblich auf den Interessenvergleich der beiden Parteien ankommt. Eine unzulässige Rechtsausübung liegt erst dann vor, wenn die fehlende Schutzwürdigkeit der eigenen Interessen neben die überwiegenden Interessen der Gegenpartei tritt. Dem Rechtsinhaber kann dabei grundsätzlich nicht vorgeworfen werden, eigennützige Zwecke zu verfolgen. Auch wird nicht jedes Ausnutzen eines (wirtschaftlichen) Ungleichgewichts zwischen den Parteien als Rechtsmissbrauch angesehen, sondern es muss ein Ausnahmefall vorliegen, in dem es zu „*einer grob unbilligen, mit der Gerechtigkeit nicht zu vereinbarenden Benachteiligung*“ kommt.[593]

---

591 MüKo BGB/*Schubert*, § 242 Rn. 240.

592 MüKo BGB/*Schubert*, § 242 Rn. 239; BeckOK BGB/*Sutschet*, Stand: 01.11.2018, § 242 Rn. 94; differenzierend Staudinger/*Looschelders/Olzen*, § 242 Rn. 219, 221 f., wonach bei einer Interessenabwägung objektive Elemente eine Rolle spielen sollen, bei einem in Rede stehenden Verhalten des Gläubigers demgegenüber subjektive Gesichtspunkte.

593 MüKo BGB/*Schubert*, § 242 Rn. 511; BeckOK BGB/*Sutschet*, Stand: 01.11.2018, § 242 Rn. 94.

Bei dieser Abwägung spielt überdies auch der gesetzliche Zweck des auszuübenden Rechts eine gewichtige Rolle.[594] So spricht für einen Rechtsmissbrauch, wenn die Rechtsausübung dem Schutzzweck des Rechts widerspricht.[595] Der Bundesgerichtshof spricht insofern in ständiger Rechtsprechung von einem vom Rechtsinhaber verfolgten „*funktionsfremden, rechtlich zu missbilligenden Zweck*".[596] Auf der anderen Seite ist die Verfolgung eines anderen Zwecks als den vom Gesetz vorgesehenen nicht per se rechtsmissbräuchlich.[597] Der Inhaber des Rechts müsste ansonsten den Nachweis führen, dass der von ihm verfolgte Zweck dem Normzweck entspricht, was allerdings dem oben genannten Grundsatz zuwiderliefe, mit eigenen Rechten nach Belieben verfahren zu dürfen, ohne dies im Einzelnen begründen zu müssen. Somit kommt ein Rechtsmissbrauch in diesem Zusammenhang nur dann in Frage, wenn das auszuübende Recht ausschließlich wegen des der Norm zugrunde liegenden Zwecks eingeräumt worden ist.[598]

(2) Unredlicher Erwerb der eigenen Rechtsposition

Diese Fallgruppe des unredlichen Erwerbs der eigenen Rechtsposition wird von *Looschelders/Olzen* in die Untergruppen „*rechtlich missbilligter Erwerb des Rechts*" und „*rechtliche missbilligte Schaffung von Tatbestandsvoraussetzungen*" unterteilt.[599] Bei der erstgenannten Untergruppe soll Voraussetzung sein, dass das Recht auf gesetzeswidrige, sittenwidrige oder arglistige Weise erworben wurde, wobei ein unredlicher Rechtserwerb auch bereits bei verschuldensunabhängiger Verletzung von gegenseitigen Rücksichtnahmepflichten möglich

---

594 Vgl. Staudinger/*Looschelders/Olzen*, § 242 Rn. 221.

595 BAG, Urt. v. 25.04.2001 – 7 AZR 376/00, NZA 2001, 1384, 1386; BeckOGK BGB/*Kähler*, Stand: 01.10.2018, § 242 Rn. 1104.

596 BGH, Urt. v. 30.04.2015 – IX ZR 301/13, NJW-RR 2015, 850, 851; Beschl. v. 10.05.2007 – V ZB 83/06, NZM 2008, 59, 60; Urt. v. 14.10.1991 – II ZR 249/90, NJW 569, 571.

597 BGH, Beschl. v. 10.05.2007 – V ZB 83/06, NJW 2007, 3279, 3281, wonach der Grundsatz von Treu und Glauben taktische Gebote im Rahmen einer Versteigerung nicht ausschließe, weshalb ein Bieter auch einen anderen als den gesetzlich vorgesehenen Erwerbszweck verfolgen dürfe; BeckOGK BGB/*Kähler*, Stand: 01.10.2018, § 242 Rn. 1021; a.A. *Esser/Schmidt*, § 10 III, S. 171, wonach sich die Rechtsausübung im Rahmen des Zwecks des Rechtsinstituts bewegen müsse.

598 Vgl. BeckOGK BGB/*Kähler*, Stand: 01.10.2018, § 242 Rn. 1021 ff., 1104.

599 Staudinger/*Looschelders/Olzen*, § 242 Rn. 237; BeckOGK BGB/*Kähler*, Stand: 01.10.2018, § 242 Rn. 991 sieht in dieser Fallgruppe keinen Missbrauch eines Rechts, vielmehr liege dem treuwidrigen Rechtserwerb eine Treuepflichtverletzung zugrunde, ohne dass damit ein Recht missbraucht würde.

sein soll.[600] Für die Untergruppe der *„rechtlich missbilligten Schaffung von Tatbestandsvoraussetzungen“* müssen derweil Tatbestandsvoraussetzungen in rechtlich missbilligender Weise erfüllt werden.[601]

cc) Anwendung auf den Fall

(1) Kein schutzwürdiges Eigeninteresse des Rechtsinhabers

Diese Grundsätze auf den Fall der verjährungshemmenden Güteantragseinreichung trotz Kenntnis der Ablehnung des Schuldners angewandt, musste der Bundesgerichtshof mithin unter Berücksichtigung des Normzwecks des § 204 Abs. 1 Nr. 4 BGB prüfen, ob das Interesse des Antragstellers, die Verjährung seines Anspruchs zu hemmen, einerseits nicht schutzwürdig ist, und andererseits gegenüber den Interessen des Antragsgegners zurücktritt.

Selbstredend ist das Interesse an einer Verjährungshemmung grundsätzlich legitim und die Ausschöpfung der einzelnen vom Gesetzgeber eingeräumten Hemmungstatbestände durch den Gläubiger ohne Weiteres zulässig. Einem Gläubiger kann naturgemäß nicht vorgeworfen werden, dass er die Verjährung seines Anspruchs zu hemmen versucht. Dementsprechend hat der Bundesgerichtshof es in seinem Urteil vom 06.07.1993 für unschädlich erachtet, wenn der Antragsteller einen Güteantrag nur zum Zwecke der Verjährungshemmung stellt,[602] was er auch in seinen jüngsten Entscheidungen erneut betont hat. Demgemäß liegt das dem Interesse des Gläubigers diametral entgegengesetzte Interesse des Schuldners freilich darin, dass der jeweilige Hemmungstatbestand nicht durchgreift. Der Grund, weshalb der Bundesgerichtshof im vorliegenden Fall eine rechtsmissbräuchliche Güteantragsstellung angenommen hat, soll insofern einzig und allein in dem Umstand liegen, dass der Gläubiger von vornherein positiv weiß, dass die Einleitung eines Streitbeilegungsverfahren zum Scheitern verurteilt ist. Dann könne aber der Zweck dieses Verfahrens – Entlastung der Justiz und dauerhafter Rechtsfriede – nicht erfüllt werden.[603] Unter diesen Umständen spricht der Bundesgerichtshof somit dem Interesse des Gläubigers an einer Herbeiführung der Verjährungshemmung die Schutzwürdigkeit ab. Dabei beruft er sich auf den Zweck des Streitbeilegungsverfahrens, der nicht mehr erreicht werden könne.

---

600 Staudinger/*Looschelders/Olzen*, § 242 Rn. 239 ff.

601 Staudinger/*Looschelders/Olzen*, § 242 Rn. 242.

602 BGH, Urt. v. 06.07.1993 – VI ZR 306/92, juris, Rn. 22.

603 BGH, Beschl. v. 17.02.2016 – IV ZR 374/14, NJOZ 2016, 1648, 1649; Urt. v. 28.10.2015 – IV ZR 526/14, BKR 2016, 112, 114.

Diese Argumentation überzeugt nicht. Wie oben dargelegt, genügt es für einen Rechtsmissbrauch nicht schon, wenn der gesetzliche Zweck des Rechts nicht mit dem vom Rechtsinhaber verfolgten Zweck übereinstimmt, vielmehr muss letzterer dem Normzweck zuwiderlaufen. Dieser liegt im Hinblick auf die Hemmungstatbestände nach § 204 Abs. 1 Nr. 1 bis 14 BGB allgemein darin, dass der Schuldner durch die Ergreifung einer der in der Vorschrift genannten Maßnahmen seitens des Gläubigers darüber gewarnt wird, dass der Gläubiger seinen Anspruch nunmehr ernsthaft geltend machen will.[604] Dann soll es dem Schuldner zuzumuten sein, dass der Gläubiger aufgrund eingetretener Verjährungshemmung seinen Anspruch jedenfalls für eine gewisse Zeit nach Ablauf der eigentlichen Verjährungsfrist noch durchsetzen kann. Der Zweck des § 204 Abs. 1 Nr. 4 BGB im Speziellen liegt darüber hinaus darin, dass der Gläubiger keinen Nachteil dadurch erleiden soll, dass er vor der Beschreitung des Rechtsweges eine einvernehmliche Streitbeilegung anstrebt. Gleichzeitig soll die Justiz entlastet werden.[605]

In wie fern die gegenständliche Rechtsausübung vor diesem Hintergrund dem Schutzzweck des § 204 Abs. 1 Nr. 4 BGB widersprechen soll, erschließt sich nicht. So wird die Warnfunktion der Vorschrift auch dann erfüllt, wenn ein Streitbeilegungsverfahren von vornherein keine Aussicht auf Erfolg bietet, da der Schuldner sich in diesem Fall nicht darauf einstellen kann, dass der Gläubiger von der Durchsetzung seines Anspruchs absehen wird. Auch einem solchen Güteantrag kann ein Rechtsverfolgungswille des Gläubigers unweigerlich entnommen werden.[606]

Ebenso läuft die Inanspruchnahme der Hemmungswirkung des Güteantrags in der hier fraglichen Konstellation dem Normzweck, wonach dem Gläubiger wegen drohender Anspruchsverjährung nicht die Möglichkeit genommen werden soll, ein außergerichtliches Streitbeilegungsverfahren durchzuführen, nicht zuwider. Zwar entspricht es sicherlich der ratio des Gesetzes, dass dies vornehmlich für Fälle gelten soll, in denen eine einvernehmliche Streitbeilegung tatsächlich noch möglich ist. Unabhängig davon, dass – wie teilweise in der Literatur angemerkt – nicht ausgeschlossen ist, dass eine eindeutige Absage an ein Streitbeilegungsverfahren nicht doch noch fallen gelassen werden kann

604 Auf diesen Aspekt stellte der Bundesgerichtshof in seinem Grundsatzurteil vom 06.07.1993 – VI ZR 306/92, juris, Rn. 22 maßgeblich ab; ebenso OLG Frankfurt, Urt. v. 19.03.2015 – 7 U 134/13, juris, Rn. 33.

605 Siehe im Einzelnen oben unter § 4 A. I. – III.

606 Vgl. Staudinger/*Peters/Jacoby*, § 204 Rn. 54.

und eine diesbezügliche Erfolgsprognose dem Gläubiger nicht auferlegt werden sollte, kann ein Güteantrag diesem Schutzzweck schon gar nicht widersprechen. Da der Schutz des § 204 Abs. 1 Nr. 4 BGB ausschließlich dem Gläubiger dient, müsste der Güteantrag, um einen Widerspruch hierzu darzustellen, nämlich diesen Schutz gefährden. Nur dann läge ein Widerspruch zum Gesetzeszweck vor. Dass ein Gläubiger die Wirkung des § 204 Abs. 1 Nr. 4 BGB nicht dafür nutzt, durch die Verjährungshemmung Zeit für außergerichtliche Einigungsversuche zu unternehmen, sondern die Verjährungshemmung selbst anstrebt, entspricht natürlich nicht dem Zweck, den der Gesetzgeber bei Schaffung der Norm im Sinn hat. Es widerspricht diesem jedoch auch nicht. Soweit in der Literatur in diesem Zusammenhang gefordert wird, dass bei einer Rechtsausübung außerhalb (aber nicht entgegen) des Normzwecks ein die Rechtsausübung legitimierender anderer Zweck vorhanden sein muss,[607] ist auch dies vorliegend gegeben: Die nicht zu beanstandende Motivation des Gläubigers, die Verjährung seines Anspruchs zu hemmen,[608] legitimiert die Rechtsausübung.

Gleiches gilt im Hinblick auf die vom Gesetzgeber gewollte Entlastung der Justiz: Wie *May/Röder* richtig anmerken,[609] können Güteanträge stets nur eine Entlastung, niemals aber eine zusätzliche Belastung der Gerichte bewirken, so dass ein Güteantrag auch diesem Gesetzeszweck nicht widersprechen kann. Auch der Hinweis auf das Mahnverfahren ist gerechtfertigt: Wenn feststeht, dass der Schuldner nicht zahlen sondern sich gegen einen Mahnbescheid zur Wehr setzen will, müsste man dem dennoch erwirkten Mahnbescheid ebenfalls seine verjährungshemmende Wirkung absprechen, da auch in diesem Fall der Zweck des Mahnverfahrens – die schnelle und kostengünstige Schaffung eines rechtskräftigen Vollstreckungstitels ohne mündliche Verhandlung in mutmaßlich unstreitigen Geldforderungsangelegenheiten[610] – in keinem Fall erreicht werden kann. Dass mit einem Mahnbescheids- oder Güteantrag andere Zwecke als die Entlastung der Justiz erreicht werden sollen, ist aber – wie dargelegt – unerheblich und reicht für einen Rechtsmissbrauch gerade nicht aus.

Des Weiteren darf bei der Untersuchung, ob ein Güteantrag dem Zweck des § 204 Abs. 1 Nr. 4 BGB zuwiderläuft – worauf *Meller-Hannich* richtigerweise hinweist[611] – nicht verkannt werden, dass die tatsächliche Durchführung des

607 BeckOGK BGB/*Kähler*, Stand: 01.10.2018, § 242 Rn. 1089, 1104.

608 Siehe oben unter § 4 G. IV. 1. a).

609 *May/Röder*, NJW 2016, 235.

610 MüKo ZPO/*Schüler*, Vorb. zu § 688 Rn. 3; *Grothe*, NJW 2015, 17, 18; *Klette/Heger*, BC 2000, 115.

611 BeckOGK BGB/*Meller-Hannich*, Stand: 01.12.2018, § 204 Rn. 189.

Streitbeilegungsverfahrens keine Voraussetzung für die Hemmungswirkung darstellt – auch hier gilt selbstverständlich der im Verjährungsrecht geltende Grundsatz einer wortlautnahen Auslegung.[612] Die Hemmung wird vielmehr nur durch die „*Veranlassung der Bekanntgabe eines Antrags*" herbeigeführt. Der Ausgang des Verfahrens ist nach dem Willen des Gesetzgebers mithin vollkommen unerheblich. Der Zweck der Vorschrift liegt somit im Grunde nicht in der Stärkung außergerichtlicher Streitbeilegungsverfahren, sondern in der Förderung des *Versuchs*, solche Verfahren einzuleiten und durchzuführen. Diesem Zweck kann ein Güteantrag aber selbstverständlich auch dann nicht widersprechen, wenn der Versuch für den Gläubiger ersichtlich zum Scheitern verurteilt ist. Denn die Unmöglichkeit, den gesetzlich vorgesehenen Zweck nicht (mehr) erreichen zu können, bedeutet noch nicht, dass der vom Rechtsinhaber verfolgte Zweck „*funktionsfremd*" im Sinne der Rechtsprechung des Bundesgerichtshofes ist. Dies wird durch das genannte Beispiel bezüglich des Mahnverfahrens deutlich. Die (mutmaßliche) Kenntnis über den Ausgang eines Verfahrens bzw. über die Reaktion der Gegenpartei darf der Ausübung eines Rechts durch dessen Inhaber nicht im Wege stehen, sofern nicht noch weitere, von der Rechtsordnung missbilligte Umstände hinzutreten. Solcherlei Umstände existieren in der hier besprochenen Konstellation aber nicht. Nachdem es auch nach Auffassung des Bundesgerichtshofes keine Rolle spielt, wenn der Antragsteller eines Güteantrags nach § 204 Abs. 1 Nr. 4 BGB diesen nur zum Zwecke der Verjährungshemmung stellt, muss die Motivlage des Antragstellers konsequenterweise in der hiesigen Diskussion ebenfalls unberücksichtigt bleiben. Jene wird von der Rechtsordnung gerade nicht missbilligt.

Dieses Ergebnis überzeugt nicht zuletzt auch unter Berücksichtigung des oben genannten Urteils des Bundesgerichtshofes aus dem Jahre 1987, in dem der Bundesgerichtshof gerade das Abhalten des Berechtigten von der Ergreifung von Hemmungsmaßnahmen durch den Verpflichteten unter den allgemeiner Meinung nach im Verjährungsrecht geltenden, strengen Maßstäben als rechtsmissbräuchlich ansah.[613] Es stellt schließlich einen fundamentalen Unterschied dar, ob der Berechtigte von ihm zustehenden Hemmungsmöglichkeiten abgehalten wird, so dass es ihm nicht möglich wird, sich auf eine Hemmungswirkung zu berufen und dem Fall, in dem der Berechtigte von ihm durch Gesetz eingeräumten Hemmungstatbeständen Gebrauch macht, und zwar ohne den Verpflichteten in seinen Rechten zu beschneiden – der Verpflichtete hat schließlich keinen

612 Siehe oben unter § 3 A. III.

613 BGH, Urt. v. 01.10.1987 – IX ZR 202/86, NJW 1988, 265, 266.

Anspruch auf Eintritt der Verjährung der gegen ihn gerichteten Forderung.[614] Nur die Kenntnis des Anspruchsinhabers darüber, dass der Anspruchsgegner aller Wahrscheinlichkeit nach einem außergerichtlichen Streitbeilegungsverfahren nicht beitreten wird, dieses mithin zum Scheitern verurteilt ist, reicht vor diesem Hintergrund bei Weitem nicht aus, einen „*wirklich groben Verstoß gegen Treu und Glauben*"[615] zu begründen.

(2) Unredlicher Erwerb der eigenen Rechtsposition

Ein unredlicher Erwerb der eignen Rechtsposition kann in der gegenständlichen Fallgestaltung ebenfalls nicht gesehen werden. So sind die Voraussetzungen eines rechtlich missbilligten Erwerbs einer Rechtsposition nicht erfüllt. Die Stellung eines Güteantrags trotz Kenntnis des Antragstellers über die ablehnende Haltung des Antragsgegners hinsichtlich der Durchführung eines außergerichtlichen Streitbeilegungsverfahrens ist zweifellos weder gesetzeswidrig noch arglistig. Von einer Sittenwidrigkeit eines solchen Verhaltens kann freilich auch nicht die Rede sein.

In der Güteantragstellung kann darüber hinaus keine Treuepflichtverletzung wegen des Gebots der Rücksichtnahme liegen, wenn allgemein anerkannt ist, dass es dem Antragsteller nicht vorgeworfen werden kann, wenn er einen Güteantrag ausschließlich zur Hemmung der Verjährung des geltend gemachten Anspruchs stellt und er eine gütliche Einigung gar nicht anstrebt. Verpflichtete man den Antragsteller hier zur Rücksichtnahme auf die Interessen des Antragsgegners (Eintritt der Anspruchsverjährung), würde man ihm das Recht absprechen, einen Güteantrag mit der genannten Motivlage zu stellen. Denn die Pflicht zur Rücksichtnahme beinhaltet naturgemäß auf der anderen Seite einen Anspruch der einen Partei gegenüber der anderen, diesbezügliche Pflichtverletzungen zu unterlassen. Zu einem derartigen Unterlassungsanspruch gelangt aber nicht einmal der Bundesgerichtshof in seiner aktuellen Rechtsprechung, der ausdrücklich nur die Rechtsausübung (Berufung auf den Hemmungseintritt) als missbräuchlich ansah, nicht aber bereits den Erwerb der diesbezüglichen Rechtsposition. Im vorliegenden Fall muss das Interesse des Schuldners an dem Ablauf von Verjährungsfristen im Übrigen bereits allein wegen der gesetzlichen Wertung des § 204 Abs. 1 Nr. 4 BGB zurücktreten, die verdeutlicht, dass es ein „*Recht auf Verjährung*" nicht gibt,[616] insofern eine Berücksichtigung seitens des Gläubigers auch nicht geboten ist.

---

614 OLG Frankfurt, Urt. v. 19.03.2015 – 7 U 134/13, BeckRS 2015, 09808 Rn. 33.

615 Vgl. BGH, Urt. v. 01.10.1987 – IX ZR 202/86, NJW 1988, 265, 266.

616 Vgl. OLG Frankfurt, Urt. v. 19.03.2015 – 7 U 134/13, BeckRS 2015, 09808 Rn. 33.

Mit derselben Argumentation muss schließlich auch die Fallgruppe der *„rechtlich missbilligten Schaffung von Tatbestandsvoraussetzungen"* ausscheiden. Hier relevante und vom Gläubiger herbeigeführte Tatbestandsvoraussetzung des Hemmungseintritts nach § 204 Abs. 1 Nr. 4 BGB ist ausschließlich die Stellung eines Güteantrags. Das Recht, diese Tatbestandsvoraussetzung zu schaffen, wird dem Gläubiger jedoch gesetzlich ausdrücklich und unbedingt eingeräumt, so dass eine diesbezügliche Missbilligung vor vornherein nicht in Betracht kommen kann.

dd) Fazit zum Rechtsmissbrauch wegen Kenntnis des Antragstellers über die Ableh-nung des Antragsgegners

Nach alledem ist die Rechtsprechung des Bundesgerichtshofes abzulehnen. Die vom Bundesgerichtshof im Rahmen der Missbrauchsprüfung vorgenommene Interessenabwägung ist fehlerhaft: Weder ist das Interesse des Antragstellers, die Verjährung seines Anspruchs zu hemmen, nicht schutzunwürdig, noch tritt es hinter die (berechtigten) Interessen des Schuldners zurück. Der Bundesgerichtshof hat bei seiner Prüfung den eigentlichen Schutzzweck des § 204 Abs. 1 Nr. 4 BGB nicht gewürdigt und darüber hinaus den sowohl im Verjährungsrecht als auch in Bezug auf Einwendungen anerkannterweise geltenden strengeren Maßstäben im Hinblick auf die Voraussetzungen des Rechtsmissbrauchseinwandes nicht Rechnung getragen. Ein – vom Bundesgerichtshof nicht geprüfter – unredlicher Erwerb der eigenen Rechtsposition seitens des Antragstellers liegt im Übrigen ebenfalls nicht vor.

Somit wird deutlich, dass die Entscheidung des Bundesgerichtshofes im Grunde nur auf Billigkeitserwägungen fußt. Ein Rechtsmissbrauch durch Stellung eines Güteantrags trotz Kenntnis über die ablehnende Haltung des Antragsgegners zu einem außergerichtlichen Streitbeilegungsverfahren scheidet derweil aus.

4. Zweite Fallgruppe: Überlastung der Streitbeilegungsstelle

a) Rechtsprechung des Bundesgerichtshofes

Anders als im Falle der Kenntnis des Antragstellers über die Ablehnung des Antragsgegners, ein außergerichtliches Streitbeilegungsverfahren zu betreiben, sieht der Bundesgerichtshof in der massenhaften Einreichung gleichgelagerter Güteanträge bei derselben Streitbeilegungsstelle keinen Rechtsmissbrauch, der der Verjährungshemmung nach § 242 BGB entgegenstehen würde. So entschied der Bundesgerichthof in seinen Urteilen vom 28.10.2015, dass es im Rahmen sinnvoller Prozessführung nicht zu beanstanden sei, wenn die anwaltlichen

Bevollmächtigten des Antragstellers insgesamt 904 Güteanträge gegen denselben Antragsgegner gleichzeitig bei derselben Streitbeilegungsstelle einreichen. Vielmehr fördere ein solches Vorgehen eine sachgerechte Erledigung, wenn gleichartige Fälle vor derselben Schlichtungsstelle erörtert und u.U. verhandelt werden. Insofern seien die Bevollmächtigten der Antragsteller nicht verpflichtet gewesen, die Güteanträge auf verschiedene Streitbeilegungsstellen zu verteilen, um diese nicht über Gebühr zu belasten. Es liege im Aufgabenbereich der jeweiligen Streitbeilegungsstelle, ihre Arbeitsabläufe auch auf etliche gleichgelagerte Güteanträge abzustimmen.[617]

b) *Rechtsprechung der Instanzgerichte*

Die instanzgerichtliche Rechtsprechung geht demgegenüber in derlei Überlastungsfällen nach wie vor – auch in Kenntnis der Rechtsprechung des Bundesgerichtshofes – von einer rechtsmissbräuchlichen Inanspruchnahme von Streitbeilegungsverfahren aus, mit dem einzigen Unterschied, dass es sich bei den entschiedenen Fällen nicht um 904, sondern um tausende Güteanträge handelte. In einer Reihe von Entscheidungen geht das Oberlandesgericht Hamm etwa dann von Rechtsmissbrauch aus, wenn gleichzeitig ca. 12.000 gleichgelagerte Güteanträge bei derselben Streitbeilegungsstelle eingehen. Das Gericht nahm zwar Bezug auf die genannte Entscheidung des Bundesgerichtshofes, sah in der Anzahl der gleichzeitig eingereichten Güteanträge aber einen wesentlichen Unterschied.[618] Nach Ansicht des Oberlandesgerichts Hamm hätten die Antragsteller durch das jeweils eingeleitete Streitbeilegungsverfahren offensichtlich die Verjährung hemmen, nicht aber das Güteverfahren je ernsthaft betreiben wollen, was nach Vorstellung der Rechtsanwälte der Antragsteller das Verfahren erheblich verzögern und schließlich zum Scheitern führen sollte. Denn diesen sei bekannt gewesen, dass durch die gleichzeitig eingereichten ca. 12.000 Güteanträge die Durchführung geordneter Streitbeilegungsverfahren faktisch unmöglich werde, jedenfalls aber eine wesentliche Verzögerung entstehen würde. Auch

617 BGH, Urt. v. 28.10.2015 – IV ZR 405/14, NJW 2016, 236 f.; Urt. v. 28.10.2015 – IV ZR 526/14, BKR 2016, 112, 113 f.; bestätigt mit Beschl. v. 17.02.2016 – IV ZR 374/14, juris, Rn. 12.

618 OLG Hamm, Urt. v. 11.02.2016 – I-34 U 122/15, BeckRS 2016, 18270 Rn. 8 f.; Beschl. v. 09.02.2016 – 34 U 69/15, BeckRS 2016, 18505; Beschl. v. 09.02.2016 – 34 U 78/15, BeckRS 2016, 18503; Beschl. v. 01.02.2016 – 34 U 98/15, juris, Rn. 7; Beschl. v. 19.01.2016 – 34 U 206/15, BeckRS 2016, 20261; Beschl. v. 13.01.2016 – 34 U 208/15, BeckRS 2016, 18092; Beschl. v. 11.01.2016 – 34 U 52/15, juris, Rn. 7; Beschl. v. 22.12.2015 – I-34 U 65/15, BeckRS 2016, 18557.

seien die Güteanträge nicht ausreichend individualisiert worden, so dass die Streitbeilegungsstelle nicht in die Lage versetzt worden sei, sinnvolle Einigungsvorschläge zu machen bzw. den an sie herangetragenen Sachverhalt zeitnah zu ermitteln. Ein solches Vorgehen würde überdies auch den Antragsgegner vom Verfahrensbeitritt abhalten. Des Weiteren sei es für die angerufene Streitbeilegungsstelle unmöglich gewesen, tausende einzelfallbezogene Gütetermine durchzuführen, so dass aufgrund dieser Gesamtschau von Rechtsmissbrauch auszugehen sei.[619] Zur selben Auffassung gelangte auch das Oberlandesgericht Celle in verschiedenen gleichgelagerten Fällen, in denen es vom unredlichen Erwerb einer Rechtsposition ausging.[620] Ähnlich erachtet das Oberlandesgericht Naumburg in seinem Urteil vom 15.10.2014 einen Güteantrag nicht für verjährungshemmend, der von den Anwälten des Antragstellers zusammen mit ca. 4.500 weiteren Güteanträgen bei einer offensichtlich örtlich unzuständigen und sachlich wenig geeigneten Gütestelle eingereicht worden war, obwohl den Anwälten bekannt gewesen war, dass die Antragsgegnerin sich generell nicht auf Güteverfahren einlassen würde. Eine ordnungsgemäße Durchführung des Güteverfahrens sei deshalb nicht zu erwarten gewesen. Aus der Gesamtbetrachtung dieser Umstände sei zu vermuten, dass eine gütliche Einigung niemals angestrebt worden wäre, sondern der gestellte Güteantrag ausschließlich dazu dienen sollte, die Verjährung des geltend gemachten Anspruchs zu hemmen bzw. ein Zeitfenster zur Vorbereitung einer Klagewelle gegen die Antragsgegnerin zu schaffen.[621] Ferner will das Oberlandesgericht Frankfurt am Main von einem Rechtsmissbrauch ausgehen, wenn der Antragsteller bzw. dessen Rechtsanwälte von vornherein mit einem Scheitern des Verfahrens rechnen, da ein Verfahren aufgrund der immensen Anzahl an gleichzeitig eingegangenen Güteanträgen praktisch nicht durchzuführen ist.[622] In diesem Sinne hält auch das Landgericht

---

619 OLG Hamm, Beschl. v. 24.11.2015 – 34 U 69/15, BeckRS 2016, 19390, Rn. 40 ff.; Hinweisbeschl. v. 10.11.2015 – 34 U 208/15, BeckRS 2016, 18660 Rn. 41 ff.; Beschl. v. 05.11.2015 – 34 U 206/15, BeckRS 2016, 20196 Rn. 39 ff.; Beschl. v. 20.10.2015 – 34 U 65/15, BeckRS 2016, 19201 Rn. 41 ff.

620 OLG Celle, Urt. v. 24.09.2015 – 11 U 88/14, BeckRS 2016, 16684 Rn. 53; Urt. v. 24.09.2015 – 11 U 89/14, BeckRS 2015, 16743 Rn. 53; Urt. v. 24.09.2015 – 11 U 95/14, BeckRS 2016, 14657 Rn. 48; Beschl. v. 24.09.2015 – 11 U 91/14, BeckRS 2016, 14567 Rn. 48; ebenso: OLG Koblenz, Beschl. v. 12.01.2016 – 8 U 196/15, BeckRS 2016, 18463 Rn. 13 f.

621 OLG Naumburg, Urt. v. 15.10.2014 – 5 U 114/14, WM 2015, 613, 615.

622 OLG Frankfurt a. M. Beschl. v. 18.11.2015 – 25 U 57/15, BeckRS 2016, 14653 Rn. 25; zustimmend OLG Koblenz, Hinweisbeschl. v. 10.11.2015 – 8 U 197/15, BeckRS 2016, 18480 Rn. 39; ähnlich auch OLG Brandenburg, Urt. v. 03.03.2010 – 4 U 40/09, juris,

Bremen tausende Güteanträge für rechtsmissbräuchlich, die trotz Mitteilung des Antragsgegners, sich am Verfahren nicht beteiligen zu wollen, gleichzeitig eingereicht werden. Die Bevollmächtigten der Antragsteller hätten nicht ernsthaft erwarten können, dass diese Güteanträge, die nur oberflächlich konkretisiert gewesen seien, auch nur im Ansatz Aussicht auf Erfolg haben könnten. Insofern sei das Streitbeilegungsverfahren zweckentfremdet worden, um Zeit zu gewinnen. Dies sei nicht Sinn und Zweck des Streitbeilegungsverfahrens, weshalb Rechtsmissbrauch vorliege.[623]

c) *Meinungen in der Literatur*

Die Rechtsprechung des Bundesgerichtshofes fand in der Literatur teilweise Unterstützung.[624] So vertritt *Grothe* die Auffassung, dass diejenigen Bearbeitungsrisiken, die bei sachgerechter Verfahrensbetreibung vermieden werden können, zwar grundsätzlich vom Antragsteller zu tragen sind. Dieser sei jedoch nicht gehalten, bei einer Arbeitsüberlastung der Streitbeilegungsstelle sofort Klage zu erheben oder eine bestimmte Streitbeilegungsstelle mit größeren Kapazitäten auszuwählen.[625] Auch *Riehm* stimmt der Rechtsprechung des Bundesgerichtshofes zu mit einer Einschränkung für den Fall, dass der Bevollmächtigte des Gläubigers bewusst eine ungeeignete Streitbeilegungsstelle anruft und diese mit einer nicht zu bewältigenden Anzahl an Güteanträgen überflutet, um auf diese Weise Zeit zu gewinnen. Aber selbst dann sei nicht von Rechtsmissbrauch auszugehen, sondern genüge es, wenn die jeweiligen Güteanträge nicht mehr „*demnächst*" im Sinne des § 204 Abs. 1 Nr. 4 Hs. 2 BGB bekanntgegeben[626] werden.[627]

Die wohl h.M. in der Literatur folgt allerdings der instanzgerichtlichen Rechtsprechung. So hatte *Wagner* bereits vor den genannten Urteilen die Ansicht vertreten, dass Bevollmächtigte von Antragstellern, die hunderte bis tausende Güteanträge gleichzeitig einreichen, nur das Bewirken der Verjährungshemmung

---

Rn. 108, das von Rechtsmissbrauch dann ausgehen will, wenn der Antragsteller von vornherein weiß, dass allein die Zustellung des Güteantrags bei der angerufenen Gütestelle Jahre beanspruchen würde und er gerade deshalb diesen Weg zur Herbeiführung der Verjährungshemmung wählt.

623 LG Bremen Urt. v. 18.6.2015 – 2 O 950/13, BeckRS 2016, 18460; ebenso LG Dessau-Roßlau, Urt. v. 02.04.2015 – 4 O 328/13, juris, Rn. 43 ff.

624 Palandt/*Ellenberger*, § 204 Rn. 19, jedoch ohne Begründung.

625 MüKo BGB/*Grothe*, § 204 Rn. 36.

626 Siehe hierzu oben unter § 4 D. II.

627 *Riehm*, NJW 2017, 113, 117.

im Sinn hätten, was eine „*verjährungsrechtliche Zweckentfremdung*" und Rechtsmissbräuchlichkeit darstelle.[628] Auch andere Literaturvertreter wollen einer gezielt und planvoll herbeigeführten Überlastung einer Streitbeilegungsstelle mit Güteanträgen, auf die sich die jeweiligen Schuldner erkennbar nicht einlassen wollen, die Hemmungswirkung des § 204 Abs. 1 Nr. 4 BGB nach § 242 BGB verwehren.[629] Nach Ansicht von *Regenfus* sollen diesbezüglich allerdings nicht nur die Zahl der von denselben anwaltlichen Bevollmächtigten gestellten Güteanträge entscheidend sein, sondern auch, ob die Verfahrensordnung der angerufenen Streitbeilegungsstelle Wert auf eine persönliche Anwesenheit der Parteien legt oder die Streitbeilegungsstelle besonders qualifiziert ist.[630]

d) Stellungnahme

Die Fallgruppe der massenhaften Stellung gleichgelagerter Streitbeilegungsanträge weist zunächst die Besonderheit auf, dass nicht der Antragsteller selbst die jeweilige Streitbeilegungsstelle mit Anträgen überhäuft, sondern sein anwaltlicher Bevollmächtigter. Der Güteantrag des jeweiligen Antragstellers wird mithin nicht isoliert betrachtet, sondern gerade im Gesamtzusammenhang mit den anderen von seinem Bevollmächtigten eingereichten Anträgen. Das zur Annahme der Rechtsmissbräuchlichkeit begangene Fehlverhalten wird insofern auch ausschließlich dem Bevollmächtigten vorgeworfen, dem einzelnen Antragsteller aber gemäß den allgemeinen Regeln (§ 85 Abs. 2 ZPO)[631] zugerechnet.

Der gegenüber dem Antragsteller erhobene Vorwurf hat im Grundsatz dieselbe Ausgangslage wie der oben erörterte Fall der Antragstellung trotz Kenntnis der Verfahrensablehnung seitens des Antragsgegners: Wenn der Antragsteller bzw. dessen Bevollmächtigter weiß, dass die Durchführung eines Streitbeilegungsverfahrens aller Wahrscheinlichkeit nach von vornherein (faktisch) zum Scheitern verurteilt ist (hier: wegen Überlastung der Streitbeilegungsstelle), müsse es dem Gläubiger verwehrt werden, sich auf die Hemmungswirkung des

---

628 *Wagner*, BKR 2013, 108, 112.

629 *Harnos*, BKR 2015, 386, 389 f.; ebenso Assmann/Schütze/*Edelmann*, § 3 Rn. 151; *Nobbe*, WM 2016, 337, 343; *Thume*, WuB 2015, 290, 295; wohl auch NK BGB AT/*Mansel*, § 204 Rn. 79; *Löhner*, S. 112, wonach eine massenhafte Antragseinreichung bei einer unzuständigen Streitbeilegungsstelle weder zielführend noch im Sinne des Gesetzgebers sei.

630 *Regenfus*, NJW 2016, 2977, 2982.

631 OLG Koblenz, Beschl. v. 12.01.2016 – 8 U 196/15, BeckRS 2016, 18463 Rn. 12, 14; OLG München, Hinweisbeschl. v. 25.09.2015 – 15 U 2273/15, BeckRS 2016, 15879 Rn. 20; OLG Celle, Urt. v. 24.09.2015 – 11 U 91/14, BeckRS 2016, 14567 Rn. 41.

§ 204 Abs. 1 Nr. 4 BGB berufen zu können. Fraglich ist deshalb, ob auch hier ein Rechtsmissbrauch aus den genannten Gründen nicht in Betracht kommen kann.

Dies ist mit derselben Begründung wie oben sowohl für die Missbrauchsfallgruppe des nicht schutzwürdigen Eigeninteresses als auch des unredlichen Erwerbs der eigenen Rechtsposition konsequenterweise zu bejahen:

So widersprechen die etlichen eingereichten Güteanträge nicht dem Schutzzweck des § 204 Abs. 1 Nr. 4 BGB, da auch diese dem Schuldner verdeutlichen, dass der Gläubiger seinen ihm zustehenden Anspruch weiter verfolgen möchte und die Norm in erster Linie den Gläubiger schützen soll, so dass ein Güteantrag prinzipiell keinen Widerspruch hierzu darstellen kann. Darüber hinaus gilt auch hier, dass die jeweiligen Güteanträge einer Entlastung der Justiz nicht zuwider laufen. Zudem muss auch in dieser Fallkonstellation berücksichtigt werden, dass die tatsächliche Durchführung des Streitbeilegungsverfahrens keine Voraussetzung für die Hemmungswirkung des § 204 Abs. 1 Nr. 4 BGB darstellt und es insofern nicht darauf ankommt, ob die eingeleiteten Verfahren tatsächlich betrieben werden. Dann kann es im Umkehrschluss freilich auch keine Rolle spielen, ob die Verfahrensdurchführung faktisch unmöglich ist oder nicht.

Ferner ist die massenhafte Güteantragseinreichung weder gesetzeswidrig, noch arglistig, noch sittenwidrig. Hinsichtlich einer möglichen Treuepflichtverletzung gilt das oben zur Fallgruppe der Antragstellung trotz Kenntnis über die Ablehnung des Antragsgegners entsprechend: Das Gesetz gibt dem Gläubiger das Recht in die Hand, durch Stellung eines Güteantrags eine Verjährungshemmung herbeizuführen. Fasste man die massenhafte Stellung gleichgelagerter Güteanträge als Verstoß gegen das Rücksichtnahmegebot auf, wäre es dem Gläubiger verwehrt, derlei Güteanträge zu stellen. Dies widerspräche jedoch in eklatanter Weise der gesetzlichen Wertung, die eine Güteantragstellung keiner Bedingung unterwirft, um verjährungshemmende Wirkung zu entfalten. Dieser Wertung ist bereits inhärent, dass auf das Interesse des Schuldners an einer Anspruchsverjährung keine Rücksicht zu nehmen ist, weshalb eine solche Rücksichtnahme vom Gläubiger auch nicht gefordert werden kann. Ein unredlicher Erwerb der eigenen Rechtsposition kann auch hier mithin prinzipiell nicht in Betracht kommen. Im Übrigen stellt es eine Selbstverständlichkeit dar, dass der Schuldner auch keinen Anspruch darauf hat, dass gegen ihn nur eine gewisse Anzahl gleichgelagerter Ansprüche verschiedener Gläubiger geltend gemacht werden. Insofern besteht naturgemäß auch keine Rücksichtnahmepflicht dieser Gläubiger gegenüber dem Schuldner im Hinblick auf die Anzahl gleichzeitig bei derselben Streitbeilegungsstelle eingereichter Güteanträge.

Hinzu tritt im Übrigen noch folgender praktischer Aspekt: Eine sachgerechte Abgrenzung zwischen den einzelnen, tausenden Güteanträgen ist mit nicht zu bewältigenden Schwierigkeiten verbunden. So stelle man sich vor, der „*erste*“

von tausend gleichzeitig eingegangenen Güteanträgen wird von der angerufenen Streitbeilegungsstelle in einem herkömmlichen zeitlichen Rahmen abgearbeitet und das Verfahren durchgeführt. Erst danach ginge die Streitbeilegungsstelle zur Bearbeitung des *„zweiten“* Güteantrags über usw. Hinsichtlich des *„ersten“* Güteantrags müsste ein Rechtsmissbrauch eindeutig ausscheiden, da es zu einer zeitlichen Verzögerung nicht gekommen ist, sondern das Verfahren dem herkömmlichen Geschäftsverlauf der Streitbeilegungsstelle entsprechend durchgeführt wurde. Von einer Unmöglichkeit der Verfahrensdurchführung kann mithin keine Rede sein. Hält man nun aber den *„letzten“* der tausend gleichzeitig eingegangenen Güteanträge für rechtsmissbräuchlich, weil eine Durchführung erst mit erheblicher Verspätung erfolgen konnte, stellen sich mehrere Fragen: Wo ist die Grenze zwischen zeitlich noch vertretbarer und verspäteter Verfahrensdurchführung zu ziehen? Warum sollte es einen Unterschied machen, welchen konkreten Güteantrag (der zeitgleich mit den anderen Güteanträgen eingegangen ist) die Streitbeilegungsstelle zuerst und welchen zuletzt abarbeitet? Ab wie vielen Güteanträgen kommt ein Rechtsmissbrauch überhaupt in Betracht? Soll der jeweilige Antragsteller das Risiko tragen, ob die angerufene Streitbeilegungsstelle effiziente Arbeitsabläufe aufweist oder der Herausforderung nicht gewachsen ist (in diese Richtung geht die Argumentation des Bundesgerichtshofes)[632]? Lässt man hinsichtlich dieser Fallkonstellation den Einwand des Rechtsmissbrauchs zu, bestünden in der Praxis nicht zu lösende Abgrenzungsschwierigkeiten, die gerade im Verjährungsrecht unbedingt zu vermeiden sind.[633] Auch aus diesem Grund muss in diesen Fällen ein Rechtsmissbrauch deshalb ausscheiden.

e) Fazit zum Rechtsmissbrauch wegen Überlastung der Streitbeilegungsstelle

Die Fallgruppe der Überlastung einer Streitbeilegungsstelle durch die massenhafte Stellung gleichartiger Güteanträge vermag – wie es der Bundesgerichtshof im Ergebnis richtig entschieden hat – ebenfalls keinen Rechtsmissbrauch darstellen. Die verbreitete, gegenteilige instanzgerichtliche Rechtsprechung verkennt nicht nur den Schutzzweck des § 204 Abs. 1 Nr. 4 BGB. Soweit die Instanzgerichte teilweise von einem unredlichen Erwerb einer Rechtsposition ausgehen, setzen sie sich darüber hinaus auch über die gesetzliche Wertung der Norm hinweg, wonach eine Treuepflichtverletzung des Gläubigers durch Stellung eines

632 BGH, Urt. v. 28.10.2015 – IV ZR 405/14, NJW 2016, 236 f.; Urt. v. 28.10.2015 – IV ZR 526/14, BKR 2016, 112, 113 f.; bestätigt mit Beschl. v. 17.02.2016 – IV ZR 374/14, juris, Rn. 12.

633 Siehe oben unter § 3 A. III.

Güteantrags grundsätzlich nicht begangen werden kann. Denn weder muss der Gläubiger Rücksicht auf das Interesse des Schuldners an einer Anspruchsverjährung nehmen, noch, dass der Schuldner mit einer Vielzahl anderer aber gleicher Güteanträge konfrontiert wird. Zudem stieße man bei der Annahme eines Rechtsmissbrauchs auf immense Abgrenzungsschwierigkeiten.

Zuzustimmen ist vielmehr *Riehm*, der in derlei Fällen auf die „*demnächst*" erfolgende Bekanntgabe nach § 204 Abs. 1 Nr. 4 Hs. 2 BGB[634] abstellen möchte.[635] Sollte einer oder mehrere der tausend Güteanträge verspätet abgearbeitet und deshalb nicht mehr „*demnächst*" dem Antragsgegner bekanntgegeben werden, müsste dies seitens des Antragstellers in Kauf genommen werden. Schließlich ist er bzw. sein Bevollmächtigter, der sich u.U. gegenüber dem Antragsteller schadensersatzpflichtig gemacht hat, dieses Risiko durch sein Verhalten bewusst eingegangen.

5. *Problem: Vereinbarkeit mit der ADR-Richtlinie*

In der Literatur wird teilweise eingewandt, dass eine rechtsmissbräuchliche Güteantragsstellung im Anwendungsbereich der ADR-Richtlinie prinzipiell ausscheiden müsse.[636] Denn Art. 12 der ADR-Richtlinie sehe einen unbedingten Verjährungsschutz vor. Insofern hemme ein vom Verbraucher gestellter Güteantrag die Verjährung etwa auch dann, wenn der Unternehmer in seinen Allgemeinen Geschäftsbedingungen oder auf seiner Homepage gemäß § 36 Abs. 1 Nr. 1 VSBG seine Kunden darüber informiert, dass er nicht gewillt sei, einem Streitbeilegungsverfahren beizutreten. Dies deshalb, weil Art. 12 Abs. 1 der ADR-Richtlinie nicht die Durchführung, sondern nur die Inanspruchnahme des Streitbeilegungsverfahrens als Voraussetzung für den Eintritt der Verjährungshemmung vorsehe, was in anderen Sprachfassungen der ADR-Richtlinie deutlicher werde, bspw. im Englischen „*attempt to settle a dispute*" oder im Französischen „*tenter de régler un litige*".[637] In seinen Entscheidungen vom 28.10.2015 und vom 17.02.2016 hat der Bundesgerichtshof zu dieser Problematik keine Stellung bezogen.[638]

---

634 Siehe zum Erfordernis einer „*demnächst*" erfolgenden Bekanntgabe unter § 4 D. II.

635 *Riehm*, NJW 2017, 113, 117.

636 BeckOGK BGB/*Meller-Hannich*, Stand: 01.12.2018, § 204 Rn. 189.1.; *Fries*, JZ 2016, 723, 726; *Riehm*, NJW 2017, 113, 117.

637 BeckOGK BGB/*Meller-Hannich*, Stand: 01.12.2018, § 204 Rn. 189.1.

638 Vgl. BGH, Beschl. v. 17.02.2016 – IV ZR 374/14, NJOZ 2016, 1648, 1649; Urt. v. 28.10.2015 – IV ZR 526/14, BKR 2016, 112, 114.

Festzustellen ist zunächst, dass weder Art. 12 Abs. 1 im Speziellen, noch der ADR-Richtlinie im Gesamten entnommen werden kann, wie mit Fällen potenziellen Rechtsmissbrauchs bei der Frage der Verjährungshemmung eines Güteantrags umzugehen ist. Art. 12 Abs. 1 der ADR-Richtlinie stellt – worauf o.g. Literaturvertreter zurecht hinweisen – einzig und allein auf die „*Inanspruchnahme*" eines Streitbeilegungsverfahrens ab, welche nicht dazu führen soll, dass der Ablauf von Verjährungsfristen eine weitere Anspruchsdurchsetzung unmöglich macht. Ob andere Sprachfassungen des Art. 12 Abs. 1 der ADR-Richtlinie gerade den Versuch der Inanspruchnahme von Streitbeilegungsverfahren und nicht dessen tatsächliche Durchführung in den Vordergrund stellen, ist dabei nicht entscheidend. Denn auch in den oben besprochenen Fällen der Kenntnis über die ablehnende Haltung des Schuldners hinsichtlich der Durchführung eines Streitbeilegungsverfahrens bzw. der massenhaften Stellung identischer Güteanträge werden Streitbeilegungsverfahren unweigerlich „*in Anspruch genommen*".

Nach dem unzweideutigen Wortlaut des Art. 12 Abs. 1 der ADR-Richtlinie kommt es somit gerade nicht auf die Kenntnis oder die Motivlage der beteiligten Parteien an. Im Vorfeld zur Anbringung des jeweiligen Güteantrags erfolgte Korrespondenz zwischen den Parteien spielt genauso wenig eine Rolle wie eine mögliche – auf was auch immer fußende – Überlastung einer angerufenen Streitbeilegungsstelle. Nachdem der wesentliche Zweck der ADR-Richtlinie in der Schaffung eines hohen Verbraucherschutzniveaus liegt (vgl. Erwägungsgründe 1 und 2 sowie Art. 1 S. 1 der ADR-Richtlinie), kann über diesen von Art. 12 Abs. 1 der ADR-Richtlinie vorgesehenen bedingungslosen Verjährungsschutz nicht einfach hinweggesehen und dem Antragsteller in bestimmten Fällen dieser Schutz verwehrt werden. Vielmehr muss dem Verbraucherschutz aufgrund der expliziten Zielsetzung der ADR-Richtlinie im Zweifel der Vorrang gewährt werden vor dem Interesse des Antragsgegners an einer Verjährung der gegen ihn bestehenden Ansprüche.

Da der Gesetzgeber mit der Schaffung des § 204 Abs. 1 Nr. 4 BGB sämtliche davon erfassten Schlichtungsverfahren in verjährungsrechtlicher Hinsicht gleich behandeln wollte und die Vorschrift deshalb in allen möglichen Fällen einheitlich anzuwenden ist,[639] spielt es auch keine Rolle, ob es sich bei den Parteien um Verbraucher und/oder Unternehmer handelt.[640]

---

639 Siehe oben unter § 4 G. III. 7. a) cc) (2) a.E.

640 A.A. *Fries*, JZ 2016, 723, 726, der sich (ohne Begründung) für eine gespaltene Auslegung von § 242 BGB im Hinblick auf Verbraucher und Unternehmer ausspricht.

Insofern spricht viel dafür, dass eine rechtsmissbräuchliche Güteantragsstellung bereits wegen der Regelung des Art. 12 Abs. 1 der ADR-Richtlinie grundsätzlich ausscheiden muss, auch wenn gemäß der Rechtsprechung des Europäischen Gerichtshofes der Rechtsmissbrauchseinwand grundsätzlich auch gegenüber Rechtspositionen erhoben werden kann, die auf EU-Richtlinien fußen.[641]

6. *Fazit zur missbräuchlichen Stellung eines Güteantrags*

Sowohl in der Rechtsprechung als auch in der Literatur wird der Einwand des Rechtsmissbrauchs im Zusammenhang mit Güteanträgen nur einer oberflächlichen rechtlichen Prüfung unterzogen. Vielmehr werden Billigkeitserwägungen in den Vordergrund gestellt, die jedoch für die Erfüllung der allgemein anerkannten Tatbestandsmerkmale des Rechtsmissbrauchs nicht ausreichen. Nachdem darüber hinaus Art. 12 Abs. 1 der ADR-Richtlinie einen bedingungslosen Verjährungsschutz für den Antragsteller vorschreibt, kann erst recht weder an der Missbrauchsfallgruppe der Kenntnis über die Verfahrensablehnung seitens des Antragsgegners noch an derjenigen der massenhaften Einreichung identischer Güteanträge festgehalten werden.

641 EuGH, Urt. v. 23.03.2000 – Rs. C-373/97 – *Diamantis*, IStR 2000, 319; Urt. v. 12.05.1998 – Rs. C-367/96 – *Kefalas*, BeckRS 2004, 76787 Rn. 20 f. Allerdings müssen nationale Gerichte bei der Rechtsanwendung die mit der jeweiligen Richtlinie verfolgten Zwecke beachten, um die Wirksamkeit und die einheitliche Anwendung des Unionsrechts zu gewährleisten, EuGH, Urt. v. 23.03.2000 – Rs. C-373/97 – *Diamantis*, IStR 2000, 319; Urt. v. 12.05.1998 – Rs. C-367/96 – *Kefalas*, BeckRS 2004, 76787 Rn. 22.

§ 5 Zusammenfassung

A. Neufassung des § 204 Abs. 1 Nr. 4 BGB

Seit Einführung des obligatorischen Güteverfahrens im Jahr 1924 (§ 2 A. I.) hat die Hemmungsvorschrift des § 209 Abs. 2 Nr. 1a BGB bzw. (seit der Schuldrechtsmodernisierung im Jahr 2002) § 204 Abs. 1 Nr. 4 BGB mehrere Änderungen erfahren (§ 2 A. II. – V.). Die (zweimalige) Abschaffung des obligatorischen Güteverfahrens in den Jahren 1950 und 2013 (Baden-Württemberg) hatte auf den Inhalt der Norm derweil keine Auswirkungen (§ 2 A. VI.).

Seine letzte Änderung erfuhr § 204 Abs. 1 Nr. 4 BGB mit Wirkung zum 01.04.2016, die der Umsetzung der ADR-Richtlinie und der damit verbundenen Schaffung von Verbraucherschlichtungsstellen geschuldet war. Die Vorschrift ist seitdem anwendbar auf „*staatliche oder staatlich anerkannte*" sowie „*andere Streitbeilegungsstellen, wenn das Verfahren im Einvernehmen mit dem Antragsgegner betrieben wird*" (§ 2 A. VII.).

B. Abgrenzung

Neben den bereits seit Jahrzehnten bekannten von der Landesjustizverwaltung eingerichteten und anerkannten Gütestellen (§ 2 B. I.) sowie den neu geschaffenen Verbraucherschlichtungsstellen (§ 2 B. II.) existieren etliche weitere Stellen, die außergerichtliche Streitbeilegungsverfahren anbieten (§ 2 B. III., IV.). So kann etwa in Streitigkeiten betreffend Fernabsatzverträge über Finanzdienstleistungen, Verbraucherdarlehensverträge und Zahlungsdienstverträge die bei der Deutschen Bundesbank eingerichtete Schlichtungsstelle angerufen werden (§ 14 UklaG; § 2 B. IV. 1.) oder in Streitigkeiten in Bezug auf Arbeitnehmererfindungen eine eigens hierfür beim Patentamt eingerichtete Schiedsstelle (§ 2 B. IV. 4.). Ein eigenes Schlichtungsverfahren bieten ferner Mediatoren nach dem MediationsG an, die die Lösung eines Konflikts weitestgehend in die Hände der Parteien legen und selbst nur verfahrensleitend tätig sind (§ 2 B. IV. 7.). Anders ist dies bei schiedsrichterlichen Verfahren nach den §§ 1025 ff. ZPO, bei denen ein vom Schiedsgericht ausgesprochener Schiedsspruch für die Parteien die Wirkung eines rechtskräftigen gerichtlichen Urteils hat (§ 2 B. V.). Hiervon abzugrenzen ist das Schiedsgutachten (§ 2 B. VI.). Dieses ist in der Regel nicht auf eine abschließende Streitbeilegung ausgerichtet, sondern soll einzelne (Vor-) Fragen beantworten, die zwischen den Parteien strittig sind.

C. Von § 204 Abs. 1 Nr. 4 BGB erfasste Streitbeilegungsstellen

Mit der Neufassung des § 204 Abs. 1 Nr. 4 BGB wurde dessen Anwendungsbereich signifikant erweitert. Erfasst werden – wie auch schon vor der Gesetzesänderung – von der Landesjustizverwaltung eingerichtete (§ 3 A. I. 1. a)) und anerkannte Gütestellen (§ 3 A. I. 1. b)). Zu den staatlich anerkannten Streitbeilegungsstellen gehören auch die kraft Gesetzes anerkannten Gütestellen nach § 15a Abs. 6 S. 1 EGZPO (§ 3 A. I. 1. c)). Soweit im Hinblick auf die alte Gesetzeslage teilweise vertreten wurde, dass diese Gütestellen nicht in den Anwendungsbereich des § 204 Abs. 1 Nr. 4 BGB fallen würden, kann diese Mindermeinung nunmehr nicht mehr aufrechterhalten werden.

Zu den von § 204 Abs. 1 Nr. 4 BGB n.F. erfassten Streitbeilegungsstellen zählen darüber hinaus (private als auch behördliche) Verbraucherschlichtungsstellen inklusive der Universalschlichtungsstellen der Länder (§ 3 A. I. 2.) sowie etwa die Einigungsstellen nach § 15 Abs. 1 UWG und den Schiedsstellen beim Patent- und Markenamt für Streitigkeiten nach §§ 92 ff. VGG und § 28 ArbNErfG (§ 3 A. I. 3.).

Unter den Begriff der *„anderen Streitbeilegungsstellen"* im Sinne des § 204 Abs. 1 Nr. 4 BGB n.F. fallen z.B. die Schlichtungsstellen der Innungen oder die branchenbezogenen Gütestellen gemäß § 15 a Abs. 3 S. 2 EGZPO (§ 3 A. II.), nicht aber Mediatoren (§ 3 A. III.). Zwar spricht der Wortlaut für eine Anwendung des Begriffs der *„anderen Streitbeilegungsstellen"* auf Mediatoren. Nachdem der Gesetzgeber bei Schaffung des MediationsG im Jahre 2011 aber eine entsprechende Erweiterung des § 204 Abs. 1 Nr. 4 BGB a.F. nicht vornahm, sondern explizit die Vorschrift des § 203 BGB für die Verjährungshemmung als ausreichend erachtete, kann nicht davon ausgegangen werden, dass das Mediationsverfahren nunmehr von § 204 Abs. 1 Nr. 4 BGH erfasst werden soll.

D. Verfahren vor von der Landesjustizverwaltung anerkannten Gütestellen und Ver-braucherschlichtungsstellen

Das Verfahren vor von der Landesjustizverwaltung anerkannten Gütestellen muss sich in Baden-Württemberg aus einer Verfahrensordnung ergeben, die in wesentlichen Teilen dem (aufgehobenen) SchlG BW entspricht (§ 3 B. I. 1. a)). Ein vor einer von der Landesjustizverwaltung anerkannten Gütestelle geschlossener Vergleich stellt einen Vollstreckungstitel im Sinne des § 794 Abs. 1 Nr. 1 ZPO dar (§ 3 B. I. 3. a) aa)).

Der Inhalt der Verfahrensordnung einer Verbraucherschlichtungsstelle richtet sich nach § 24 S. 1 VSBG zwingend nach den Vorschriften des VSBG

(§ 3 B. II.). § 794 Abs. 1 Nr. 1 ZPO wurde im Gegensatz zu § 204 Abs. 1 Nr. 4 BGB nicht angepasst, so dass aus vor Verbraucherschlichtungsstellen geschlossenen Vergleichen nicht unmittelbar vollstreckt werden kann. Eine analoge Anwendung des § 794 Abs. 1 Nr. 1 ZPO scheidet mangels planwidriger Regelungslücke aus (§ 3 B. II. 3. a) bb)).

E. Verjährungshemmung nach § 204 Abs. 1 Nr. 4 BGB

I. Person des Antragstellers

Mit der Gesetzesänderung hat sich die in der Literatur diskutierte Frage geklärt, ob auch ein vom Schuldner gestellter Güteantrag verjährungshemmende Wirkung entfalten kann, da § 204 Abs. 1 Nr. 4 BGB n.F. nunmehr von einem Antrag spricht, *„mit dem der Anspruch geltend gemacht wird“*. Eine Anspruchsgeltendmachung kann naturgemäß nur seitens des Gläubigers erfolgen (§ 4 B. I.).

Bei der Anrufung einer *„anderen Streitbeilegungsstelle“* im Sinne des § 204 Abs. 1 Nr. 4 Hs. 1 b) BGB kommt eine Verjährungshemmung nur für den Fall in Betracht, dass die Parteien den Einigungsversuch einvernehmlich unternehmen. Neben den Fällen, in denen das Einvernehmen unwiderleglich vermutet wird (vgl. § 15a Abs. 3 S. 2 EGZPO) ist in diesem Zusammenhang an vertraglich festgelegte Schlichtungsklauseln zu denken. Eine solche ist wegen § 309 Nr. 14 BGB im Rechtsverkehr zwischen Unternehmern und Verbrauchern allerdings nur wirksam, wenn sie individualvertraglich vereinbart wurde, wobei der die Klausel verwendende Unternehmer sich auf eine Unwirksamkeit nicht berufen kann (§ 4 B. II.).

II. Unzuständigkeit der Streitbeilegungsstelle

1. Grundsatz

Nach allgemeiner Auffassung ist es für die verjährungshemmende Wirkung eines Güteantrags – wie im Klage- und Mahnverfahren – nicht von Bedeutung, ob die angerufene Streitbeilegungsstelle örtlich oder sachlich zuständig ist. Entgegen einer in der Literatur vertretenen Ansicht kommt es diesbezüglich nicht darauf an, ob die ausgewählte Streitbeilegungsstelle wider besseren Wissens ausgewählt wurde. Eine solche subjektive Komponente ist dem Wortlaut des § 204 Abs. 1 Nr. 4 BGB – dem bei Verjährungsvorschriften besondere Bedeutung zukommt – nicht zu entnehmen. Im Übrigen wird dem Schuldner auch unter diesen Umständen der Rechtsdurchsetzungswille des Gläubigers verdeutlicht und somit der Zweck der Vorschrift erfüllt (§ 3 C. II. 1.).

Das Vorliegen eines in § 14 Abs. 1 und 2 VSBG bzw. § 30 Abs. 1 VSBG genannten Ablehnungsgrundes hat hinsichtlich der verjährungshemmungshemmenden Wirkung von bei Verbraucherschlichtungsstellen angebrachten Güteanträgen dementsprechend ebenfalls keine Konsequenzen (§ 3 C. III.).

2. *Haftung der Streitbeilegungsstelle bei Bekanntgabe des Güteantrags trotz Unzu-ständigkeit*

In Fällen einer von der angerufenen, unzuständigen Streitbeilegungsstelle veranlassten Bekanntgabe eines Güteantrags bzw. – umgekehrt – einer Ablehnung einer Güteantragsbekanntgabe durch eine zuständige Streitbeilegungsstelle, die sich für unzuständig hält, kommen grundsätzlich Schadensersatzansprüche des Antragstellers in Betracht. Anspruchsgrundlage sind in diesen Fällen §§ 280 Abs. 1, 311 Abs. 2 Nr. 2 BGB (§ 3 C. II. 2.).

III. Zeitpunkt des Hemmungseintritts

1. *Veranlassung der Bekanntgabe*

Anknüpfungspunkt für den Zeitpunkt des Hemmungseintritts ist nach h.M. die – aktenmäßig nachprüfbare – Veranlassung der Bekanntgabe, was sich insbesondere aus der Beschlussempfehlung des Rechtsausschusses zum Gesetz zur Modernisierung des Schuldrechts vom 09.10.2001[642] ergibt. Ob eine Bekanntgabe tatsächlich erfolgt, ist für die Hemmungswirkung bedeutungslos. Die diesbezüglich in der Literatur vertretene Gegenmeinung verträgt sich nicht mit dem eindeutigen Wortlaut des § 204 Abs. 1 Nr. 4 Hs. 2 BGB (§ 3 D. I.).

2. *Bekanntgabe* „demnächst"

Während nach der alten Regelung des § 204 Abs. 1 Nr. 4 Hs. 2 BGB a.F. eine demnächst erfolgende Veranlassung der Bekanntgabe des Güteantrags für eine Verjährungshemmung erforderlich war, ist es nach aktueller Rechtslage die demnächst erfolgende Bekanntgabe. Dies bedeutet eine Erschwernis für den Antragsteller, der nunmehr beweisen muss, dass bzw. wann sein Güteantrag bekanntgegeben, also zugestellt wurde. Auch hängt die Verjährungshemmung nun noch stärker von der angerufenen Streitbeilegungsstelle ab, die – nicht zuletzt aus Haftungsgesichtspunkten – tunlichst eine nachprüfbare Zustellung an den Antragsgegner veranlassen sollte (§ 3 D. II. 1.).

---

642 Beschlussempfehlung und Bericht des Rechtsausschusses vom 09.10.2001, BT-Drs. 14/7052, S. 181

Im Übrigen sind bei der Frage der *„demnächst"* erfolgenden Bekanntgabe die zu § 167 ZPO entwickelten Grundsätze anzuwenden. Anerkannterweise ist insofern nicht auf eine rein zeitliche Betrachtungsweise abzustellen, insbesondere, wenn der Antragsteller alles für eine ordnungsmäßige Bekanntgabe des Güteantrags erforderliche getan hat. Im Rahmen einer sachgemäßen Prozessführung vermeidbare Verzögerungen sollen dem Antragsteller jedoch zugerechnet werden können. Nach diesen Grundsätzen wurde in der instanzgerichtlichen Rechtsprechung sogar ein zweieinhalb Jahre nach Einreichung bekanntgegebene Güteantrag als *„demnächst"* erachtet (§ 3 D. II. 2.).[643]

3. Überhäufung einer Streitbeilegungsstelle mit Güteanträgen

Im Falle einer massenhaften Einreichung tausender gleichartiger Güteanträge bei ein und derselben Streitbeilegungsstelle geht die herrschende Rechtsprechung der Instanzgerichte nicht von einer *„demnächst"* erfolgenden Bekanntgabe aus, wenn dieses Vorgehen zu entsprechenden Verzögerungen geführt hat. Hier müsse den jeweiligen Antragstellern die Kenntnis ihrer Bevollmächtigten zugerechnet werden, denen die Überlastung der angerufenen Streitbeilegungsstelle als auch die damit verbundene Bekanntgabeverzögerung bewusst gewesen sei (§ 3 D. II. 3. a)).

Dieser Ansicht ist der Bundesgerichtshof in einem Urteil aus dem Jahre 2015 nicht gefolgt, wobei dort *„nur"* 904 Güteanträge streitgegenständlich waren. Eine solche Vorgehensweise sei im Rahmen einer sinnvollen Prozessführung nicht zu beanstanden. Im Gegenteil könne es für eine sachgemäße Erledigung eher förderlich sein, wenn gleichgelagerte Fälle vor derselben Streitbeilegungsstelle verhandelt werden. Auch müsse sich eine Streitbeilegungsstelle so organisieren, dass sie selbst bei zahlreichen Güteanträgen eine ordnungsgemäße Verfahrensdurchführung gewährleisten kann (§ 3 D. II. 3. b)).

Sachgerecht erscheint an dieser Stelle jedoch eine differenzierte Betrachtungsweise: Entscheidend sollte nicht die schiere Anzahl der eingereichten Güteanträge sein, da dies nur zu Abgrenzungsschwierigkeiten führen würde (schließlich können etwa bereits zehn gleichgelagerte Güteanträge derart komplex sein, dass es zu einer erheblichen Verzögerung der Bekanntgabe kommt). Gemäß den zu § 167 ZPO entwickelten Grundsätzen sollte es vielmehr darauf ankommen, ob eine Verzögerung im Rahmen einer sachgemäßen Prozessführung im Einzelfall hätte vermieden werden können. Reichen die Bevollmächtigten der Antragsteller zur selben Zeit tausende Güteanträge bei einer offensichtlich hiermit

643 OLG Brandenburg, Urt. v. 03.03.2010 – 4 U 40/09, BeckRS 2010, 7659.

überforderten Streitbeilegungsstelle ein, entspricht dies nicht einer sachgemäßen Prozessführung, wenn gleichzeitig etwa die ÖRA in Hamburg hätte angerufen werden können, die jährlich 2.500 Fälle abarbeitet (§ 3 D. II. 3. c)).

IV. Reichweite der Verjährungshemmung

Die Hemmungswirkung des § 204 Abs. 1 Nr. 4 BGB umfasst nach ständiger Rechtsprechung des Bundesgerichtshofes nur den im jeweiligen Güteantrag geltend gemachten Anspruch. Auch wenn Ansprüche aus verschiedenen Pflichtverletzungen unabhängig voneinander verjähren, genügt die Geltendmachung nur einer Pflichtverletzung in einem Güteantrag zur Verjährungshemmung auch hinsichtlich der anderen Pflichtverletzungen, wenn die übrigen, nicht geltend gemachten Pflichtverletzungen vom selben prozessualen Anspruch umfasst sind (§ 3 E.).

V. Ende der Verjährungshemmung

Im Hinblick auf das Ende der Verjährungshemmung soll es nach Auffassung des Bundesgerichtshofes auf die Kenntnis des Antragstellers hierüber ankommen. Anzuknüpfen sei dabei an die Veranlassung der Bekanntgabe seitens der Gütestelle, weil eine Zustellung der Mitteilung über das Verfahrensscheitern u.U. nicht nachgewiesen werden könne. Eine anderslautende Regelung in der Verfahrensordnung der angerufenen Streitbeilegungsstelle sei insofern unbeachtlich. Damit ist eine einheitliche Anwendung des § 204 Abs. 2 S. 1 BGB unabhängig von der jeweils angerufenen Streitbeilegungsstelle gewährleistet (§ 3 F. II.).

Diese Grundsätze gelten auch dann, wenn die Inkenntnissetzung über die Verfahrensbeendigung dem Antragsteller nicht seitens der Streitbeilegungsstelle, sondern des Antragsgegners erfolgt. Im Falle einer expliziten Regelung in der Verfahrensordnung der angerufenen Streitbeilegungsstelle, dass eine Verfahrensbeendigung wegen des Scheiterns des Schlichtungsversuchs erst dann eintreten soll, wenn die Streitbeilegungsstelle die Parteien hiervon in Kenntnis setzt, und der dennoch vom Antragsgegner dem Antragsteller (vorher) mitgeteilten Verfahrensbeendigung, ist eine Rückwirkung des Beginns der Nachlauffrist auf den Zeitpunkt der erstmaligen Kenntniserlangung gerechtfertigt (§ 3 F. III.).

VI. Verjährungshemmung durch Güteantrag

1. Formerfordernisse von Güteanträgen

Im Gegensatz zu Klagschrift (§ 3 G. I. 1.) und Mahnbescheidsantrag (§ 3 G. I. 2.) sind bei der Stellung von Güteanträge keine gesetzlichen Formvorschriften zu beachten, wohl aber prinzipiell diejenigen der Verfahrensordnung der angerufenen Streitbeilegungsstelle, um eine Verjährungshemmung in Gang zu setzen. Nach der Rechtsprechung des Bundesgerichtshofes soll einem Güteantrag etwa dann keine Hemmungswirkung zukommen, wenn dem Güteantrag – entgegen der Verfahrensordnung – nicht das Original der dem Bevollmächtigten vom Antragsteller erteilten schriftlichen Vollmacht beigefügt wird, sondern nur eine Kopie (§ 3 G. II. 1.).

Diese Auffassung ist abzulehnen, da sie sich nicht mit dem im Hinblick auf Klageschriften anerkannten Grundsatz in Einklang bringen lässt, wonach Formvorschriften keinem Selbstzweck dienen, sondern die Erkennbarkeit des Urhebers gewährleisten und sicherstellen sollen, dass nicht lediglich ein Entwurf vorliegt. Ist diesen Zwecken Genüge getan, lässt die h.M. im Hinblick auf Klagschriften Ausnahmen von gesetzlichen Formvorschriften zu. Insofern müssen derlei Ausnahmen erst recht in Bezug auf (nicht gesetzliche) Formvorschriften für Güteanträge gelten, die sich die jeweilige Streitbeilegungsstelle selbst gegeben hat (§ 3 G. II. 3.).

2. Bestimmtheit von Güteanträgen

a) Grundsatz

Um verjährungshemmend wirken zu können, muss ein Güteantrag den geltend gemachten Anspruch hinreichend genau bezeichnen. Sowohl für den Antragsgegner, als auch für die angerufene Streitbeilegungsstelle muss der zugrunde liegende Lebenssachverhalt sowie das Rechtsschutzziel erkennbar sein (§ 3 G. III. 1.).

b) Rechtsprechung des Bundesgerichtshofes

Der Bundesgerichtshof hat in seinen jüngsten Urteilen zu den diesbezüglich konkret zu erfüllenden Bestimmtheitsanforderungen für Güteanträge (jedenfalls hinsichtlich Kapitalanlagefälle) enge Grenzen gesteckt, um den in der Vergangenheit vielfach gestellten Mustergüteanträgen einen Riegel vorzuschieben (§ 3 G. III. 3.). Auch wenn die vom Bundesgerichtshof aufgestellten Vorgaben nicht anwaltlich vertretene Verbraucher vor Probleme stellen dürften, kann dies nicht als Argument für weniger strenge Anforderungen dienen, da es schließlich – wie in sämtlichen anderen Lebenslagen auch – im Risikobereich des Verbrauchers liegt, auf eine anwaltliche Beratung zu verzichten (§ 3 G. III. 6.).

c) Vereinbarkeit mit der ADR-Richtlinie

Wesentlich problematischer ist die Rechtsprechung des Bundesgerichtshofes mit Blick auf den Regelungsinhalt der ADR-Richtlinie. Dieser ist – über seinen von der Richtlinie vorgegebenen Anwendungsbereich hinaus – grundsätzlich auch auf Verfahren vor von der Landesjustizverwaltung eingerichteten oder anerkannten Gütestellen anwendbar, da der Gesetzgeber die verschiedenen in § 204 Abs. 1 Nr. 4 BGB geregelten Streitbeilegungsverfahren jedenfalls in Verjährungsfragen ersichtlich gleich behandeln wollte (§ 3 G. III. 7. a)).

Die Rechtsprechung des Bundesgerichtshofes verstößt allerdings nicht gegen Art. 8 b) der ADR-Richtlinie, wonach die Parteien ein Streitbeilegungsverfahren auch ohne Rechtsanwalt betreiben können sollen. Diese Vorschrift hat mit der Verfassung eines Güteantrags nichts zu tun, sondern soll auf rein formaler Ebene den anwaltlosen Verfahrenszugang gewährleisten. Schließlich ist dem Verbraucher auch der Zugang zu den Amtsgerichten ohne anwaltliche Vertretung möglich, was aber nicht bedeutet, dass die Anforderungen an die im Rahmen einer Klagschrift erforderliche Individualisierung soweit herabzusetzen sind, dass sie auch von einem Verbraucher ohne Weiteres erfüllt werden könnten (§ 3 G. III. 7. b)).

Demgegenüber lässt sich die Rechtsprechung des Bundesgerichtshofes – entgegen seiner Auffassung – nicht mit Art. 12 Abs. 1 der ADR-Richtlinie in Einklang bringen. Nach dieser Vorschrift muss sichergestellt sein, dass die Parteien nicht durch die Inanspruchnahme eines Schlichtungsverfahrens an einer gerichtlichen Anspruchsdurchsetzung wegen des Ablaufs von Verjährungsfristen gehindert werden. Anforderungen an eine hinreichende Anspruchsindividualisierung können Art. 12 Abs. 1 der ADR-Richtlinie jedoch nicht entnommen werden. Unter dem der ADR-Richtlinie zugrunde liegenden Gesichtspunkt eines hohen Verbraucherschutzniveaus ist davon auszugehen, dass diese Anforderungen – bezüglich derer ein Mindestmaß auch von der ADR-Richtlinie unterstellt wird, da ansonsten eine sachgemäße Verfahrenseinleitung und -führung nicht möglich sind – nicht allzu hoch gesteckt werden können, wobei eine trennscharfe Bestimmung ohne konkrete Vorgaben in der ADR-Richtlinie – wie seitens des Bundesgerichtshofes erfolgt – nicht vorgenommen werden kann. Vielmehr muss in jedem Einzelfall geprüft werden, ob dem Antragsgegner sowie der Streitbeilegungsstelle der mit einem Güteantrag geltend gemachte Anspruch seitens des Antragstellers ausreichend erkennbar gemacht wurde, diese mithin erfassen können, worum es geht. Die vom Bundesgerichtshof für Kapitalanlagefälle aufgestellten Individualisierungsanforderungen sollten deshalb nur als Beispiele einer möglichen Individualisierung aufgefasst werden, deren (teilweise) Nichterfüllung im Einzelfall dann nicht zwangsläufig eine Verjährungshemmung verhindern würde (§ 3 G. III. 7. c)).

3. *Missbräuchliche Stellung eines Güteantrags*

a) *Grundsatz*

In Literatur und Rechtsprechung herrscht prinzipielle Einigkeit, dass es im Hinblick auf die verjährungshemmende Wirkung eines Güteantrags irrelevant ist, wenn dieser ausschließlich zur Hemmung der Verjährung des geltend gemachten Anspruchs gestellt wird, während der Antragsteller eine gütliche Einigung von vornherein tatsächlich gar nicht anstrebt (§ 3 G. IV. 1.).

b) *Kenntnis des Antragstellers über die Ablehnung des Antragsgegners*

Von diesem Grundsatz will der Bundesgerichtshof für den Fall eine Ausnahme machen, dass der Antragsteller bereits vor seiner Antragseinreichung positiv weiß, dass der Antragsgegner einem außergerichtlichen Schlichtungsverfahren nicht beitreten werde. Dessen Zweck – Entlastung der Justiz und dauerhafter Rechtsfriede – könne dann nicht mehr erfüllt werden, weshalb sich der Antragsteller wegen Rechtsmissbrauchs nicht auf die verjährungshemmende Wirkung des Güteantrags berufen könne (§ 3 G. IV. 3. a)).

Diese äußerst knapp gehaltene Begründung des Bundesgerichtshofes überzeugt nicht. Die Voraussetzungen des Rechtsmissbrauchseinwands sind in der beschriebenen Fallkonstellation nicht erfüllt. Ein in Kenntnis der ablehnenden Haltung des Schuldners gestellter Güteantrag mag zwar nicht der ratio des § 204 Abs. 1 Nr. 4 BGB entsprechen, er läuft dieser aber auch ersichtlich nicht zuwider, was aber notwendig für die Annahme eines Rechtsmissbrauchs wäre. Des Weiteren ist die tatsächliche Durchführung eines Streitbeilegungsverfahrens keine Voraussetzung des § 204 Abs. 1 Nr. 4 BGB für die Verjährungshemmung, so dass es dem Antragsteller nicht vorgeworfen werden kann, einen aussichtlosen Schlichtungsversuch zu unternehmen (§ 3 G. IV. 3. d)).

c) *Überlastung der Streitbeilegungsstelle*

In Fällen einer Überlastung der Streitbeilegungsstelle mit tausenden gleichartigen Güteanträgen nimmt die herrschende instanzgerichtliche Rechtsprechung ebenfalls einen Rechtsmissbrauch des Antragstellers an, der sich das Verhalten seines Bevollmächtigten zurechnen lassen muss. Der Vorwurf liegt hier ebenfalls darin, dass der Antragsteller das Schlichtungsverfahren nie ernsthaft habe betreiben wollen, nachdem eine Verfahrensdurchführung unter diesen Umständen faktisch nicht möglich ist (§ 3 G. IV. 4. b)).

Dieser Sichtweise hat sich der Bundesgerichtshof entgegengestellt, wobei es sich bei dem von ihm entschiedenen Fall „*nur*“ um 904 gleichzeitig gestellte Güteanträge handelte. Ein solches Vorgehen fördere eine sachgerechte Erledigung durch die Streitbeilegungsstelle, die ihre Arbeitsabläufe auch auf eine Vielzahl gleichgelagerter Güteanträge abstimmen müsse (§ 3 G. IV. 4. a)).

Der Auffassung des Bundesgerichtshofes ist im Ergebnis zuzustimmen, denn auch in dieser Missbrauchsfallgruppe kann ein Widerspruch zum Gesetzeszweck des § 204 Abs. 1 Nr. 4 BGB nicht festgestellt werden. Zudem gilt auch hier, dass eine Verfahrensdurchführung keine Tatbestandsvoraussetzung nach § 204 Abs. 1 Nr. 4 BGB darstellt. Im Übrigen stößt man in diesen Fällen auf unlösbare Abgrenzungsschwierigkeiten allein schon bei der Frage, ab welcher Anzahl von gleichzeitig eingereichten Güteanträgen ein Rechtsmissbrauch in Betracht kommt (§ 3 G. IV. 4. d)).

d) Vereinbarkeit mit der ADR-Richtlinie

Ohnehin spricht vieles dafür, dass Art. 12 Abs. 1 der ADR-Richtlinie die Annahme eines Rechtsmissbrauchs bei Stellung eines Güteantrags grundsätzlich verbietet, nach dessen Wortlaut die Kenntnis oder die Motivlage der beteiligten Parteien keine Rolle dafür spielen, dass dem Antragsteller eine gerichtliche Anspruchsdurchsetzung noch möglich sein soll. Dies gilt erst recht mit Blick auf das von der ADR-Richtlinie intendierte hohe Verbraucherschutzniveau (§ 3 G. IV. 5.).

Literaturverzeichnis

Ade, Juliane/Alexander, Nadja: Mediation und Recht – Eine praxisnahe Darstellung der Mediation und ihrer rechtlichen Grundlagen, 3. Auflage, Frankfurt am Main 2017 [zitiert als: *Ade/Alexander*].

Althammer, Christoph/ Feskorn, Christian/ Geimer, Reinhold/ Greger, Reinhard et. al.: Zöller, Zivilprozessordnung mit FamFG (§§ 1–185, 200–270, 433–484) und Gerichtsverfassungsgesetz, den Einführungsgesetzen, mit Internationalem Zivilprozessrecht, EU-Verordnungen, Kostenanmerkungen – Kommentar, 32. Auflage, Köln 2018 [zitiert als: Zöller/*Autor*].

Althammer, Christoph/ Lohr, Christian: Anmerkung zu BGH, Urteil vom 28.10.2015 – IV ZR 405/14, NJW 2016, S. 238.

Althammer, Christoph/ Meller-Hannich, Caroline (Hrsg.): Verbraucherstreitbeilegungsgesetz – Kommentar, 1. Auflage, Frankfurt am Main 2017 [zitiert als: Althammer/Meller-Hannich/*Autor*].

Artz, Markus/ Ball, Wolfgang/ Benecke, Martina/ Budzikiewicz, Christine et. al.: beck-online.GROSSKOMMENTAR, München 2019 [zitiert als: BeckOGK BGB/*Autor*].

Assies, Paul H./ Faulenbach, Florian: Prozessuale Probleme des Güteverfahrens, BKR 2015, S. 89–95.

Assmann, Heinz-Dieter/ Schütze, Rolf (Hrsg.): Handbuch des Kapitalanlagerechts, 4. Auflage, München 2015 [zitiert als: Assmann/Schütze/*Autor*].

Aurich, Bastian: Anmerkung zu OLG Bamberg, Urteil vom 04.06.2014 – 3 U 244/13, GWR 2014, S. 352.

Aust, André: Verbraucherstreitbeilegungsgesetz, MietRB 2016, S. 336–339.

Bamberger, Georg/Roth, Herbert/Hau, Wolfgang/Poseck, Roman (Hrsg.): Beck'scher Online-Kommentar BGB, 48. Edition, Stand: 01.11.2018, München 2018 [zitiert als: BeckOK BGB/*Autor*].

Bärenz, Christian: Die Auslegung der überschießenden Umsetzung von Richtlinien am Beispiel des Gesetzes zur Modernisierung des Schuldrechts, DB 2003, S. 375–376.

Baur, Fritz: Anmerkung zu BGH, Urteil vom 26.11.1957 – VIII ZR 70/57, JZ 1958, S. 246–247.

beck-online.GROSSKOMMENTAR → siehe unter *Artz, Markus/ Ball, Wolfgang/ Benecke, Martina/ Budzikiewicz, Christine et. al.*.

Beck'scher Online-Kommentar BGB → siehe unter *Bamberger, Georg/ Roth, Herbert/ Hau, Wolfgang/ Poseck, Roman.*

Beck'scher Online-Kommentar RVG → siehe unter *von Seltmann, Julia.*

Beck'scher Online-Kommentar ZPO → siehe unter *Vorwerk, Volkert/ Wolf, Christian.*

Becker, Friedwart/ Horn, Claus-Henrik: Notwendige Regelungen eines deutschen Mediationsgesetzes, SchiedsVZ 2006, S. 270–275.

Berger, Christian/ Bork, Reinhard/ Brehm, Wolfgang/ Grunsky, Wolfgang et. al.: Stein/Jonas – Kommentar zur Zivilprozessordnung, Band 7, §§ 704–827, 22. Auflage, Tübingen 2002 [zitiert als: Stein/Jonas/*Autor*].

von Bernuth, Wolf: Die Bindung des AGB-Verwenders an unwirksame Klauseln – Grund und Grenzen, BB 1999, S. 1284–1287.

Bork, Reinhard/ Roth, Herbert (Hrsg.): Stein/Jonas – Kommentar zur Zivilprozessordnung, Band 10, §§ 1025–1066, 23. Auflage, Tübingen 2014 [zitiert als: Stein/Jonas/*Autor*].

Borowski, Sascha/ Röthemeyer, Peter/ Steike, Jörn (Hrsg.): VSBG – Verbraucherstreitbeilegungsgesetz – Einführung | Kommentierung | Muster, 1. Auflage, Baden-Baden 2016 [zitiert als: Borowski/Röthemeyer/Steike/*Autor*].

Breidenbach, Stephan/ Peres, Holger: Die DIS-Mediationsordnung, SchiedsVZ 2010, S. 125–130.

Brudermüller, Gerd/ Ellenberger, Jürgen/ Götz, Isabell/ Grüneberg, Christian et. al.: Beck'sche Kurz-Kommentare, Band 7, Palandt, Bürgerliches Gesetzbuch, 78. Auflage, München 2019 [zitiert als: Palandt/*Autor*].

Brunn, Bernd: „Fortleben" einer Rechtsvorschrift nach ihrem Ableben – Ein Beitrag zur Schaffung sowie Auslegung von Aufhebungsvorschriften und verweisenden Normen, NVwZ-Extra 18/2012.

Buchmann, Felix: Umstrittene Streitbeilegung, WRP Die erste Seite 2016, Nr. 4

Bundesministerium der Justiz: Handbuch der Rechtsförmlichkeit, 3. Auflage, Berlin 2008 [zitiert als: Hdb. d. Rechtsförmlichkeit].

Corzelius, Mathias: Anmerkung zu OLG Bamberg, Urteil vom 04.06.2014 – 3 U 244/13, EWiR 2014, S. 763–764.

Dauner-Lieb, Barbara/ Langen, Werner (Hrsg.): Nomos Kommentar BGB Schuldrecht, Band 2, 3. Auflage, Baden-Baden 2016 [zitiert als: NK BGB SR/*Autor*].

Duchstein, Michael: Die Bestimmtheit des Güteantrags zur Verjährungshemmung, NJW 2014, S. 342–346.

Eidenmüller, Horst: Die Auswirkung der Einleitung eines ADR-Verfahrens auf die Verjährung, SchiedsVZ 2003, S. 163–170.

Eidenmüller, Horst/ Prause, Matthias: Die europäische Mediationsrichtlinie – Perspektiven für eine gesetzliche Regelung der Mediation in Deutschland, NJW 2008, S. 2737–2743.

Erman, Bürgerliches Gesetzbuch, → siehe unter *Westermann, Harm Peter/ Grünewald, Barbara/ Maier-Reimer, Georg.*

Esser, Josef/ Schmidt, Eike: Schuldrecht – Band I Allgemeiner Teil, Teilband 1, Entstehung, Inhalt und Beendigung von Schuldverhältnissen, Ein Lehrbuch, 8. Auflage, Heidelberg 1995 [zitiert als: *Esser/Schmidt*].

Feldmann, Cornelia/ Löwisch, Manfred/ Thüsing, Gregor: J. von Staudingers Kommentar zum Bürgerlichen Gesetzbuch mit Einführungsgesetz und Nebengesetzen, Buch 2 Recht der Schuldverhältnisse, §§ 311, 311a, 312, 312a–i (Vertragsschluss), Neubearbeitung, Berlin 2013 [zitiert als: Staudinger/*Autor*].

Friedrich, Fabian: Das Ombudsmannverfahren in der Versicherungswirtschaft für Verbraucher, DAR 2002, S. 157–160.

ders.: Verjährungshemmung durch Güteverfahren, NJW 2003, S. 1781–1783.

Fries, Martin: Die Hemmung der Verjährung durch Güteanträge im System der §§ 203 und 204 BGB – Zugleich Besprechung von BGH, Urteil vom 28.10.2015 – IV ZR 526/14, JZ 2016, S. 723–728.

Fritz, Roland/ Pielsticker, Dietrich (Hrsg.): Mediationsgesetz – Kommentar, Handbuch, Mustertexte, 1. Auflage, Köln 2013 [zitiert als: Haft/ Schlieffen/*Autor*].

Fuxman, Alexander: Hinreichend individualisierter Güteantrag hemmt die Verjährung für sämtliche Pflichtverletzungen einer Anlageberatung, GWR 2015, S. 324.

Gansel, Timo/ Huth, Marko/ Knorr, Alexander: Zur Verwirkung von Verbraucherschutzrechten am Beispiel des Widerrufs von Immobiliendarlehensverträgen, BKR 2014, S. 353–361.

Gilberg, Anika: Anmerkung zu BGH, Urteil vom 18.06.2015 – III ZR 198/14, NJW 2015, S. 2410–2411.

Gläßer, Ulla/ Kirchhoff, Lars/ Wendenburg, Felix (Hrsg.): Konfliktmanagement in der Wirtschaft – Ansätze, Modelle, Systeme, 1. Auflage, Baden-Baden 2014 [zitiert als: Gläßer/Kirchhoff/Wendenburg/*Autor*].

Gössl, Susanne: Das Gesetz über die alternative Streitbeilegung in Verbrauchersachen – Chancen und Risiken, NJW 2016, S. 838–842.

Götting, Horst-Peter/ Nordemann, Axel (Hrsg.): UWG – Handkommentar, 3. Auflage, Baden-Baden 2016 [zitiert als: Götting/Nordemann UWG/*Autor*].

Gottwald, Peter: Anmerkung zu OLG Naumburg, Urteil vom 14.12.2000 – 8 UF 24/00, FamRZ 2001, S. 1007.

Greger, Reinhard: Die von der Landesjustizverwaltung anerkannten Gütestellen: Alter Zopf mit Zukunftschancen, NJW 2011, S. 1478–1482.

ders.: Alternative Streitschlichtung: Die Umsetzung der ADR-Richtlinie in Deutschland, VuR 2015, S. 216–220.

ders.: ADR-Klauseln vor dem Aus?, SchiedsVZ 2016, S. 306–307.

ders.: Das neue Verbraucherstreitbeilegungsgesetz, MDR 2016, S. 365–370.

Greger, Reinhard/ von Münchhausen, Christine: Verhandlungs- und Konfliktmanagement für Anwälte, München 2010 [zitiert als: *Greger/v. Münchhausen*].

Greger, Reinhard/ Stubbe, Christian: Schiedsgutachten – Außergerichtliche Streitbeilegung durch Drittentscheidungen, München 2007 [zitiert als: *Greger/ Stubbe*].

Greger, Reinhard/ Unberath, Hannes/ Steffek, Felix (Hrsg.): Recht der alternativen Konfliktlösung, Mediationsgesetz, Verbraucherstreitbeilegungsgesetz – Kommentar, 2. Auflage, München 2016 [zitiert als: Greger/Unberath/Steffek/ *Autor*].

Grothe, Helmut: Verjährungshemmung durch Mahnbescheid bei mehreren Mängeln, NJW 2015, S. 17–20.

Grüneberg, Christian: Zur Verjährung und Rechtskrafterstreckung bei mehreren Aufklärungs- und Beratungsfehlern in demselben Kapitalanlagegespräch – Herrn Vorsitzenden Richter am Bundesgerichtshof a.D. Herbert Schimansky zum 80. Geburtstag –, WM 2014, S. 1109–1113.

ders.: Aktuelle höchstrichterliche Rechtsprechung zur Verjährung im Kapitalanlagerecht, BKR 2015, S. 485–498.

Grys, Anna: Anmerkung zu BGH, Urteil vom 28.10.2015 - BGH IV ZR 526/14, BKR 2016, S. 114–116.

Gursky, Karl-Heinz/ Jacoby, Florian/ Peters, Frank/ Repgen, Tilman/ Schilken, Eberhard: J. von Staudingers Kommentar zum Bürgerlichen Gesetzbuch mit Einführungsgesetz und Nebengesetzen, Buch 1 Allgemeiner Teil, §§ 164–240 (Allgemeiner Teil 5), Neubearbeitung, Berlin 2014 [zitiert als: Staudinger/*Autor*].

Habersack, Mathias/ Mayer, Christian: Die überschießende Umsetzung von Richtlinien, in: Riesenhuber, Karl (Hrsg.): Europäische Methodenlehre, 3. Auflage, Berlin/München/Bosten 2015 [zitiert als: Riesenhuber/*Habersack/ Mayer*].

Haft, Fritjof/ von Schlieffen, Katharina (Hrsg.): Handbuch Mediation, 3. Auflage, München 2016 [zitiert als: Haft/Schlieffen/*Autor*].

Hannemann, Thomas/ Wiegner, Michael (Hrsg.): Münchener Anwaltshandbuch Mietrecht, 4. Auflage, München 2014 [zitiert als: Hannemann/Wiegner/*Autor*].

Harnos, Rafael: Anmerkung zu BGH, Urteil vom 18.06.2015 – III ZR 198/14 – und BGH, Urteil vom 23.06.2015 – XI ZR 536/14, BKR 2015, S. 386–392.

Harte-Bavendamm, Henning/ Henning-Bodewig, Frauke (Hrsg.): Gesetz gegen den unlauteren Wettbewerb (UWG) Kommentar, Mit Preisangabenverordnung – Kommentar, 4. Auflage, München 2016 [zitiert als: Harte-Bavendamm/ Henning-Bodewig UWG/*Autor*].

Heidel, Thomas/ Hüßtege, Rainer/ Mansel, Heinz-Peter/Noak, Ulrich (Hrsg.): Nomos Kommentar BGB Allgemeiner Teil|EGBGB, Band 1, 3. Auflage, Baden-Baden 2016 [zitiert als: NK BGB AT/*Autor*].

Heinrich, Christian: Formale Freiheit und materiale Gerechtigkeit: Die Grundlagen der Vertragsfreiheit und Vertragskontrolle am Beispiel ausgewählter Probleme des Arbeitsrecht, Tübingen 2000 [zitiert als: *Heinrich*].

Herberger, Maximilian/ Martinek, Michael/ Rüßmann, Helmut/ Weth, Stephan/ Würdinger, Markus (Hrsg.): juris PraxisKommentar BGB Band 1 – Allgemeiner Teil, 8. Auflage, Saarbrücken 2017 [zitiert als: jurisPK-BGB/*Autor*].

Herberger, Maximilian/ Martinek, Michael/ Rüßmann, Helmut/ Weth, Stephan/ Würdinger, Markus (Hrsg.): juris PraxisKommentar BGB Band 2 – Schuldrecht, 8. Auflage, Saarbrücken 2017 [zitiert als: jurisPK-BGB/*Autor*].

Herdegen, Matthias/ Herzog, Roman/ Klein, Hans/ Scholz, Rupert: Maunz/Dürig, Grundgesetz Kommentar, Band III, Art. 16–22, 84. Ergänzungslieferung August 2018, München 2018 [zitiert als: Maunz/Dürig/*Autor*].

Herresthal, Carsten: Die richtlinienkonforme und die verfassungskonforme Auslegung im Privatrecht, JuS 2014, S. 289–298.

Herrler, Sebastian: Vollstreckbarkeit eines vor dem Notar geschlossenen Vergleichs; Zustandekommen im schriftlichen Verfahren; Bestätigung durch den Notar BaySchlG Art. 18, 12; EGZPO § 15a; ZPO § 794 Abs. 1 Nr. 1, DNotI-Report 2011, S. 168–170.

Hoeren, Thomas: Das neue Verfahren für die Schlichtung von Kundenbeschwerde im deutschen Bankgewerbe, NJW 1992, S. 2727–2732.

Joswig, Dietrich: Zur Beweislastverteilung bei der Vollstreckungsgegenklage, EWiR 2001, S. 693–694.

juris PraxisKommentar BGB → siehe unter *Herberger, Maximilian/ Martinek, Michael/ Rüßmann, Helmut/ Weth, Stephan/ Würdinger, Markus*.

Kähler, Lorenz: Anmerkung zu BGH, Urteil vom 16.07.2015 – III ZR 238/14, NJW 2015, S. 3164–3165.

Kasolowsky, Boris/ Schnabl, Daniel: Schiedsgutachten als Alternative zu Schiedsverfahren bei Streit über Rechtsfragen, SchiedsVZ 2012, S. 84–88.

Kilian, Matthias: Deregulierung des anwaltlichen Vergütungsrechts im Bereich Beratung und Begutachtung, BB 2006, S. 1509–1517.

Klette, Christian/ Heger, Heike: Das gerichtliche Mahnverfahren und seine Stolpersteine – Einzelfragen zum Inkasso, BC 2000, S. 115–118.

Klose, Bernhard: Die Hemmung der Verjährung: Ein Sammelbecken von Chancen und Fallen im Bauprozess, NZBau 2012, S. 80–85.

Köhler, Helmut/ Bornkamm, Joachim/ Feddersen, Jörn: Beck'sche Kurzkommentare, Band 13a, Gesetz gegen den unlauteren Wettbewerb, Preisangabenverordnung, Unterlassungsklagengesetz, Dienstleistungs-Informationspflichten-Verordnung, 37. Auflage, München 2019 [zitiert als: Köhler/Bornkamm/Feddersen /*Autor*].

Kotzur, Jonas: Der Referentenentwurf zur Umsetzung der Richtlinie über die alternative Beilegung verbraucherrechtlicher Streitigkeiten – Fortschritt oder Rückschritt, VuR 2015, S. 243–251.

Krüger, Wolfgang/ Rauscher, Thomas (Hrsg.): Münchener Kommentar zur Zivilprozessordnung mit Gerichtsverfassungsgesetz und Nebengesetzen, Band 1, §§ 1–354, 5. Auflage, München 2016 [zitiert als: MüKo ZPO/*Autor*].

dies.: Münchener Kommentar zur Zivilprozessordnung mit Gerichtsverfassungsgesetz und Nebengesetzen, Band 2, §§ 355–945b, 5. Auflage, München 2016 [zitiert als: MüKo ZPO/*Autor*].

dies.: Münchener Kommentar zur Zivilprozessordnung mit Gerichtsverfassungsgesetz und Nebengesetzen, Band 3: §§ 946–1117 ZPO, EGZPO, GVG, EGGVG, UKlaG, Internationales und Europäisches Zivilprozessrecht, 5. Auflage, München 2017 [zitiert als: MüKo ZPO/*Autor*].

Kuhn, Tomas: Überschießende Umsetzung bei mindest- und vollharmonisierenden Richtlinien: Einheitliche oder gespaltene Anwendung?, EuR 2015, S. 216–237.

Langheid, Theo/ Wandt, Manfred (Hrsg.): Münchener Kommentar zum Versicherungsvertragsgesetz, Band 2 §§ 100–216, 2. Auflage, München 2017 [zitiert als: MüKo VVG/*Autor*].

Leibner, Wolfgang: Haftungsrechtliche Rahmenbedingungen für die Tätigkeit als Mediator, NJW 2002, S. 3521–3522.

Lindner, Richard: Schwierige Verjährungshemmung durch Güteanträge – Anmerkung zu BGH, Urteil vom 18.06.2015 – III ZR 198/14, jurisPR-BGHZivilR 20/2015 Anm. 1.

Löhner, Anne: Die freiwillige Streitschlichtung vor Gütestellen, Frankfurt am Main 2012, zugl. Diss. München 2012 [zitiert als: *Löhner*, S.].

Looschelders, Dirk/ Olzen, Dirk/ Schiemann, Gottfried: J. von Staudingers Kommentar zum Bürgerlichen Gesetzbuch mit Einführungsgesetz und

Nebengesetzen, Buch 2 Recht der Schuldverhältnisse – Einleitung zum Schuldrecht, §§ 241–243 (Treu und Glauben), Neubearbeitung, Berlin 2015 [zitiert als: Staudinger/*Autor*].

Lorenz, Stephan: Aus- und Wiedereinbaukosten bei der kaufrechtlichen Nacherfüllung zwischen Unternehmern – Zu den Grenzen „richtlinienorientierter" Auslegung, NJW 2013, S. 207–209.

Maier, Arne: Anmerkung zu OLG Bamberg, Urteil vom 04.06.2014 – 3 U 244/13, VuR 2014, S. 358–359.

Maniak, Kathrin: Anmerkung zu BGH, Urteil vom 17.10.2000 – XI ZR 312/99, MDR 2001, S. 347–348.

Marburger, Peter: J. von Staudingers Kommentar zum Bürgerlichen Gesetzbuch mit Einführungsgesetz und Nebengesetzen, Buch 2 Recht der Schuldverhältnisse, §§ 779–811 (Vergleich, Schuldversprechen, Anweisung, Schuldverschreibung), Neubearbeitung, Berlin 2015 [zitiert als: Staudinger/*Marburger*].

Martens, Ulf: Anmerkung zu BGH, Urteile vom 18.06.2015 – III ZR 198/14 – und – III ZR 303/14, WuB 2015, S. 556–561.

Martinek, Michael/ Omlor, Sebastian: J. von Staudingers Kommentar zum Bürgerlichen Gesetzbuch mit Einführungsgesetz und Nebengesetzen, Buch 2 Recht der Schuldverhältnisse, §§ 662–675b (Auftrag und Geschäftsbesorgung), Neubearbeitung, Berlin 2017 [zitiert als: Staudinger/*Autor*].

Maunz/Dürig, Grundgesetz Kommentar → siehe unter *Herdegen, Matthias/ Herzog, Roman/ Klein, Hans/ Scholz, Rupert.*

May, Andreas/ Moeser, Martin: Anerkannte Gütestellen in der anwaltlichen Praxis – Verjährungshemmung und Konfliktmanagement durch Güteanträge, NJW 2015, S. 1637–1642.

May, Andreas/ Röder, Daniel: Anmerkung zu BGH, Urteil vom 28.10.2015 – IV ZR 526/14, NJW 2016, S. 235–236.

Mayer, Christian/ Schürnbrand, Jan: Einheitlich oder gespalten? – Zur Auslegung nationalen Rechts bei überschießender Umsetzung von Richtlinien, JZ 2004, S. 545–552.

Mayer, Hans-Jochem: Die Gebühren- und Vergütungsvereinbarung im Arbeitsrecht, NZA 2006, S. 753–758.

Mayer, Hans-Jochem/ Kroiß, Ludwig (Hrsg.): Rechtsanwaltsvergütungsgesetz mit Streitwertkommentar und Tabellen – Handkommentar, 7. Auflage, Baden-Baden 2018 [zitiert als: Mayer/Kroiß/*Autor*].

Meier, Patrick/ Jocham, Felix: Rechtsfortbildung – Methodischer Balanceakt zwischen Gewaltenteilung und materieller Gerechtigkeit, JuS 2016, S. 392–398.

Mittwoch, Anne-Christin: Richtlinienkonforme Auslegung bei überschießender Umsetzung – Zur Bedeutung des Vorabentscheidungsverfahrens und des gesetzgeberischen Willens, JuS 2017, S. 296–301.

Montag, Frank/ Säcker, Franz: Münchener Kommentar zum Europäischen und Deutschen Wettbewerbsrecht (Kartellrecht), Band 3, 2. Auflage, München 2018 [zitiert als: MüKo EuWettbR/*Autor*].

Müller, Dennis: OLG Stuttgart: Bezifferung von Schadensersatzansprüchen und Angabe des Anlagezeitpunkts sind zur Verjährungshemmung durch Güteantrag nicht nötig, GWR 2015, S. 212.

Münch, Joachim: Die Beweislastverteilung bei der Vollstreckungsgegenklage, NJW 1991, S. 795–805.

Münchener Kommentar zum Bürgerlichen Gesetzbuch → siehe unter *Säcker, Franz Jürgen/ Rixecker, Roland/ Oetker, Hartmut/ Limperg, Bettina*.

Münchener Kommentar zum Versicherungsvertragsgesetz → siehe unter *Langheid, Theo/ Wandt, Manfred*.

Münchener Kommentar zur Zivilprozessordnung → siehe unter *Krüger, Wolfgang/ Rauscher, Thomas*.

Musielak, Hans-Joachim/ Voit, Wolfgang (Hrsg.): Zivilprozessordnung mit Gerichtsverfassungsgesetz – Kommentar, 15. Auflage, München 2018 [zitiert als: Musielak/Voit/*Autor*].

Nassall, Wendt: Keine Verjährungshemmung bei missbräuchlicher Anrufung einer Gütestelle – Anmerkung zu BGH, Urteil vom 28.10.2015 – IV ZR 526/14, jurisPR-BGHZivilR 1/2016 Anm. 2.

Nobbe, Gerd: Anmerkung zu OLG Hamm, Urteil vom 16.06.2014 – 31 U 5/14, OLG Frankfurt a.M., Urteil vom 16.07.2014 – 19 U 2/14 – und Urteil vom 20.10.2014 – 23 U 270/13, WuB 2015, S. 262–267.

ders.: Verjährung von Schadensersatzansprüchen aus Aufklärungs- und Beratungsverschulden bei der Kapitalanlagenberatung – Nicht nur ein Rechtsprechungsbericht – Teil II –, WM 2016, S. 337–344.

Nomos Kommentar BGB Allgemeiner Teil|EGBGB → siehe unter *Heidel, Thomas/ Hüßtege, Rainer/ Mansel, Heinz-Peter/Noak, Ulrich*.

Nomos Kommentar BGB Schuldrecht → siehe unter *Dauner-Lieb, Barbara/ Langen, Werner*.

Oetker, Hartmut: Die Verjährung – Strukturen eines allgemeinen Rechtsinstituts, 1. Auflage, Baden-Baden 1994 [zitiert als: *Oetker*].

Ottofülling, Andreas: Außergerichtliches Konfliktmanagement nach § 15 UWG, WRP 2006, S. 410–428.

Palandt → siehe unter *Brudermüller, Gerd/ Ellenberger, Jürgen/ Götz, Isabell/ Grüneberg, Christian et. al.*

Peters, Frank: Verfahren vor einer Gütestelle als Möglichkeit der Verjährungsunterbrechung, JR 1994, S. 244–245.

Piekenbrock, Andreas: Befristung, Verjährung, Verschweigung und Verwirkung – Eine rechtsvergleichende Grundlagenstudie zu Rechtsänderungen durch Zeitablauf, Tübingen 2006 [zitiert als: *Piekenbrock*].

Prölss, Jürgen/ Martin, Anton (Hrsg.): Versicherungsvertragsgesetz mit Nebengesetzen, Vermittlerrecht und Allgemeinen Versicherungsbedingungen, 30. Auflage, München 2018 [zitiert als: Prölss/Martin/*Autor*].

Prütting, Hanns: Alternative Streitbeilegung in Verbraucherangelegenheiten – Bindungswirkungen und Vollstreckbarkeit, in: Schmidt-Kessel, Martin (Hrsg.): Die Umsetzung der ADR-Richtlinie in Deutschland, Jena 2015 [zitiert als: Schmidt-Kessel/*Prütting*].

Rabe, Dieter: Verjährungshemmung nur bei Klage des Berechtigten?, NJW 2006, S. 3089–3091.

Regenfus, Thomas: Ungeschriebene Voraussetzungen der Verjährungshemmung durch Rechtsverfolgung, NJW 2016, S. 2977–2982.

Rennebarth, Enrico: Aus- und Fortbildung von zertifizierten Mediatoren nach der ZmediatAusbV unter Berücksichtigung des Evaluationsberichts zum Mediationsgesetz, DStR 2017, S. 1843–1847.

Riehm, Thomas: Alternative Streitbeilegung und Verjährungshemmung, NJW 2017, S. 113–118.

Risse, Jörg: Das Mediationsgesetz – eine Kommentierung, SchiedsVZ 2012, S. 244–254.

Roth, Wulf-Henning/ Jopen, Christian: Die richtlinienkonforme Auslegung, in: Riesenhuber, Karl (Hrsg.): Europäische Methodenlehre, 3. Auflage, Berlin/ München/Bosten 2015 [zitiert als: Riesenhuber/*Roth/Jopen*].

Rüstow, Angelika: Außergerichtliche Mediation im (regulierten) Abseits?, NJ 2008, S. 385–389.

Säcker, Franz Jürgen/ Rixecker, Roland/ Oetker, Hartmut/ Limperg, Bettina (Hrsg.): Münchener Kommentar zum Bürgerlichen Gesetzbuch, Band 1, Allgemeiner Teil, §§ 1–240, ProstG, AGG, 8. Auflage, München 2018 [zitiert als: MüKo BGB/*Autor*].

dies.: Münchener Kommentar zum Bürgerlichen Gesetzbuch, Band 2, Schuldrecht – Allgemeiner Teil, §§ 241–432, 7. Auflage, München 2016 [zitiert als: MüKo BGB/*Autor*].

dies.: Münchener Kommentar zum Bürgerlichen Gesetzbuch, Band 2, Schuldrecht – Allgemeiner Teil I, §§ 241–310, 8. Auflage, München 2019 [zitiert als: MüKo BGB/*Autor*].

dies.: Münchener Kommentar zum Bürgerlichen Gesetzbuch, Band 3, Schuldrecht – Besonderer Teil I, §§ 433–534, Finanzierungsleasing, CISG, 7. Auflage, München 2016 [zitiert als: MüKo BGB/*Autor*].

dies.: Münchener Kommentar zum Bürgerlichen Gesetzbuch, Band 6, Schuldrecht – Besonderer Teil IV, §§ 705–853, Partnerschaftsgesellschaftsgesetz, Produkthaftungsgesetz, 7. Auflage, München 2017 [zitiert als: MüKo BGB/*Autor*].

Schäfers, Dominik: Einführung in die Methodik der Gesetzesauslegung, JuS 2015, S. 875–880.

Schimansky, Herbert/ Bunte, Hermann-Josef/Lwowksi, Hans-Jürgen (Hrsg.): Bankrechts-Handbuch, Band 1, 5. Auflage, München 2017 [zitiert als: Bankrechts-Hdb./*Autor*].

dies.: Bankrechts-Handbuch, Band 2, 5. Auflage, München 2017 [zitiert als: Bankrechts-Hdb./*Autor*].

Schmidt-Kessel, Martin: Die ADR-Richtlinie und ihre Umsetzung – einige Schlaglichter, in: Schmidt-Kessel, Martin (Hrsg.): Die Umsetzung der ADR-Richtlinie in Deutschland, Jena 2015 [zitiert als: Schmidt-Kessel/*Schmidt-Kessel*].

Schultz, Michael: Missbrauch des Mahnverfahrens durch Kapitalanleger?, NJW 2014, S. 827–829.

Schulze, Reiner (Schriftleiter): Nomos Kommentar Bürgerliches Gesetzbuch – Handkommentar, 10. Auflage, Baden-Baden 2019 [zitiert als: Schulze/*Autor*].

Schütze, Rolf: Schiedsgericht und Schiedsverfahren, 6. Auflage, München 2016 [zitiert als: *Schütze*].

Schwintowski, Hans-Peter: Aktuelle Verjährungsfragen aus dem Bank- und Kapitalmarktrecht, BKR 2009, S. 89–99.

von Seltmann, Julia (Hrsg.): Beck'scher Online-Kommentar RVG, 42. Edition, Stand: 01.12.2018, München 2018 [zitiert als: BeckOK RVG/*Autor*].

Soergel, Bürgerliches Gesetzbuch → siehe unter *Wolf, Manfred*.

Staudinger, Ansgar: Der Widerruf bei Haustürgeschäften: eine unendliche Geschichte?, NJW 2002, S. 653–656.

ders.: Anerkennung von Schlichtungsstellen auf Bundesebene – Von Verjährungshemmung sowie Vollstreckungstitelqualität analog § 204 Abs. 1 Nr. 4 BGB und § 794 Abs. 1 Nr. 1 ZPO bis zur Titelfreizügigkeit in Europa, RRa 2014, S. 225–234.

Staudinger, Ansgar/Eidenmüller, Horst: Verjährungshemmung leicht gemacht: Prospekthaftung der Telekom vor der Gütestelle, NJW 2004, S. 23–26.

J. von Staudingers Kommentar zum Bürgerlichen Gesetzbuch → siehe unter

- *Gursky, Karl-Heinz/ Jacoby, Florian/ Peters, Frank/ Repgen, Tilman/ Schilken, Eberhard*, Buch 1 Allgemeiner Teil, §§ 164–240 (Allgemeiner Teil 5).
- *Looschelders, Dirk/ Olzen, Dirk/ Schiemann, Gottfried*, Buch 2 Recht der Schuldverhältnisse – Einleitung zum Schuldrecht, §§ 241–243 (Treu und Glauben).
- *Feldmann, Cornelia/ Löwisch, Manfred/ Thüsing, Gregor*, Buch 2 Recht der Schuldverhältnisse, §§ 311, 311a, 312, 312a–i (Vertragsschluss).
- *Martinek, Michael/ Omlor, Sebastian*, Buch 2 Recht der Schuldverhältnisse, §§ 662–675b (Auftrag und Geschäftsbesorgung).
- *Marburger, Peter*, Buch 2 Recht der Schuldverhältnisse, §§ 779–811 (Vergleich, Schuldversprechen, Anweisung, Schuldverschreibung).

Steike, Jörn/ Borowski, Sascha: Verjährungshemmung in Gütestellenverfahren, VuR 2017, S. 218–221.

Stein/Jonas – Kommentar zur Zivilprozessordnung, Band 7, §§ 704–827 → siehe unter *Berger, Christian/ Bork, Reinhard/ Brehm, Wolfgang/ Grunsky, Wolfgang et. al.*

Stein/Jonas – Kommentar zur Zivilprozessordnung, Band 10, §§ 1025–1066 → siehe unter *Bork, Reinhard/ Roth, Herbert.*

Stötter, Viktor: Zur rechtssystematischen Einordnung des § 779 BGB und des gemeinsamen Motivirrtums, JZ 1963, S. 123–128.

Stürner, Michael: Das Verfahren vor der Schlichtungsstelle, in: Schmidt-Kessel, Martin (Hrsg.): Die Umsetzung der ADR-Richtlinie in Deutschland, Jena 2015 [zitiert als: Schmidt-Kessel/*Stürner*].

ders.: Die Bedeutung des EU-Rechts für das nicht-harmonisierte Privatrecht, JURA 2018, S. 35–42.

Sujecki, Bartosz: Anmerkung zu BGH, Urteil vom 05.08.2014 – XI ZR 172/13, NJW 2014, S. 3436.

Thume, Matthias: Anmerkung zu OLG Stuttgart, Beschl. v. 06.11.2014 – 9 U 145/14 –, und OLG Karlsruhe, Urteil vom 11.11.2014 – 17 U 258/13, WuB 2015, S. 290–295.

Tiedemann, Lutz: Anmerkung zu LG München I, Urteil vom 05.02.2014 – 32 O 9841/13, VuR 2014, S. 387–388.

Tonikidis, Stelios: Grundzüge der richtlinienkonformen Auslegung und Rechtsfortbildung, JA 2013, S. 598–604.

Trenczek, Thomas/ Berning, Detlev/ Lenz, Christina/ Will, Hans-Peter (Hrsg.): Mediation und Konfliktmanagement – Handbuch, 2. Auflage, Baden-Baden 2017 [zitiert als: Trenczek/Berning/Lenz/Will/*Autor*].

Ulmer, Peter/ Brandner, Hans Erich/ Hensen, Horst-Diether (Hrsg.): AGB-Recht – Kommentar zu den §§ 305–310 BGB und zum UKlaG, 12. Auflage, Köln 2016 [zitiert als: Ulmer/Brandner/Hensen/*Autor*].

Unberath, Hannes: Mediationsklauseln in der Vertragsgestaltung, NJW 2011, S. 1320–1324.

Volkmar: Die Verordnung über das Verfahren in bürgerlichen Rechtsstreitigkeiten vom 13. Februar 1924 – Ursache, Inhalt und Ziele der Reform, JW 1924, S. 345–355.

Vollkommer, Max: Verjährungsunterbrechung und „Bezeichnung" des Anspruchs im Mahnbescheid, in: Prütting, Hans/ Rüssmann, Helmut (Hrsg.): Verfahrensrecht am Ausgang des 20. Jahrhunderts – Festschrift für Gerhard Lüke zum 70. Geburtstag, München 1997 [zitiert als: FS Lüke/*Vollkommer*].

Vorwerk, Volkert/ Wolf, Christian (Hrsg.): Beck'scher Online-Kommentar ZPO, 31. Edition, Stand: 01.12.2018, München 2018 [zitiert als: BeckOK ZPO/*Autor*].

Wagner, Klaus-R.: Zweifelhafte Verjährungshemmung bei Einschaltung von Gütestellen, BKR 2013, S. 108–113.

Weiss, Alexander: Gespalten oder einheitlich? – Über die rechtliche Behandlung so genannter Hybridnormen in nationalen Rechtsordnungen, EuZW 2012, S. 733–736.

Wesche, Steffen: Zwangsschlichtung oder Schlichtungsanreiz?, ZRP 2004, S. 49–52.

Westermann, Harm Peter/ Grünewald, Barbara/ Maier-Reimer, Georg (Hrsg.): Erman, Bürgerliches Gesetzbuch, Handkommentar mit AGG, EGBGB (Auszug), ErbbauRG, LPartG, ProdHaftG, VBVG, VersAusglG und WEG, Band 1, 15. Auflage, Köln 2017 [zitiert als: Erman/*Autor*].

Westermann, Harm Peter/ Grünewald, Barbara/ Maier-Reimer, Georg (Hrsg.): Erman, Bürgerliches Gesetzbuch, Handkommentar mit AGG, EGBGB (Auszug), ErbbauRG, LPartG, ProdHaftG, VBVG, VersAusglG und WEG, Band 2, 15. Auflage, Köln 2017 [zitiert als: Erman/*Autor*].

Wolf, Manfred: Soergel, Bürgerliches Gesetzbuch mit Einführungsgesetz und Nebengesetzen, Band 2a, Allgemeiner Teil 3, §§ 13, 14, 126a–127, 194–225, 13. Auflage, Stuttgart 2002 [zitiert als: Soergel /*Autor*].

Wolfsteiner, Hans: Beweislastumkehr durch Zwangsvollstreckungsunterwerfung?, NJW 1982, S. 2851–2853.

Zimmermann, *Reinhard*: … ut sit finis litium – Grundlinien eines modernen Verjährungsrechts auf rechtsvergleichender Grundlage, JZ 2000, S. 853–866.

Zöller, Zivilprozessordnung mit FamFG (§§ 1–185, 200–270, 433–484) und Gerichtsverfassungsgesetz, den Einführungsgesetzen, mit Internationalem Zivilprozessrecht, EU-Verordnungen, Kostenanmerkungen – Kommentar → siehe unter *Althammer*, *Christoph*/ *Feskorn*, *Christian*/ *Geimer*, *Reinhold*/ *Greger*, *Reinhard et. al.*

www.ingramcontent.com/pod-product-compliance
Ingram Content Group UK Ltd.
Pitfield, Milton Keynes, MK11 3LW, UK
UKHW022100051026
15623UKWH00003B/597

9 783631 796054